tr_001 Foto: esm

Evelin Seeliger-Mander
Trinidad und Tobago

Du wirst das Wasser nicht vermissen,
bevor die Quelle ausgetrocknet ist.

Tobegonisches Sprichwort

Impressum

Evelin Seeliger-Mander
Trinidad und Tobago
erschienen im
REISE KNOW-HOW Verlag Peter Rump GmbH
Osnabrücker Str. 79, 33649 Bielefeld

5., neu bearbeitete und komplett aktualisierte Auflage 2011

Gestaltung
Umschlag: G. Pawlak, P. Rump (Layout)
K. Schmelzer (Realisierung)
Inhalt: G. Pawlak (Layout), K. Schmelzer (Realisierung)
Karten: C. Raisin, der Verlag
Fotos: die Autorin (esm)
Titelfoto: die Autorin (esm)

Lektorat (Aktualisierung): Katja Schmelzer

Druck und Bindung: Media Print, Paderborn

ISBN 978-3-8317-2009-5
Printed in Germany

Dieses Buch ist erhältlich in jeder Buchhandlung Deutschlands, der Schweiz, Österreichs, Belgiens und der Niederlande. Bitte informieren Sie Ihren Buchhändler über folgende Bezugsadressen:

Deutschland
Prolit GmbH, Postfach 9, D-35461 Fernwald (Annerod)
sowie alle Barsortimente

Schweiz
AVA-buch 2000, Postfach, CH-8910 Affoltern

Österreich
Mohr Morawa Buchvertrieb GmbH, Sulzengasse 2, A-1230 Wien

Niederlande, Belgien
Willems Adventure, Hondertland 120, NL-7626 LT Maasdijk

Wer im Buchhandel trotzdem kein Glück hat, bekommt unsere Bücher auch über unseren
Büchershop im Internet: www.reise-know-how.de

Wir freuen uns über Kritik, Kommentare und Verbesserungsvorschläge, gern per E-Mail an info@reise-know-how.de.

Alle Informationen in diesem Buch sind von der Autorin mit größter Sorgfalt gesammelt und vom Lektorat des Verlages gewissenhaft bearbeitet und überprüft worden. Da inhaltliche und sachliche Fehler nicht ausgeschlossen werden können, erklärt der Verlag, dass alle Angaben im Sinne der Produkthaftung ohne Garantie erfolgen und dass Verlag wie Autorin keinerlei Verantwortung und Haftung für inhaltliche und sachliche Fehler übernehmen. Die Nennung von Firmen und ihren Produkten und ihre Reihenfolge sind als Beispiel ohne Wertung gegenüber anderen anzusehen. Qualitäts- und Quantitätsangaben sind rein subjektive Einschätzungen der Autorin und dienen keinesfalls der Bewerbung von Firmen oder Produkten.

tr_123 Foto: esm

Vorwort

Trinidad und Tobago sind die beiden ungleichen Schwestern am südlichen Ende der kleinen Antillen, kurz vor der Küste Venezuelas. Sie waren als einzige Inseln der Karibik mit der Küste Südamerikas verbunden; daher haben beide Inseln Regenwaldgebiete und eine ungewöhnlich reiche Tier- und Pflanzenwelt, die im Kapitel Land und Natur vorgestellt wird.

Trinidad ist mit ca. 4900 km² die größte Insel der südlichen Karibik. Hier lebt eine multikulturelle Gesellschaft aus über vierzig Nationen. Der Höhepunkt ihres Zusammenlebens ist einmal im Jahr „The Greatest Show on Earth", der größte Karneval der Karibik, daher ist diesem Fest ein eigenes Kapitel gewidmet.

Trinidad lebt zu einem guten Teil von der Industrie; hier wird unter anderem nach Öl gebohrt. Für einen typischen karibischen Badeurlaub ist Trinidad daher nur bedingt geeignet, dafür aber umso mehr für den Ökotourismus. Wander-, Natur- und Tierfreunde sind hier voll in ihrem Element. Wer tropische Landschaft kennen lernen möchte, Regenwald, Wasserfälle und seltene Vogelarten, findet in diesem Reiseführer ausführliche Hinweise zu allen wichtigen Naturschönheiten.

Die viel kleinere Schwesterinsel Tobago mit überwiegend schwarzer Bevölkerung ist noch immer eine kleine, verschlafene Urlaubsinsel mit verträumten Dörfern, blauem Meer, palmengesäumten Stränden und einem artenreichen Regenwald, hier ist ein super Bade-, Schnorchel- oder Taucherurlaub garantiert; die schönsten Strände und ihre Umgebung sind im Kapitel Tobago beschrieben.

Die Geschichte von Trinidad und Tobago verlief ähnlich wie auf den anderen karibischen Inseln. Die Weißen eroberten die Inseln, ermordeten die Indianer, holten schwarze Sklaven aus Afrika, legten Zuckerrohrfelder an und machten die Insel zum Spielball ihrer Machtkämpfe. Tobago wechselte im Laufe der Jahre 31 Mal zwischen den Herrschermächten hin und her und hält damit den Rekord aller karibischen Inseln. Mehr dazu im Kapitel Staat und Gesellschaft.

Vielleicht lassen sich Trinidad und Tobago am besten mit den Worten der Einheimischen beschreiben: „Trinidad is nice, Tobago is a Paradise".

Evelin Seeliger-Mander

Inhalt

Reiseziele auf Trinidad

Reiseziele auf Tobago

Anhang

Exkurse

tr_008 Foto: esm

Vor der Reise

Informationen

Fremdenverkehrsbüro

Trinidad und Tobago haben ein Touristenbüro in Deutschland (auch für Österreich und die Schweiz zuständig). Wenn man es früh genug anschreibt, bekommt man gutes Informationsmaterial, z.B. Hefte mit allgemeinen Informationen, Hotelpreisen und Inselkarten, die sonst in Europa nicht erhältlich sind. In jedem Fall aber sollte man sich spätestens bei der Ankunft an eines der Tourist Offices auf den Inseln wenden (siehe Information im Kapitel „Praktische Reisetipps A–Z").

- **Trinidad & Tobago Tourist Office,** Postfach 2647, 55016 Mainz, Tel. 06131 3332999, Fax 06131 3331990, www.visittnt.de.

Diplomatische Vetretungen

Siehe Informationen in den Kapiteln „Ein- und Ausreise" sowie „Praktische Reisetipps A–Z, Notfälle".

Hin- und Rückreise

Mit dem Flugzeug

Direktverbindungen aus dem deutschsprachigen Raum nach Trinidad und Tobago bietet derzeit nur *Condor* zweimal wöchentlich ab Frankfurt nach Tobago an (zurück über Barbados). Die Flugzeit beträgt ca. 10 Stunden.

Daneben gibt es **Umsteigeverbindungen** mit *British Airways* (über London), *Air Canada* (über Toronto), *Continental Airlines* (über New York) sowie *Delta Air Lines* (über Atlanta). Diese können zwar billiger als die Nonstop-Flüge sein, aber man muss hier auch eine längere Flugdauer und bei ei-

Wissenswertes aus dem Internet

- **Welcome to Trinidad & Tobago**
  www.gotrinidadandtobago.com
  (Die offizielle englische Website der Inseln.)
- **Online Zeitschriften**
  www.guardian.co.tt (Trinidad Guardian)
  www.tobagotoday.com (Touristeninformationen)
- **Besucherzeitschriften online**
  www.discovertnt.com
  www.meppublishers.com
  www.whatsonintobago.com
  www.tobagonews.com
- **Individuelle Reisen auf beide Inseln**
  www.karibikreisen.com
- **Ausführlich und informativ**
  www.tobagoisland.com
  www.simplytobago.com
- **Für Fußballfans**
  www.socawarriors.net
- **Kunst und Kultur**
  www.arcthemagazine.com

nigen Verbindungen Zwischenübernachtungen unterwegs einkalkulieren.

Internationale Flughäfen sind Piacro Airport (Port of Spain) auf Trinidad und Crown Point Airport auf Tobago.

Flugpreise

Je nach Fluggesellschaft, Jahreszeit und Aufenthaltsdauer in T&T bekommt man ein Economy-Ticket von Deutschland, Österreich und der Schweiz hin und zurück nach Port of Spain oder Tobago **ab 800 Euro** (inkl. aller Steuern, Gebühren und Entgelte).

Hauptsaison ist im Winterhalbjahr; die Flugpreise sind für Flüge rund um Weihnachten und Neujahr am höchsten und im Januar/Februar sowie im Oktober/November am niedrigsten.

Gabelflüge (z.B. hin nach Trinidad und zurück von Tobago) sind in der Regel etwas teurer, können aber für die Reiseplanung bei der Gestaltung von Rundreisen von Vorteil sein.

Preiswertere Flüge sind mit **Jugend- und Studententickets** möglich (je nach Airline für alle jungen Leute bis 29 Jahre und Studenten bis 34 Jahre gültig). Außerhalb der Hauptsaison gibt es z.B. Hin- und Rückflug von Frankfurt nach Tobago ab etwa 750 Euro.

Kinder unter zwei Jahren fliegen ohne Sitzplatzanspruch für 10 % des Erwachsenenpreises, für ältere Kinder werden die regulären Preise je nach Airline um 25–50 % ermäßigt. Ab dem 12. Lebensjahr gilt der Erwachsenentarif oder ein besonderer Jugendtarif (s.o.).

Von Zeit zu Zeit offerieren die Fluggesellschaften **befristete Sonderangebote.** Dann kann man z.B. mit *British Airways* für rund 700 Euro von vielen Flughäfen in Deutschland, Österreich und der Schweiz über London nach Port of Spain oder Tobago und zurück fliegen. Ob für die gewünschte Reisezeit gerade Sonderangebote für Flüge nach T&T auf dem Markt sind, lässt sich im Internet auf der Website von Jet-Travel (www.jet-travel.de) unter „Flüge" entnehmen, wo sie als Schnäppchenflüge nach Amerika mit aufgeführt sind.

In Deutschland gibt es von Frankfurt aus die häufigsten Verbindungen nach T&T. Tickets für Flüge von und nach anderen deutschen Flughäfen sind oft teurer. Da kann es für Deutsche attraktiver sein, mit einem **Rail-and-Fly-Ticket** zu reisen (entweder bereits im Flugpreis enthalten oder für 30 bis 60 Euro).

Man kann je nach Fluglinie auch einen preiswerten **Zubringerflug** der gleichen Airline von einem kleineren Flughafen in Deutschland buchen. Außerdem gibt es **Fly & Drive-Angebote,** wobei eine Fahrt vom und zum Flughafen mit einem Mietwagen im Ticketpreis inbegriffen ist.

Indirekt sparen kann man als Mitglied eines **Vielflieger-Programms** wie www.star-alliance.com

(Mitglieder u.a. *Air Canada*), www.skyteam.com (Mitglieder u.a. *Delta Air Lines*) sowie www.oneworld.com (Mitglieder u.a. *British Airways*). Die Mitgliedschaft ist kostenlos und mit den gesammelten Meilen von Flügen bei Fluggesellschaften innerhalb eines Verbundes reichen die gesammelten Flugmeilen dann vielleicht schon für einen Freiflug bei einem der Partnergesellschaften beim nächsten Flugurlaub. Bei Einlösung eines Gratisfluges ist langfristige Vorausplanung nötig.

Buchung

Die Preise für Tickets ein und derselben Airline können in den verschiedenen Reisebüros stark variieren. Ein Vergleich (auch über das Internet oder als Anfrage per Telefon) lohnt sich also durchaus. Folgende **zuverlässige Reisebüros** haben meistens günstigere Preise als viele andere:

- **Jet-Travel,** Buchholzstr. 35, D-53127 Bonn, Tel. 0228 284315, Fax 284086, www.jet-travel.de. Auch für Jugend- und Studententickets. Sonderangebote auf der Website unter „Schnäppchenflüge".
- **Globetrotter Travel Service,** Löwenstr. 61, 8023 Zürich, Tel. 044-2286666, www.globetrotter.ch. Weitere Filialen siehe Website.

Die vergünstigten Spezialtarife und befristeten Sonderangebote kann man nur bei wenigen Fluggesellschaften in ihren Büros oder direkt auf ihren Websites buchen; diese sind jedoch meist auch bei den oben genannten Reisebüros erhältlich. Die günstigsten Flüge sind keineswegs nur im Internet buchbar. Häufig haben *Jet-Travel* und der *Globetrotter Travel Service* preiswertere Angebote.

Last-Minute

Wer sich erst im letzten Augenblick für eine Reise nach T&T entscheidet oder gern pokert, kann Ausschau nach Last-Minute-Flügen halten, die von einigen Airlines mit deutlicher Ermäßigung **ab etwa 14 Tage vor Abflug** angeboten werden, wenn noch Plätze zu füllen sind. Diese Last-Minute-Flüge lassen sich bei *Condor* (www.condor.com) und ansonsten nur bei Spezialisten buchen:

Mini „Flug-Know-how“

Check-in

Nicht vergessen: Ohne einen **gültigen Reisepass** kommt man nicht an Bord eines Flugzeuges nach Trinidad und Tobago.

Bei den meisten internationalen Flügen muss man **zwei Stunden vor Abflug** am Schalter der Airline eingecheckt haben. Viele Airlines neigen zum Überbuchen, d.h. sie buchen mehr Passagiere ein, als Sitze im Flugzeug vorhanden sind, und wer zuletzt kommt, hat dann möglicherweise das Nachsehen.

Wenn ein **vorheriges Reservieren** der Sitzplätze nicht möglich war, hat man die Chance, einen Wunsch bezüglich des Sitzplatzes zu äußern.

Das Gepäck

In der Economy-Class darf man in der Regel nur **Gepäck bis zu 20 kg pro Person** (23 kg bei Flügen über die USA) einchecken (steht auf dem Flugticket) und zusätzlich ein Handgepäck von 7 kg in die Kabine mitnehmen, welches eine bestimmte Größe von 55 x 40 x 23 cm nicht überschreiten darf. In der Business Class sind es meist 30 kg pro Person und zwei Handgepäckstücke, die insgesamt nicht mehr als 12 kg wiegen dürfen. Man sollte sich beim Kauf des Tickets über die Bestimmungen der Airline informieren.

Aus Sicherheitsgründen dürfen **Taschenmesser, Nagelfeilen, Nagelscheren,** sonstige Scheren und Ähnliches nicht mehr im Handgepäck untergebracht werden. Diese sollte man unbedingt im aufzugebenden Gepäck verstauen, sonst werden diese Gegenstände bei der Sicherheitskontrolle einfach weggeworfen. Darüber hinaus gilt, dass Feuerwerke, leicht entzündliche Gase (in Sprühdosen, Campinggas), entflammbare Stoffe (in Benzinfeuerzeugen, Feuerzeugfüllung) etc. nichts im Passagiergepäck zu suchen haben.

Flüssigkeiten oder vergleichbare Gegenstände in ähnlicher Konsistenz (z.B. Getränke, Gels, Sprays, Shampoos, Cremes, Zahnpasta, Suppen) dürfen nur in der Höchstmenge von jeweils 0,1 Liter als Handgepäck mit ins Flugzeug genommen werden. Die Flüssigkeiten müssen in einem durchsichtigen, wiederverschließbaren Plastikbeutel transportiert werden, der maximal einen Liter Fassungsvermögen hat.

Rückbestätigung

Bei den meisten Airlines ist heutzutage die **Bestätigung des Rückfluges** nicht mehr notwendig. Allerdings empfehlen alle Airlines, sich dennoch telefonisch zu erkundigen, ob sich an der Flugzeit nichts geändert hat, denn kurzfristige Änderungen der genauen Abfluguhrzeit kommen beim zunehmenden Luftverkehr heute immer häufiger vor.

Wenn die Airline allerdings eine Rückbestätigung *(reconfirmation)* **bis 72 oder 48 Stunden vor dem Rückflug** verlangt, sollte man auf keinen Fall versäumen, die Airline kurz anzurufen, sonst kann es passieren, dass die Buchung im Computer der Airline gestrichen wird; der Flugtermin ist dahin. Das Ticket verfällt aber nicht dadurch, es sei denn, die Gültigkeitsdauer wird überschritten, aber unter Umständen ist in der Hochsaison nicht sofort ein Platz auf einem anderen Flieger frei.

Die **Rufnummer** kann man von Mitarbeitern der Airline bei der Ankunft, im Hotel, dem Telefonbuch oder auf der Website der Airline erfahren.

- **Literaturtipp: Fliegen ohne Angst,** von *Frank Littek,* erschienen im Reise Know-How Verlag.

tr_05 Foto: esm

- **L'Tur,** www.ltur.com, Tel. 00800 212 121 00 (gebührenfrei für Anrufer aus Europa); 165 Niederlassungen europaweit.
- **Lastminute.com,** www.lastminute.de, (D)-Tel. 01805 284 366 (0,14 €/Min.), für Anrufer aus dem Ausland Tel. 0049 89 444 690 0.
- **5 vor Flug,** www.5vorflug.de, (D)-Tel. 01805 105 105 (0,14 €/Min.), (A)-Tel. 0820 203 085 (0,145 €/Min.).
- **Restplatzbörse,** www.restplatzboerse.at, (A)-Tel. (01) 580 850.

Flughafensteuer

Wie in vielen Ländern ist auf T&T beim Rückflug eine Flughafengebühr *(airport tax,* 100 TT$) zu zahlen. Eine Ausnahme besteht u.U. bei Charter-Gesellschaften, die die Zahlung selbst übernehmen. Manchmal ist sie auch im Ticket-Preis enthalten. Ansonsten kann man das Geld am Anfang des Aufenthalts zusammen mit dem Ticket zurückzulegen (in der geforderten Währung, um unnötiges Wechseln zu schlechteren Konditionen am Flughafen zu vermeiden). Ohne *airport tax* kein Flug!

Reisen per Schiff

Möglichkeiten zum Mitsegeln

- **Deutscher Seglerverband, www.dsv.org**
- **Deutscher Motoryachtverband, www.dmyv.de**
- **Agentur für Mitsegler, seglerverzeichnis.de**

Weitere **Informationen und Adressen** in den entsprechenden Fachzeitschriften oder auf folgenden Messen: **Boot** (Düsseldorf), **Hanseboot** (Hamburg), **CBR** (München), **Interboot** (Friedrichshafen)

Organisierte Segelreisen

- **Scansails Yachts International GmbH,** Palmaille 124B, 22767 Hamburg, Tel. 040-388422, www.scansails.de.

Kreuzfahrt

- **Odysseus Deutschland GmbH,** Kaiserhofstr. 6, 60313 Frankfurt, Tel. 069 13014 890, Fax 069 13014 8920, www.odysseus.com, haben Tobago im Programm.

Frachtschiff

- **Frachtschiff-Touristik Kapitän Zylmann GmbH,** Mühlenstr. 2, 24376 Kappeln, Tel. 04642 9655 0, Fax 04642 6767, www.zylmann.de, bietet Containerschiffsreisen in die Karibik und nach Südamerika an (auch Teilstrecken). Bei zwei dieser Reisen wird auch Trinidad angelaufen.

Ein- und Ausreise

Papiere

Für T&T braucht man **kein Visum,** für einen Aufenthalt unter drei Monaten genügt normalerweise ein **Reisepass,** der noch mindestens sechs Monate gültig sein muss. Wenn man eine Pauschalreise gebucht hat, gibt es keine Schwierigkeiten. Bei Personen, die 8 Wochen und länger bleiben, heißt das aber noch lange nicht, dass sie den **Dreimonats-Stempel** auch gleich beim ersten Mal bekommen.

Achtung, Kinder brauchen ebenfalls einen Pass mit Lichtbild. Es erweist sich oft als sehr nützlich, alle wichtigen Papiere (am besten zweifach) zu **fotokopieren** und an getrennten Orten aufzubewahren. Auch die Konsulate in Port of Spain arbeiten nicht sehr schnell, und es erleichtert die Beschaffung eines neuen Reisepasses ungemein, wenn man anhand der Kopie zeigen kann, dass man tatsächlich der ist, für den man sich ausgibt.

Länger bleiben

Wer länger als 3 Monate im Land bleiben möchte, wendet sich als **Deutscher** vorab an die Botschaft von Trinidad und Tobago in London oder an die Einwanderungsbehörde vor Ort:

- **Botschaft der Republik Trinidad und Tobago (High Commission of Trinidad and Tobago),** 42 Belgrave Square, London SW1X 8NT, Großbritannien, Tel. 0044 207 2459351, Fax 0044 207 8231065, tthc@btconnect.com.
- **Immigration Office,** 67, Frederick St., Port of Spain, Trinidad and Tobago, Tel. 001 868 625 3571.
- **Port's Mall,** Milford Rd., Tobago, im 1. Stock, Tel. 639 2681, Mo-Fr 8.00-16.00 Uhr.

Als **Schweizer** oder **Österreicher** wendet man sich vorab an das Generalkonsulat in Genf:

- **Generalkonsulat der Republik Trinidad und Tobago,** Rue de Vermont 37-39, 1211 Genève 20, Tel. 022 9180390, Fax 022 7349138, mission.trinidad-tobago@ties.itu.int, www3.itu.int/MISSIONS/Trinidad-Tobago/index.htm.

Heimflug-ticket

Das Wichtigste ist allerdings das gültige Heimflugticket. Dies wird oft für Leute, die auf eigene Faust, (z.B. mit einem Segelschiff) kommen, zum Problem. Dann müssen sie mit demselben Schiff die Insel auch wieder verlassen oder dürfen nicht einreisen. Diese Bestimmung gilt auch für Reisen zwischen einzelnen Inselstaaten oder nach Venezuela. Das Ausreise- bzw. Heimreiseticket muss ständig vorgezeigt werden. Deshalb muss auch sein Heimreiseticket mitnehmen, wer nur mal für einen Tag auf eine Nachbarinsel fliegt.

Einreiseformular

Vor jeder Landung muss im Flugzeug eine **internationale E/D-Karte** ausgefüllt werden. Man bekommt diese Zettel mit Durchschlag entweder zusammen mit dem Ticket, beim Einchecken oder im Flugzeug. Außer den allgemeinen Daten, wie Flug-Nr., Name, Adresse, Geburtsdatum, Beruf usw., wird hier auch immer nach einer **Urlaubsadresse** gefragt. Wichtig hierbei ist, eine Adresse einzutragen. Hat man noch keine, so trägt man einfach ein Hotel ein; ob man hinterher dort wohnt, ist unwichtig. Allerdings sollte die Unterkunft ungefähr den eigenen **Geldverhältnissen** entsprechen, da die Beamten auch gern sehen wollen, über wieviel Geldmittel man verfügt (oder man hat die entsprechenden Kreditkarten.)

Die **E/D-Karte für die Rückreise,** die man bereits bei der Einreise erhält, sollte man schon im Hotel ausfüllen, denn sie wird beim Einchecken verlangt. Aufbewahren sollte man **Umtauschquittungen** für Bargeld. Da TT$ außerhalb des Landes gar nicht oder nur schwer umzutauschen sind, ist es besser, den Rest vor der Heimreise einzutauschen, was nur gegen Vorlage dieser Belege möglich ist. Man kann das Geld natürlich auch im Duty-Free-Shop ausgeben. (Aber unbedingt 100 TT$ für die **Flughafensteuer** bei der Ausreise zurückbehalten, s.o.)

Hinweis: Da sich die **Einreisebedingungen kurzfristig ändern** können, raten wir, sich kurz vor der Abreise beim Auswärtigen Amt (www.auswaertiges-amt.de bzw. www. bmaa.gv.at oder www.dfae.sdmin.ch) oder der jeweiligen Botschaft zu informieren.

Zoll in T&T

Zollfrei eingeführt werden können persönliche Gegenstände wie Fotoausrüstung und Sportartikel, außerdem 1 l Spirituosen, 230 g Tabak oder 50 Zigarren oder eine Stange Zigaretten.

Sollte man Tagungsunterlagen, Geschenkartikel oder sonst etwas Spezielles mitnehmen wollen, holt man am besten vor der Reise die **Genehmigung der Zollbehörden** ein. Die Beamten sehen ganz gerne mal ins Gepäck. Nähere Informationen erteilt das Fremdenverkehrsamt im Heimatland.

Die Einfuhr von **Tieren, Blumen und Früchten** nach T&T ist untersagt.

Bezüglich **Zollinformationen bei der Rückeinreise nach Europa,** siehe Kapitel „Zollbestimmungen".

Kofferpacken

Als Erstes gilt es, nie zu viel mitzunehmen, sein Gepäck aber auf Reiseart und -ziel abzustimmen. So braucht jemand, der drei Wochen Pauschalreise gebucht hat, mit Sicherheit andere Dinge als jemand, der mehrere Inseln im Island-Hopping auf eigene Faust erkunden will.

Kleidung

Als Kleidung empfiehlt sich **Leichtes aus Baumwolle.** Wer sich oft im Freien aufhalten möchte, sollte an einen **Regenschutz** denken. Feste Wanderschuhe, lange Hose und ein leichter Pullover sind für den Aufenthalt in den Bergen angebracht.

Etwas **„Schickes"** sollte jeder bei sich haben, auch der Alternativtourist, denn es kann leicht passieren, dass man zu einem einheimischen Fest eingeladen wird, und es widerspricht absolut dem guten Ton, wenn man in ausgefransten Jeans oder verblichenem T-Shirt erscheint.

Im **Clothes Wash Café** auf Tobago kann man seine Wäsche waschen und nebenbei im Internet surfen. Nähere Informationen dazu im Kapitel „Reisetipps/Post und Telekommunikation/Internet".

Achtung: Das Tragen von Kleidung im **Armee-look (Camouflage)** ist auf den Inseln inoffiziell **verboten!** Sollten Kleidung, Unterwäsche oder Taschen bei der Einreise gefunden werden, werden diese bis zur Ausreise konfisziert. Reist man in so einem Kleidungsstück ein, muss man sich umziehen und gegebenenfalls sogar neue Kleidung kaufen. Trotzdem sieht man auf den Inseln nicht nur Einheimische und Touristen in dieser Kleidung herumlaufen, nein, man kann sie auch überall kaufen. Vermutlich versucht man auf diese Weise, die einheimische Textilindustrie anzukurbeln.

Ausrüstung

Viele Leute bringen **Surfbrett, Golfschläger** oder **Fahrrad** selbst mit. Generell gilt, dass der **Rucksack** zwar schon gesellschaftsfähiger geworden ist, von einigen Grenz- und Zollbeamten aber nicht gern gesehen wird. **Filme,** aber auch **Medikamente** oder Einreibemittel sollte man mitnehmen. **Sonnencreme** ist meist teurer. Auch seine **Schnorchelausrüstung** sollte man mitbringen, da die geliehenen Sachen oft nicht richtig passen.

Da man kaum deutschsprachiges Lesematerial bekommt, sollte man sich **Bücher** mitbringen. Gebrauchte deutsche Bücher kann man in einigen Boutiquen umtauschen bzw. dort lassen, wenn man sie nicht mehr nach Hause schleppen will.

Das Stromnetz auf T&T hat 110 Volt; darüber hinaus sind die Steckdosen anders als in Deutschland. **Adapter** sind in großen Hotels meist vorhanden.

Reisende, die eine billigere Unterkunft mit Selbstverpflegung gebucht haben, sollten ein **Moskitonetz** mitnehmen oder sich vor Ort für ca. 5 € ein *Bug Mat* kaufen, ein kleines Plastikgerät, in das jeden Abend ein neues Plättchen eingelegt wird.

Ein **Radio** von zu Hause mitzubringen, ist nie verkehrt. So verpasst man nicht die (besonders in der karibischen Karnevalszeit) herrlichen lokalen Radioprogramme.

Geld

Währung

Die Landeswährung ist der **Trinidad & Tobago Dollar** (1 € = 8,42 TT$, 1 TT$ = 0,11 €, 1 SFr. = 6,41 TT$, 1 TT$ = 0,15 SFr., Stand Februar 2011).

Über die aktuellen Tageskurse kann man sich im Internet unter **www.oanda.com** informieren und sich eventuell einen kleinen Handzettel für unterwegs ausdrucken, der die Umrechnung von einem bis 900 € enthält.

Wer bereits in Europa TT$ ersteht, zahlt sehr hohe Gebühren; wer auf T&T mit US$ bezahlt, bekommt ebenfalls einen sehr schlechten Kurs. Es empfiehlt sich, gleich nach der Ankunft bei der Bank Geld zu wechseln.

Zahlungsarten

Plastik, Reiseschecks oder Bares? Die beste Antwort für T&T ist: eine Mischung von alledem.

Das **bargeldlose Zahlen** ist jedoch inzwischen fast schon eine Selbstverständlichkeit. Plastikkarten der bekannten Geldinstitute *American Express, Visa, Mastercard* bzw. *Eurocard* und auch *Diners Club* sind in Hotels, Restaurants, vielen Geschäften und bei Fluggesellschaften ein gern gesehenes Zahlungsmittel. Darauf wird mit entsprechenden Symbolen hingewiesen. Ob und wie hoch die **Kosten für die Barabhebung** sind, ist abhängig von der kartenaustellenden Bank und von der Bank, bei der die Abhebung erfolgt. Man sollte sich daher vor der Reise bei seiner Hausbank informieren, mit welcher Bank sie zusammenarbeiten. Im ungünstigsten Fall wird pro Abhebung eine Gebühr von bis zu 1 % des Abhebungsbetrags per Maestro-(EC-)Karte oder gar 5,5 % des Abhebungsbetrags per Kreditkarte berechnet.

Damit man auch dort an Bargeld kommt, wo keine Kreditkarten akzeptiert werden und man mit Maestro-(EC-)Karten kein Geld abheben kann, empfiehlt sich die Mitnahme von **Travellers Cheques** von *Travelex (VISA*, früher: *Thomas Cook)* oder *American Express*. Diese kann man bei seiner Hausbank bestellen. Für T&T ist eine Ausstellung in US-Dollar am günstigsten. Es ist aber durchaus sinnvoll, etwa die Hälfte der Schecks in Euro bzw. Schweizer Franken mitzunehmen, da man dann den doppelten Umtauschverlust (zunächst in US-Dollar und dann in T&T-Dollar) vermeidet.

Beim Einlösen von Reiseschecks bekommt man in der Regel einen **besseren Umtauschkurs** als für Bargeld. Geldinstitute berechnen für das Einlösen eine Gebühr; nur in *American Express* bzw. *Travelex* Wechselstuben werden die entsprechenden Reiseschecks **gebührenfrei** gewechselt.

Gesundheit

Ausführliche Infos zum Thema Gesundheit s. Kapitel „Praktische Reisetipps A–Z" und im Anhang.

Medikamente

Die allgemeine Versorgung ist gut, wer allerdings zu Hause bestimmte Medikamente einnimmt, sollte sich einen genügenden Vorrat mitnehmen, am besten mit Beipackzettel, um Schwierigkeiten am Zoll zu vermeiden.

Versicherungen

Egal welche Versicherungen man abschließt, hier ein Tipp: Für alle abgeschlossenen Versicherungen sollte man die Notfallnummern notieren und mit der Policenummer gut aufheben! Bei Eintreten eines Notfalles sollte die Versicherungsgesellschaft sofort telefonisch verständigt werden!

Der Abschluss einer **Jahresversicherung** ist in der Regel kostengünstiger als mehrere Einzelversicherungen. Günstiger ist auch die **Versicherung als Familie** statt als Einzelpersonen. Hier sollte man nur die Definition von „Familie" genau prüfen.

Die Kosten für eine ärztliche Behandlung in Trinidad und Tobago werden von den gesetzlichen Krankenversicherungen in Deutschland und Österreich nicht übernommen, daher ist der Abschluss einer privaten **Auslandskrankenversicherung unverzichtbar.**

Bei Abschluss der Versicherung – die es mit bis zu einem Jahr Gültigkeit gibt – sollte auf einige Punkte geachtet werden. Zunächst sollte ein **Vollschutz ohne Summenbeschränkung** bestehen, im Falle einer schweren Krankheit oder eines Unfalls sollte auch der **Rücktransport** übernommen werden. Diese Zusatzversicherung bietet sich auch über einen **Automobilclub** an, insbesondere wenn man bereits Mitglied ist. Diese Versicherung bietet den Vorteil billiger Rückholleistungen (Helikopter, Flugzeug) in extremen Notfällen.

Wichtig ist auch, dass im Krankheitsfall der **Versicherungsschutz über die vorher festgelegte Zeit hinaus** automatisch verlängert wird, wenn die Rückreise nicht möglich ist.

Schweizer sollten bei ihrer Krankenversicherungsgesellschaft nachfragen, ob die Auslandsdeckung auch für Trinidad und Tobago inbegriffen ist. Sofern man keine Auslandsdeckung hat, kann man sich kostenlos bei Soliswiss (Gutenbergstr. 6, Postfach, 3001 Bern, Tel. 031 3807030, health@soliswiss.ch, www.soliswiss.ch) über mögliche Krankenversicherer informieren.

Zur Erstattung der Kosten benötigt man ausführliche **Quittungen** (mit Datum, Namen, Bericht über Art und Umfang der Behandlung, Kosten der Behandlung und Medikamente).

Andere Versicherungen

Ob es sich lohnt, weitere Versicherungen abzuschließen wie eine Reiserücktrittsversicherung, Reisegepäckversicherung, Reisehaftpflichtversicherung oder Reiseunfallversicherung, ist individuell abzuklären. Gerade diese Versicherungen enthalten viele **Ausschlussklauseln,** sodass sie nicht immer Sinn machen.

Die Reiserücktrittsversicherung für 35 bis 80 Euro lohnt sich nur für teure Reisen und für den Fall, dass man vor der Abreise einen schweren Unfall hat, schwer erkrankt, schwanger wird, gekündigt wird oder nach Arbeitslosigkeit einen neuen Arbeitsplatz bekommt, die Wohnung abgebrannt ist u.Ä. Nicht gelten hingegen: Terroranschlag, Streik, Naturkatastrophe etc.

Die **Reisegepäckversicherung** lohnt sich seltener, da z.B. bei Flugreisen verlorenes Gepäck oft nur nach Kilopreis und auch sonst nur der Zeitwert nach Vorlage der Rechnung ersetzt wird. Wurde eine Wertsache nicht im Safe aufbewahrt, gibt es bei Diebstahl auch keinen Ersatz. Kameraausrüstung und Laptop dürfen beim Flug nicht als Gepäck aufgegeben worden sein. Gepäck im unbeaufsichtigt abgestellten Fahrzeug ist ebenfalls nicht versichert. Die Liste der Ausschlussgründe ist endlos ... Überdies deckt häufig die Hausratsversicherung schon Einbruch, Raub und Beschädigung von Eigentum auch im Ausland. Für den Fall, dass etwas passiert ist, muss der Versicherung als Schadensnachweis ein Polizeiprotokoll vorgelegt werden.

Eine **Privathaftpflichtversicherung** hat man in der Regel schon. Hat man eine **Unfallversicherung,** sollte man prüfen, ob diese im Falle plötzlicher Arbeitsunfähigkeit aufgrund eines Unfalls im Urlaub zahlt. Auch durch manche (Gold-)**Kreditkarten** oder eine **Automobilclubmitgliedschaft** ist man für bestimmte Fälle schon versichert. Die Versicherung über die Kreditkarte gilt jedoch meist nur für den Karteninhaber!

tr_100 Foto: esm

tr_034 Foto: esm

Praktische Reisetipps A–Z

Ankunft

Ankunft auf Trinidad

Am Flughafen

Die meisten Urlauber kommen am **Piarco Airport,** 25 km außerhalb von Port of Spain, an.

Vor Erteilung des Visums am Flughafen kann es passieren, dass man Fragen nach dem Grund des Besuches, nach Drogen etc. beantworten muss oder sein Geld bzw. seine Schecks vorzeigen soll. Irgendwann wird man dann aber doch den Stempel in seinen Pass bekommen.

Nachdem alle Formalitäten erledigt sind, wird jetzt mit großer Wahrscheinlichkeit ein lächelnder Schwarzer mit Gepäckwagen vor Ihnen erscheinen. Während hier sonst alles langsam geht, erfolgt das erstaunlich schnell: Wohin mit dem Gepäck, zum Taxistand, zum Weiterflug nach Tobago oder zur Gepäckaufbewahrung? Keine Zeit zum Überlegen, denn schon ist er unterwegs. Der Preis liegt im Ermessen des freundlichen Helfers, ca. 5 TT$ sind angemessen.

Eine Bank zum **Geldwechseln** sowie ein **Tourist Office,** in dem man Listen von Hotels und anderen Unterkunftsmöglichkeiten erhalten kann, befinden sich im Flughafengebäude.

Wenn man zum Flughafenausgang kommt, befindet sich rechts ein Raum, in dem man sein **Gepäck** für 15 TT$ pro Tag und Gepäckstück aufbewahren kann.

Bus

Hier kann man auch Bustickets kaufen. Ein Ticket in die Hauptstadt kostet 4 TT$. Die **Bushaltestelle** liegt auf der anderen Straßenseite (am Ausgang rechts halten). Allerdings fahren nur vier Busse pro Tag. Die Fahrt dauert 45 Min. Vom Busbahnhof in Port of Spain muss man sich ein Taxi zum Hotel nehmen. Leider liegen die Taxistände etwas entfernt vom Busterminal.

Taxi

Am Ausgang des Airportes warten eine Menge Taxifahrer. Die **Taxis** haben feste Preise. Dauer der Fahrt in die Hauptstadt je nach Verkehrsdichte 30–60 Min., den Preis trotzdem vorher vereinbaren.

Einige festgesetzte **Preise für Taxifahrten** vom Piarco Airport nach:

● Port of Spain	30-35 US$
● Maraval	30-40 US$
● Diego Martin	35-40 US$
● San Fernando	40-50 US$

Achtung: nach 22 Uhr steigen die Preise um 50 %; außerdem können sich die Preise ständig ändern. Aktuelle Liste am Airport, oder im Internet auf den Seiten des Touristenbüros.

Hotels am Flughafen

● **Airport View Guest House***, St. Helena Junktion, Tel. 664 4186, Fax 669 5104.
● **Bel Air International****, Air Port Hotel, Piarco International Airport, Piarco; 56 Zi., Tel. 669 4771/3, Fax 669 4771, www.belair-hotel.com.

Am Hafen

Der Hafen von PoS befindet sich unmittelbar neben dem Zentrum. Die Abwicklung der Formalitäten kann länger dauern als am Flughafen, da die Leute genauer kontrolliert werden. Auch hier warten Taxis am Ausgang. Busse und Routentaxis kann man gut zu Fuß errreichen

Ankunft auf Tobago

Am Flughafen

Die meisten Besucher kommen auf Tobago am **Crown Point Airport** an. Der Flughafen liegt direkt am Meer am äußersten Südwestzipfel der Insel. Bei der Ankunft wird man von einer leichten Brise umfächelt und bekommt einen ersten Eindruck von der Schönheit der Insel.

Gegenüber dem Flughafengebäude gibt es eine **Bank** und eine Filiale der **Tourist Information.** Hier gibt es Listen von Hotels und Guesthouses. Sollte die Bank geschlossen haben, kann man im ersten Stock des Flughafengebäudes in der Wechselstube „Classic Cambio" Geld eintauschen.

Bus

Neben dem Airport fahren stündlich von 5.30 bis 19.30 Uhr Busse der TDC in die Hauptstadt (Preis: 3 TT$). **Tickets** gibt es in den kleinen Holzhäuschen gegenüber dem Airport.

Taxi

Taxis warten am Ausgang des Flughafens. Die **Fahrpreise** sind im Flughafengebäude neben der Ausgangstür angeschlagen, z.B. *Turtle Beach Hotel,* Black Rock, 130 TT$.

Routentaxis sind weitaus billiger (außerhalb des Airports an der Straße): 4 TT$ nach Scarborough.

Meistens ist man auf das **„H" als ersten Buchstaben des Nummernschildes** zur Identifizierung eines PKW als Taxi angewiesen. Es bieten aber auch viele Fahrer ihre Dienste an, die ein **„P"** als ersten Buchstaben führen. Hier handelt es sich um Besitzer von Privatautos, die schnell ein paar Dollar machen wollen. Im allgemeinen sind sie schon in Ordnung, aber es hat schon Fälle gegeben, bei denen das Gepäck verschwand, weshalb man sie auch manchmal **Piratentaxis** nennt. Am Flughafen sollte man sich im Zweifelsfalle vom Personal oder dem Touristenbüro weiterhelfen lassen.

Hotels am Flughafen

Gäste, die ein Hotel gebucht haben, werden **abgeholt.**

Alle Hotels um den Crown Point sind in weniger als **fünf Min. zu Fuß** zu erreichen, und überhaupt liegen die meisten Hotels, Restaurants und Gästehäuser der Insel hier in Flughafennähe.

Auch die zwei schönsten **Strände,** Pigeon Point und Store Bay sind nur 5 Min. zu Fuß entfernt (siehe Tobago, Am Flughafen). Das mag sich im ersten Moment schlimm anhören, ist es aber nicht: Der Fluglärm ist, wahrscheinlich wegen des Windes, kaum zu hören. So liegt man bei Sonnenuntergang in der Store Bay und sieht über dem Meer einen Punkt auftauchen, der immer größer wird und schließlich in voller Größe über den Kopf hinwegfliegt.

Ausflüge

Veranstalter auf Trinidad

- **T&T Sightseeing Tours,** 165 A, Western Main Rd., St. James, Tel. 628 1051, Fax 622 9205, www.trintours.com.
- **AD Travel Ltd.,** 36, Agate Drive, Diamond Vale, *Diego Martin,* Tel. 487 0572, Fax 622 7314, www.incentiveandmore.com, z.B. Kajaktouren auf dem Marianne River.
- **Banwari Expirience,** Bourg Mulatresse, Lower Santa Cruz, Tel. 624 8687, Fax 675 1619, www.banwari.com, z.B. Touren durch die Northern Ranges, Cleaver Woods, Asa Wright Nature Centre nach Maracas.
- **Gail's Exclusive Tour Services Ltd.,** 30, Ecke Moreau Rd., Saddle Rd., San Juan, Tel. 638 5085, Fax 638 7148, gailgetstours@hotmail.com, z.B. Fahrten in die Mitte und in den Süden mit Besichtigung indischer Sehenswürdigkeiten wie eine Töpferei und indische Tempel, sowie den Wildfowltrust. Anschließend indisches Dinner.
- **In Joy Tours,** 2, Himorne Court, Hibiscus Drive, Petit Valley, Tel. 633 4733, Fax 633 1771, www.injoytours.com, z.B. Fahrten zu den Inseln im Nordwesten Trinidads.
- **Island Experiences,** *Normandie Hotel,* 10, Nook Av. St. Ann's, Port of Spain, Tel. 621 0407, www.islandexperiencestt.com, z.B. Port of Spain bei Nacht.
- **Sensational Tours,** 47, Reservoir Rd., La Pastora, Santa Cruz, Tel. 676 2937, Fax 676 3008, sensationaltours@gmail.com, z.B. Sunset Cruises an Trinidads Küsten.
- **The Travel Centre,** 16, Damien St., Woodbrock, Port of Spain, Tel. 622 0112, Fax 622 0894, www.the-travel-centre.com, z.B. Port of Spain-Stadtrundfahrten, Trinidad Inselrundfahrten.
- **Trinidad & Tobago Sightseeing Tours,** 165 A, St. James St., Port of Spain, Tel. 628 1015, Fax 622 9205, www.trintours.com, z.B. Tagestouren zu Trinidads Wasserfällen. Spezialanbieter für Naturtouren s. „Sport und Erholung".

Veranstalter auf Tobago

- **Classic Tours and Travel,** Friendship Estate, Airport,Tel. 639 9891, Fax 639 9892, www.classictoursltd.com
- **Yes-Tourism Ltd.,** Crown Point Plaza, Store Bay Local Rd., Crown Point, Tel. 631 0286, Fax 631 0287, www.yes-tourism.com, guter, deutschsprachiger Veranstalter.

Bootstouren

- **Frankie Tours & Rentals,** *Mt. Irvine beach facilities,* Parkplatz, Tel. 631 0369 oder 681 3717, www.frankietours-tobago.com.
- **Harris' Jungle Tours,** Golden Grove Road, Canaan, Tel. 639 0513, www.harris-jungle-tours.com. *Harris* bietet fast alle Ausflüge an, die man in Tobago machen kann. Shoppingtrip nach Scarborough, Tagesausflüge, *Turtle watching* und Nachtausflüge in den Regenwald. Zwischen 30 u. 100 US$.

- **Island Girl Sail Charters**, Plantation Beach Watersports Ltd., Bon Accord, Tel. 639 7245, Fax 639 788, www.sailtobago.com, Katamaranausflüge Tagesausflug 75 US$, Sunsetcruise 50 US$.
- **Hews-Tours,** 53, Coral Lane, Coral Garden, Buccoo, Tel. 639 9058, www.hews-tours.com. Glasbodenbootstouren für 30 US$, Bootsausflüge mit Barbecue in No Man's Land für 65 US$.

Einkaufen

Öffnungszeiten

Die **Geschäfte** haben in der Regel Mo-Sa 8.00-18.00 Uhr geöffnet, einige auch länger.

Zollfrei einkaufen

Duty Free Shops befinden sich auf Trinidad am Piarco Airport und am Hafen, sowie in Port of Spain; auf Tobago am Crown Point Airport und im *Cruising Ship Terminal.*

Shopping Malls

Im Gegensatz zu Tobago ist Trinidad ein wahres Einkaufsparadies. Es gibt eine Menge Shoppingmalls nach amerikanischem Vorbild mit teilweise über 100 Geschäften, Restaurants und Imbisslokalen. Sie sind Mo-Sa 10.00-19.00 Uhr geöffnet.

- **The Falls at Westmall,** Western Main Rd., Westmoorings;
- **Ellerslie Plaza,** Ecke Rapsey St. und Saddle Rd., Maraval;
- **Movie Towne,** Movie Town Boulevard, Audrey Jeffers Highway, Invaders Bay, www.movietowne.com. Das größte Einkaufs- und Entertainmentcenter Trinidads mit 10 Kinos, 15 Restaurants, Discotheken usw., täglich geöffnet.
- **Starlite Shopping Plaza,** Diego Martin Main Rd.

Souvenirs

Souvenirs und Kunsthandwerk werden zwar auch in den Hotels verkauft, aber man sollte überlegen, ob man sein Geld in der Hotelboutique lässt oder das Gleiche, meist billiger, **bei den Einheimischen direkt** kauft, die ihre Familien davon ernähren.

In Trinidad findet man im Zentrum von PoS zwischen Frederik und Charlotte Street einen kleinen **Markt für Kunsthandwerk.**

tr_041 Foto: esm

In Tobago kauft man am besten in den kleinen Huts an der Esplanade, neben dem Hafen in Scarborough und an der Store Bay.

Gewürze, Rum

Mit **Rum** und **Angostura** kann man sich zu Hause einen Rumpunsch mischen und in Urlaubserinnerungen schwelgen (Angostura ist ein Bitterlikör aus der Rinde des Angosturabaumes und Gewürzen, hilft mit Wasser verdünnt auch gegen Magenbeschwerden). **Gewürze** in Pulverform sowie Gewürzsoßen in Flaschen regen vielleicht später dazu an, die kreolische Küche zu Hause auszuprobieren.

Überall gibt es kleine Stände mit Kunsthandwerk

Bücher, Musik

Die passenden **Koch- und Rezeptbücher** gibt es allerdings nur in englischer Sprache, das gilt ebenso für die kleinen Bücher der Serie *Macmillan Caribbean.* Es gibt sie mit vielen Farbfotos über Vögel, Fische, Früchte, Muscheln etc.

Zu den beliebtesten Mitbringseln gehören **CDs,** Reggae-, Soca- und Steelbandmusik, die man in Deutschland nicht kaufen kann. Für Musikliebhaber gibt es auch eine sehr gute Auswahl an Calypsoplatten und **Steeldrums.**

Kunst, Kunsthandwerk

Typisch karibisch, seit den Zeiten der Indianer, sind auch **Flecht- und Tonarbeiten.** Matten und Körbe aus Stroh sowie allerlei Lampen, Figuren, Früchte und Geschirr aus Ton kauft man günstig in den Craftshops oder auf dem Wochenmarkt.

Weiterhin preisgünstig sind **Lederschuhe und -taschen, Schmuck, indische Seide** und schöne **geschnitzte Holzfiguren.**

Den schönen **Schmuck aus schwarzer Koralle** sollte man nicht kaufen, da die schwarze Koralle vom Riff abgebrochen wird und dieses so über kurz oder lang zerstört wird. Außerdem ist die Einfuhr nach Deutschland verboten (s. Zoll).

Sehr beliebt sind Taschen und Schalen die aus der **Calabashfrucht** hergestellt werden oder geschnitzte Vasen aus **Bambus.** Da beide Materialien schnell nachwachsen, kann man diese Produkte bedenkenlos kaufen.

Ursprünglich aus Indonesien stammend, ist die **Batik** fester Bestandteil des karibischen Kunsthandwerks geworden. Es gibt eine breite Auswahl von Kleidungsstücken, bis hin zu Wandbehängen.

Die besten Batikarbeiten auf Tobago findet man im *Cotton House* in der Bacolett Street. (Etwas außerhalb von Scarborough.)

Das Hauptkleidungsstück, das **T-Shirt,** gibt es in fast allen Varianten: Bedruckt mit Sonnenuntergängen, Inselnamen, Fischen, Musikern oder karibischer Produktwerbung sind sie später ein nettes und praktisches Erinnerungsstück.

Essen und Trinken

Karibische Küche

Die karibische Küche ist mittlerweile weltweit bekannt als **kreolische Küche.** Kreolisch bedeutet eine Mischung aus Gerichten afrikanischer Herkunft und der Küche der jeweiligen Kolonialmacht, England, Spanien, Frankreich oder Portugal. Hinzu kommen Einflüsse der chinesischen und indischen Einwanderer. Die Kochkunst von T&T ist natürlich besonders abwechslungsreich, da in diesem Vielvölkerstaat eine Menge kulinarischer Einflüsse ihre Spuren hinterlassen haben. Hier eine Reihe besonders beliebter einheimischer Spezialitäten:

Callalloo

- 2 Bund Dasheen-Blätter
- 8 Okra-Schoten
- 1 Bund Lauchzwiebeln
- 1 Stück Kürbis
- 2 EL Öl
- 2 EL Butter
- 1 grüne Pfefferschote
- 1 gr. Zwiebel
- 2 Knoblauchzehen
- ½ TL Salz
- frische Kokosmilch

Alles klein schneiden, einen großen Topf zur Hälfte mit Wasser füllen. Öl, Knoblauch, Zwiebeln, Lauchzwiebeln, Pfefferschote und Dasheenblätter im halbbedeckten Topf eine halbe Stunde kochen.

In der Zwischenzeit die Kokosnuss öffnen und raspeln. In ca. ¼ l Wasser solange ausdrücken, bis das Wasser wie Milch aussieht. Kürbis, Kokosmilch, Salz und Butter zugeben und eine weitere ¾ Std. unter regelmäßigem Rühren kochen, bis der Kürbis nicht mehr zu sehen ist.

Callalloo kann auch mit Fleisch und Krabben gegessen werden. Normalerweise isst man dazu Reis, das Gericht schmeckt auch mit Kartoffeln oder etwas dünnflüssiger als Suppe.

Spezialitäten

- **Bake and Shark** ist Fladenbrot mit gebratenem Hai und verschiedenen Soßen. Die größte Auswahl an der Maracas Bay in Trinidad.
- **Benay Balls** sind dunkelbraune, süße, harte Kugeln aus Sesam, Zucker und Melasse.
- **Black cake** ist ein dunkelbrauner Kuchen mit Früchten und sehr viel Rum, traditioneller Weihnachts- oder Hochzeitskuchen.
- **Buljohl** wird aus gekochtem Salzfisch, Tomaten, Zwiebeln, Öl und Avocados gemacht, ein Salat, den man mit Brot isst.
- **Bus up shut** entsteht aus dem gleichen Teig wie Roti (siehe unten). Hier wird er während des Backvorgangs zerschlagen.
- **Callalloo** ist ein spinatähnliches Gemüse aus den Blättern der Dasheenpflanze und stammt aus Afrika. Man serviert Callalloo als Suppe oder Gemüse (s. Rezept).
- **Coocoo** schmeckt ähnlich wie Polenta, ein Maismehlbrei mit Okra.
- **Coconut bake** ist ein Kuchen mit geriebener Kokosnuss als Hauptzutat.
- **Corn, Boil & Roast** sind gekochte und geröstete Maiskolben.
- **Cowheelsoup** ist Kuhfußsuppe.
- **Curried Crab and Dumplin** ist ein Curry aus dem Fleisch der großen blauen Landkrabbe, serviert mit Mehlklößen.
- **Dhal** ist indische Suppe aus roten Linsen.
- **Doubles** sind kleine Teigtaschen, wahlweise mit Fisch, Fleisch oder Curry gefüllt.
- **Oil Down** ist stark gesalzenes Fleisch, das mit Brotfrucht und Kokosmilch gekocht wird.
- **Pelau** stammt aus Spanien und ist eine Reis- und Erbsenpfanne mit verschiedenen Fleischsorten.
- **Pone** ist Cassavapudding.
- **Roti** kommt aus Indien. Es besteht aus Dhalpurri, einem flachen Brot, das in Schichten auf einer Eisenplatte gebacken wird. Zwischen die Schichten streut man gemahlene Erbsen. Rotis gibt es auf beiden Inseln an jeder Straßenecke für ein paar Dollar; eine wohlschmeckende und sättigende Mahlzeit.
- **Souse:** Schweinefüße mit Kräutern, Pfeffer, Gurke und Knoblauch gekocht.

Natürlich spielen **Fischgerichte,** Muscheln, Krabben und Langusten eine wichtige Rolle. Eingekauft wird meistens auf dem Markt. Dies gilt auch für die Hotels. Fischer verkaufen ihre Beute fangfrisch, indem sie in große Muscheln blasen, um kundzutun, dass sie etwas anzubieten haben.

tr_046 Foto: esm

- **Cascadura** ist ein mit viel Curry gekochter Fisch.
- **Conch** ist das Fleisch einer Riesenmuschel, mit Curry zubereitet.
- **Dolphin** ist ein Speisefisch mit einem großen flachen Kopf. Da die Touristen oft davor zurückschreckten, Dolphin zu essen, weil sie das mit Delfin übersetzten, wird heute oft auf Schildern darauf hingewiesen, dass es sich nicht um „Flipper" handelt.

Manchmal bekommt man auch **Schildkröte,** von deren Genuss man aber absehen sollte, da sie vom Aussterben bedroht ist. Das gleiche gilt für **Iguana, Tatoo, Agouti** (auf Tobago Manicou genannt). Leider verspeisen die Einheimischen, besonders in den kleinen Dörfern so ziemlich alles, was sie fangen können.

„Dolphin" ist ein Speisefisch, nicht mit dem Delfin zu verwechseln

Obst und Gemüse

Außerdem gibt es ständig eine große Auswahl an exotischem Obst und Gemüse. Außer allen inzwischen auch in Europa bekannten Gemüsen findet man **Plantain,** große grüne Kochbananen, oder **Breadfruit.** Sie ist ähnlich unserer Kartoffel, wird gekocht, gebraten oder als Suppeneinlage verwendet. Ebenso wird die **Cassavawurzel** oft den Gerichten beigemengt. Auch **Pumpkin,** Kürbis, ist in der ganzen Gegend beliebt.

Alltagskost

Und nun zur täglichen **Speisekarte der Einheimischen.** Hauptnahrungsmittel ist Reis. *Plantin, Breadfruit* und *Cassavawurzel* zählen ebenfalls zur täglichen Nahrung, sowie alles an Obst und Gemüse, was man im eigenen Garten erntet. Und natürlich jede Art von Fisch in Orten, die sich am Meer befinden. Landkrabben isst man ebenfalls gern, da sie nichts kosten, man fängt sie einfach mit selbstgebauten Bambusfallen im Garten. Mit dem Fleisch sieht es da schon ganz anders aus. Meist ist ein Huhn aus eigener Haltung schon der größte Luxus, den man sich leisten kann. Auf dem Markt werden Schweineschwänze und Hühnerfüße verkauft. Obwohl es nicht erlaubt ist, sieht man oft Gruppen von bis zu zehn Dorfbewohnern tagelang Leguane jagen. Die sind oft so klein, dass sie dann höchstens noch für eine Suppe reichen. Meist wird ein großer Topf mit viel Reis und wenig Gemüse oder Fisch gekocht, und der hält dann für den ganzen Tag vor. Billig, magenfüllend und außerdem sehr lecker sind *Dumplin.* Aus Wasser und Mehl wird ein Nudelteig hergestellt. Große Stücke davon kommen entweder in die Suppe, oder man rollt den Teig aus und kocht runde Fladen im Wasser, die dann zusammen mit Gemüsecurry gegessen werden. Schwarzer Pfeffer ist ein beliebtes Gewürz und wird reichlich verwendet. Das kann dann den Touristen schon mal die Tränen in die Augen treiben.

Überhaupt gibt es Gerichte, die von Einheimischen und Touristen gleichermaßen gern gegessen werden, und andere, die besonders **für einen empfindlichen Touristenmagen völlig ungeeignet** sind. Von den Indianern stammt noch der Pfeffertopf. Eine Art Eintopf mit vielerlei Gemüsen, Gewürzen und Fleisch, tagelang auf kleiner Flamme geköchelt und ständig mit neuen Zutaten versehen. Als Vorspeise sind Hühnerfüße beliebt. Man serviert sie mit Brühe im Plastikbecher. Ist *Agouti* angesagt, ist es vielleicht nützlich zu wissen, dass es sich hierbei um eine Baumratte handelt.

Natürlich gibt es auch jede Menge weniger abenteuerlicher Gerichte. Reis, Erbsen oder Bohnen, unzählige verschiedene Teigtaschen, Doubles, Fritters, Bakes, Cassavaschnitten, Ziegengulasch, scharf gegrilltes Schweine- oder Hühnerfleisch sowie Fisch und Meeresfrüchte in allen nur erdenklichen Variationen.

Alle Inselköstlichkeiten werden in kleinen **Garküchen** und Imbissbuden angeboten.

Für den Hobbykoch wird eine Vielzahl von **Kochbüchern** angeboten (leider nicht in deutscher Sprache).

Tipp: Wer im Oktober in Tobago ist, sollte das **Blue Food Festival** in L'Anse Fourmi nicht verpassen. Hier kann man sehen und kosten, was alles aus der Cassava gemacht werden kann.

Getränke

Sehr beliebt ist das auf Trinidad gebraute *Carib Beer.* Es ist weniger stark als unseres und ein guter Durstlöscher. *Stag* ist ein dunkles, ebenfalls gern getrunkenes Starkbier. Das aus Ingwer hergestellte alkoholfreie *Ginger beer* und *Malta* (Malzbier) bereichern das Angebot.

Fruchtpunsch, verschiedene Säfte mit Eis (nicht zu verwechseln mit Rumpunsch), wird häufig getrunken, ebenso *Peanutpunch* und *Seamoos,* zwei Milchmix-ähnliche, alkoholfreie Getränke, und nicht zuletzt *Mauby,* ein dunkelbrauner Sirup aus der Rinde des Maubybaumes. Mit Zucker, Wasser

Zucker- und Rumherstellung

Tobagos größter Reichtum war eine ganze Zeit lang der Zucker. So gab es zur Blütezeit des Zuckerhandels fast 300 Plantagen auf der Insel. Der größte Teil wurde mit Windmühlen getrieben, gefolgt von Tieren und Wasserradantrieb. Da das Zuckerohr von Hand geerntet wurde und die Zuckerherstellung sehr aufwendig war, wäre dies ohne die Sklaven nicht möglich gewesen. Das Zuckerrohr wurde gemahlen, kleingehackt und gepresst. Dem Saft fügte man Kalkmilch (Kalziumhydroxid) und Wasser zu. Der Saft wurde gekocht, und durch Verdampfen in einer Zentrifuge bildeten sich die Zuckerkristalle. Der Zucker wurde gereinigt, in Säcke gefüllt und mit Schiffen nach England gebracht.

Holländische Juden sollen es gewesen sein, die schon früh das Zuckerrohr nach Barbados brachten. Da es hier keine Ureinwohner und relativ flaches Land gab, holzte man den Urwald ab und pflanzte riesige Zuckerrohrfelder.

Die Mahlwerke zur Zuckergewinnung wurden hier mit Windmühlen und später mit Dampfkraft angetrieben. Rum entstand aus der Melasse, einem Nebenprodukt bei der Rohrzuckerherstellung.

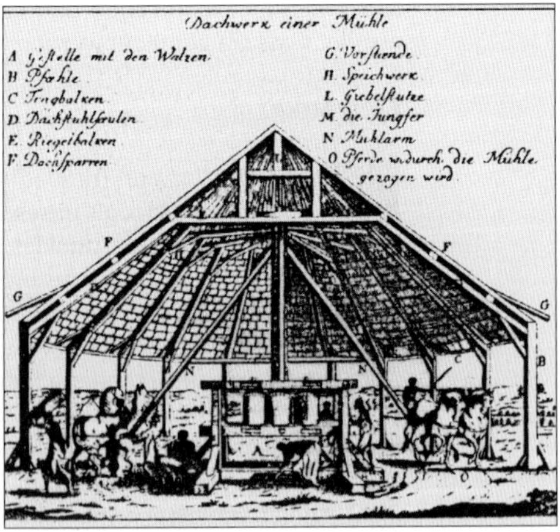

1630 braute man erstmals auf Barbados ein hochprozentiges Zuckerrohrschnapsgetränk, *Rumbuillon* (= Krawall im alten Englisch). Schon in alten Publikationen steht etwas von einem Teufelszeug und höllisch heißem Likör ...

Zuerst stellten die Plantagen ihr eigenes Teufelszeug her, um ihre Sklaven bei Laune zu halten. Bald griffen auch die Plantagenbesitzer zur Flasche, um sich das Leben zu versüßen oder die Angst vor Katastrophen hinunterzuspülen.

Obwohl der erste Rum so scharf gewesen sein soll, dass Leute daran starben, wurde er ab 1655 laut königlichem Erlass an die englische Marine verteilt, um die Leute mutig zu machen - 1/4 l pro Tag und Nase. Hier entstand auch der Grog, als Admiral *Venon* (Spitzname: Old Grog) den Rum für seine Mannschaft immer mit Wasser verdünnen ließ; die Piraten begossen ihre Freude über erbeutete Schiffe ebenfalls mit Rum.

Auch in Europa kam man nun schnell auf den Geschmack. Jetzt wurde der Rum in extra Brennereien hergestellt und das Verfahren verfeinert. Hefezusatz und Destillation, Ablagerung in Eichenfässern und der Zusatz von Karamelzucker sind ebenso am Geschmack des Rums beteiligt wie Zuckersorte, Boden, Klima und Lagerdauer.

Der beste Rum kommt heute von Barbados, aber auch die anderen karibischen Inseln haben ihre eigenen Sorten. Kaum ein anderes alkoholisches Getränk lässt sich so vielseitig verwenden, in Cocktails, als Punsch, pur oder als Grog.

tr_999 Foto: esm

Reisetipps A–Z

und Eis ergibt er ein erfrischendes Getränk mit Lakritzgeschmack.

Das wohl berühmteste Getränk der Karibik, **Rum,** entsteht durch Gärung aus der bei der Zuckerherstellung anfallenden Melasse (s. Exkurs).

Man kann wohl davon ausgehen, dass in früheren Zeiten der größte Teil der karibischen Inselbevölkerung täglich im Rumrausch war. Noch heute trinken die meisten Einheimischen den Rum pur und spülen mit einem Schluck Wasser nach. Inzwischen stellt jede Insel ihre eigene Rumsorte her – für den Eigenbedarf und teilweise für den Export. Aus Trinidad kommt z.B. *OLD OAK* und *VAT 19.*

Hier wird auch Angostura Bitter hergestellt, eine geheimgehaltene flüssige Kräutermischung. Sie ist Bestandteil fast aller **Rumpunsche.** Es gibt Mengen von Rumpunschrezepten mit den abenteuerlichsten Namen, z.B. *Dschungel-Punsch, Arawak, Barbados Swizzle, Carib, Cocoskiss, Karibischer Zauber, Lumbumba, Robinson Crusoe* oder *Zombie*. Eines haben alle gemeinsam: Sie schmecken fruchtig und frisch und hauen einen leicht von hinten um. Rumpunsch besteht aus Eis, Rum und einer unterschiedlichen Zusammensetzung von Fruchtsäften und anderen Zutaten.

Rumpunsch Robinson Crusoe

pro Person:

- 6 Eiswürfel
- 4 cl Ananassaft
- 4 cl weißer Rum
- ¼ Babyananas

Alle Zutaten im Shaker kurz und kräftig schütteln und in ein gekühltes Cocktailglas geben, mit der Ananas dekorieren.

Feste und Feiertage

Feiertage

- Neujahr
- Rosenmontag und Karnevalsdienstag (Februar/März)
- Shouter Baptist Liberation Day (30.3.)
- Karfreitag
- Ostermontag
- Pfingstmontag
- Fronleichnam
- Indian Arrival Day (30.5.)
- Tag der Arbeit (19.6.)
- Emancipation Day (1.8.)
- Independence Day (31.8.)
- Tag der Republik (24.9.)
- 1. Weihnachtstag
- 2. Weihnachtstag

Die genauen Daten aller Feste sind beim Tourismusbüro zu erfragen.

Feste und Festivals

Eid ul Fitri

Das **moslemische Neujahrsfest** findet am letzten Tag des Ramadan statt. Das genaue Datum richtet sich nach dem islamischen Kalender. 2000 findet das Fest am **6. Januar und 26. Dezember** statt; es verschiebt jährlich um ca. elf Tage nach vorn. Auch dieses Fest ähnelt in der Bedeutung unserem Weihnachten. Man trägt seine beste Kleidung, stattet sich Besuche ab, beschenkt sich, lädt zum Festessen ein und gibt auch den Armen etwas ab.

Hosey

Das Hoseyfest ist eigentlich eine **Trauerprozession** und wird von den schiitischen Moslems zur Erinnerung an den Schmerz und das Martyrium *Husseins* und seines Bruders *Hassan* während des Heiligen Krieges (Jihad) begangen.

1884 wurde das Fest erstmals auf Trinidad gefeiert und war bis vor 40 Jahren ein Trauerzug mit strengen Ritualen. Inzwischen hat sich das Fest immer mehr der trinidadischen Mentalität angepasst. Heute finden die Prozessionen im **Februar oder**

tr_054 Foto: esm

März in St. James, Tunapuna, Couva und Cedros statt. Vor dem Fest fasten die Moslems 40 Tage lang. Zu Beginn des Festes werden farbige Fahnen durch die Stadt getragen, in der Nacht darauf kleine Grabmäler aus Stoff, Bambus, Spiegeln und Stanniolpapier, auf den Köpfen von Tänzern, die von Trommeln begleitet werden.

In der dritten Nacht erreicht das Fest seinen Höhepunkt: Nun sind die über 2 m hohen Grabmäler (Tadjahs) zu bewundern. Zwei Tänzer tragen sichelförmige Monde, die symbolisch *Hassan* und *Hussein* darstellen. Husseins Mond ist rot und steht für seine Enthauptung. Der Mond für den vergifteten Hassan ist blau oder grün. Während eines wilden Tanzes scheinen sich die Monde zu berühren. Die Tänzer wirbeln wie in Trance, während einer Zeremonie wird das Grabmal geküsst. Am letzten Tag des Festes tragen die Tänzer Monde und Tadjahs feierlich zum Meer und versenken sie unter Gebeten in den Fluten.

Ziegenrennen – Goat Race

Phagwa

Phagwa ist das **Neujahrsfest** der Hindus. Das ursprünglich aus Indien stammende Phagwafest ist stark vom Karneval und von afrikanischem Brauchtum beeinflusst und wird im **März** gefeiert. Die Menschen kleiden sich weiß und bewerfen oder besprühen sich über und über mit Farbe. Auch hier wird alles mit Tanz und Musik begleitet.

Goat Race

Jeden **Osterdienstag** findet in Buccoo/Tobago während eines Volksfestes ein **Ziegenrennen** statt.

1925 führte der auf Barbados geborene Samuel Callender dieses Fest ein.

Extra für diese Rennen gezüchtete Ziegen müssen zusammen mit ihren Jockeys eine ca. 300 m lange Rennstrecke bewältigen. Der Jockey hat hierbei die Ziege an einer langen Leine und muss mit ihr zusammen rennen.

Dem Gewinner winken Preise, und es kann gewettet werden. Der Eintritt zum Race Course kostet 5 TT$.

Zur gleichen Zeit findet ein **Krabbenrennen** statt. Die Krabben müssen dazu eine ca. 3 m lange Strecke bewältigen. Dabei müssen sie mit kleinen Stöckchen in die richtige Richtung dirigiert werden, da sie natürlich keine Ahnung haben, wo sich das Ziel befindet.

Während die Ziegen bis zum nächsten Rennen wieder gut versorgt werden, wandern die Krabben anschließend in den Kochtopf.

La Divina Pastora

La Divina Pastora feiert man in Siparia auf Trinidad. Am **zweiten Sonntag nach Ostern** wird hier die Statue einer schwarzen Madonna in einer **Prozession** durch die Straßen getragen.

Int. Game Fishing Tournament

Im März findet ein großes **Wettangeln** am Pigeon Point oder in Charlotteville statt. Hier treffen sich Sportangler aus aller Welt mit ihren Yachten.

Als Zusatzprogramm gibt es Spiele, Musik und kleine Trink- und Tanzwettbewerbe. Ein Spaß für die ganze Familie.

Fortin Borough Day Neben dem Karneval in Point Fortin die größte **Straßenparty.** Ende April/Anfang Mai, mit Musik aus aller Welt. Informationen dazu gibt es unter Tel. 648 2868.

Heritage Festival Seit 1987 wird auf Tobago in den **letzten zwei Juliwochen** ein großes Kulturfest zur Aufrechterhaltung und Erinnerung an die afrikanische und koloniale Vergangenheit gefeiert. In verschiedenen Orten der Insel werden historische Dramen und traditionelle Tänze aufgeführt.

In Moriah z.B. **Ole Time Wedding,** eine Hochzeitsfeier mit Umzug wie in alten Tagen. **Ole Time Carnival** zeigt wie früher Karneval gefeiert wurde: in Teufelskostümen, mit Stockkämpfen und Tamboo- Bamboo Musik. (Vor der Erfindung der Steeldrums wurden lange Bambusstöcke rhytmisch auf den Boden geschlagen.)

Außerdem wird ein **afrikanisches Volksfest** mit Drama, Sarakara Fest, der Bouquet Roses, ein Ball aus der Zeit der Sklavenbefreiung, eine Bühnenaufführung der Bellmanna Unruhen die 1876 in Roxborough stattfanden (siehe Tobago/Windward). Der Höhepunkt des Festes ist die **Wahl zur „Miss Heritage Personality."**

Great Race Am **30. Juli** findet alljährlich ein **Speedbootrennen** von Trinidad nach Tobago statt. Die Boote starten in Port of Spain und erreichen nach ca. zwei Stunden die Store Bay auf Tobago. Hier gibt es dann eine große Party.

Emancipation Day Der Tag der Freilassung der Sklaven wird seit 1985 alljährlich am **1. August** gefeiert und ist ein Feiertag der schwarzen Bevölkerung. Er wird mit Gottesdiensten, Fackelumzügen und Reden von Würdenträgern begangen.

Muhtadi Drumming Festival Schlagzeuger aus Europa, Amerika, Asien und Afrika treten zusammen mit Einheimischen auf. Canoe Bay und Shaw Park, www.visittobago.gov.tt.

Discovery Day

Früher war der **1. August,** der Tag, an dem Kolumbus im Jahre 1498 die Insel Trinidad betrat, ein nationaler Feiertag, der mit großem Spektakel gefeiert wurde. Später wurde er durch den Emancipations Day abgelöst.

Nur in Moruga, wo Kolumbus an Land ging, wird der Tag bis heute gefeiert. Dabei wird die **Kolumbus' Landung** in historischen Kostümen nachgestellt.

Santa Rosa Festival

Am **28. August** feiert man in Arima auf Trinidad ein Fest zum Gedenken des ersten Zusammentreffens der Spanier, Franzosen und Indianer. Dabei werden Carib-König und -Königin gekürt. In Arima wurde 1775 eine Kapelle zum Gedenken an die Schutzheilige Santa Rosa de Arima gebaut.

Independence Day und Tag der Republik

Am **31. August** 1962 wurde Trinidad von Großbritannien unabhängig, und am **24. September** 1976 wurde die Republik ausgerufen. Zu beiden Anlässen wird jedes Jahr mit Konzerten, Tanzaufführungen, Strandfesten und Paraden von Feuerwehr, Küstenwache und Polizei gefeiert.

Am beeindruckendsten sind dabei die **ökumenischen Gottesdienste** des Vielvölkerstaates. So hielten 1984 Priester von 11 Glaubensrichtungen ihre Gottesdienste in der Kathedrale Immaculate Conception in Port of Spain ab.

Harvest

Das **Erntedankfest** wird auf Tobago ebenfalls groß gefeiert. Beim Gottesdienst werden Speisen gesegnet, die anschließend gegen eine kleine Spende für die Kirche verteilt werden. Viele Leute kochen auch zu Hause, und Verwandte, Nachbarn und Freunde sind herzlich eingeladen. Das Harvestfest findet in jedem Dorf zu einer anderen Zeit statt.

Divali

Eines der schönsten und beeindruckendsten Feste ist das ebenfalls hinduistische **Fest der Lichter.**

Es findet alljährlich im **November** statt. Divali bedeutet den Triumph des Guten über das Böse und wird zu Ehren *Lakshmis* gefeiert. Sie ist die Göttin der Schönheit, der Liebe, des Reichtums und des Lichtes. Überall werden *deyas* aufgestellt, kleine, mit Kokosöl gefüllte Tonschalen. In der Divalinacht werden alle diese Lampen entzündet, und die Nacht erstrahlt im Lichtermeer.

Aus Mehl, Zucker, Milch und Rosinen bereitet man **prasad,** eine Süßigkeit, die den Göttern geopfert wird. Ähnlich wie bei unserem Weihnachtsfest werden Karten mit guten Wünschen verschickt, Geschenke ausgetauscht und Festessen zubereitet.

Fotografieren

Motive

Die Inseln bieten eine Fülle von **Foto- und Filmmotiven,** die das Herz eines jeden Fotografen höher schlagen lassen.

Die Einheimischen, insbesondere die Kinder, bieten oft die prachtvollsten Motive. Im allgemeinen lassen sich die **Menschen** gern fotografieren, trotzdem darf man nie vergessen, vorher höflich zu fragen. Die Leute wollen oft gern einen Abzug haben; verspricht man es, gebietet es der Anstand, dass man ihn später auch wirklich schickt.

Die **Lichtverhältnisse** sind am Morgen und Spätnachmittag am besten. Wenn Farbige mit dem Gesicht nur ein bisschen im Schatten stehen, ist auf den Fotos hinterher nichts mehr zu erkennen. Hier hilft nur ein Gegenlichtblitz.

Wer **Fotos von Tieren,** besonders von den zahlreichen Vogelarten, machen möchte, kann dies mit der entsprechenden Ausrüstung und den nötigen Kenntnissen wunderbar tun.

Neuerdings versucht man, das Fotografieren bei öffentlichen Veranstaltungen wie z.B. Karneval oder Heritagefest in Tobago zu verbieten.

Ansonsten gibt es so viele Motive, und die Sonnenuntergänge sind überall so spektakulär, dass eigentlich nichts mehr schiefgehen kann.

Ausrüstung Die Kamera sollte man immer vor Wasser, Sonne und Sand schützen und wegen der hohen Luftfeuchtigkeit stets ein Säckchen *Silicea Gel* mit Kamera und Filmen zusammen aufbewahren. Wegen des starken Lichts ist ein Skylightfilter zu empfehlen.

Filme, Zubehör und Batterien sind zwar meistens zu bekommen, aber sehr teuer, daher am besten Filmmaterial mitbringen. Fotos kann man im 1Std.-Service entwickeln lassen. Bei Dias muss man leider bis zu Hause warten. Die **Röntgengeräte** der Flughäfen sind „filmsafe", d.h. bei ein- oder zweimaligem Durchschleusen der Filme werden diese nicht beschädigt. Wer aber ein häufiges Insel wechseln vorhat, lässt die Filme lieber von Hand kontrollieren.

Wer gern schnorchelt und fotografiert, sollte sich eine preiswerte **Unterwasserkamera** oder den Kamerabeutel für Unterwasserfotografie kaufen.

● **Literaturtipps: Reisefotografie** von *Helmut Herrmann,* und **Reisefotogratie digital** von *Volker Heinrich,* beide erschienen im REISE KNOW-HOW Verlag.

Geld und Preise

Währung Die Landeswährung ist der **Trinidad & Tobago Dollar (TT$).** Er unterliegt starken Schwankungen und ist außerdem vom Stand des US-Dollars abhängig (Wechselkurse s. Kapitel „Vor der Reise/Geld").

Es gibt Scheine zu 100 (blau), 20 (lila), 10 (schwarz), 5 (grün) und 1 $ (rot). Münzen gibt es zu 25, 10, 5 und 1 Cent, 100 Cent = 1 Dollar. Vereinzelt tauchen auch noch alte 50-Cent-Stücke auf.

Restwährungen sollte man am besten auf der Insel zurücktauschen. Man braucht dazu die Bankbestätigung des Eintausches und manchmal auch das Rückflugticket.

Zahlungsmittel Viele Hotels, Geschäfte und Restaurants nehmen die üblichen **Kreditkarten** an. **Travellerschecks** sind in US$ am günstigsten (s. auch Kapitel „Vor der Reise/Geld").

Banken Die Banken haben **geöffnet** Mo-Do 8.00-14.00 Uhr, Fr 8.00-12.00 Uhr und 15.00-17.00 Uhr.

Geldüberweisungen von Deutschland auf eine Bank auf Trinidad und Tobago sind nur möglich, wenn man vor Ort ein Konto hat. Zur Eröffnung eines **Kontos** ist der Reisepass erforderlich.

- **Scotiabank,** Park & Richmont St., Port of Spain, Tel. 625 3566; Milford Rd., Scarborough, Tel. 639 2761.
- **RBTT Bank Ltd,** Royal Court, 19-21, Park St., Port of Spain, Tel. 625 7288; 9 Burnett St., Scarborough, Tel. 639 2404; Crown Point Airport, Tel. 660 8616/7.

- **Republic Bank Ltd,** 11-17, Park St., Port of Spain, Tel. 625 4411; Carrington St., Scarborough, Tel. 639 2811; Crown Point Airport, Tel. 639 2811.

Alternative: Überweisung über **Western Union** (s. Kapitel „Notfälle“).

Wenn man in Deutschland ein Konto bei einer Bank hat, die einer *Cash Group* angehört, das heißt mit einer Bank in T&T zusammenarbeitet, kann man am **Geldautomaten** der jeweiligen Bank mit seiner Maestro-(EC-)Karte Geld abholen. So arbeitet z.B. die *Deutsche Bank* mit der *Scotiabank* in T&T zusammen.

Man sollte sich vor der Reise bei seiner Bank erkundigen, ob diese Möglichkeit besteht.

Preise

Die Preise für Hotels und Guesthouses werden in US$ angegeben, zuzüglich 15 % VAT *(Value Added Tax* = Mehrwertsteuer). Die **untere Preisklasse für Unterkünfte** liegt bei ca. 25 US$ pro Nacht.

Kosten für **Transportmittel:**

- Automiete am Tag: ca. 250 TT$
- Taxi/Bus (einfache Fahrt): 3-8 TT$
- Taxi, gemietet für Inselrundfahrt: Tobago ca. 600 TT$, Trinidad 900-1500 TT$

Gesundheit

Zusätzlich zu den nachfolgenden Ausführungen s. auch **Gesundheitsinformationen im Anhang** und das Kapitel „Vor der Reise/Versicherungen“.

Die **ärztliche Versorgung** ist auf den Inseln gut, man wendet sich am besten immer gleich an ein Krankenhaus. Braucht man nur einen Arzt, kann man in einem Hotel nachfragen, denn oft haben diese einen Arzt zur Verfügung, der auch deutsch spricht. Ein Arztbesuch kostet ab ca. 100 TT$. Wenn der Arzt ins Hotel kommt, bezahlt man ca. 50 US$. Man muss immer **bar bezahlen,** sollte sich allerdings eine **detaillierte Ouittung** in US$ ausstellen lassen, um diese zu Hause bei der Versicherung einzureichen. Achtung: Unbedingt vor der Reise herausfinden, ob der Reiseversicherungsschutz auch die Karibik beinhaltet.

Wer zu Hause bestimmte **Medikamente** einnimmt, sollte sich einen genügenden Vorrat mitnehmen, am besten mit Beipackzettel, um Schwierigkeiten am Zoll zu vermeiden.

Durch die **Zeitverschiebung** ist der Körper in den ersten Tagen stark geschwächt, man sollte zu große Anstrengungen vermeiden.

Die **Sonne** ist in den karibischen Gefilden ungewöhnlich stark. Man muss also unbedingt eine Kopfbedeckung tragen und sich mit Sonnenmilch mit starkem Lichtschutzfaktor einreiben. Besonders in den ersten Tagen sind 15 Min. in den Morgenstunden und 15 Min. am späten Nachmittag in der prallen Sonne fast schon mehr als genug.

Der sog. **Tropenkoller,** der sich in sinnlosen Wutausbrüchen, gesteigerter Erregbarkeit und unkontrollierten Handlungen von bis vor kurzem anscheinend noch ganz normalen Europäern äußert, ist die Folge der ungemeinen Reizarmut des tropischen Tieflandklimas. Es dürfte also gut möglich sein, dass mancher Ehekrach „geopsychisch" bedingt ist, sich also auf geografische Ursachen zurückführen lässt... Im Hochland wird sich dann bald alles wieder einrenken.

Wegen der Unterwasserströmungen sind die **Badeverbote** an den Stränden unbedingt zu beachten (s. Exkurs „Strand-Tipps" im Kapitel Sicherheit).

AIDS

AIDS ist inzwischen weit verbreitet – Vorsicht ist geboten! **Kondome** gibt es im Supermarkt.

Gefährliche Tiere und Pflanzen

Moskitos können für anfällige Menschen zur Qual werden. Moskitonetze sind meistens nicht vorhanden, besser bringt man sie von zu Hause mit. Als Mittel zum Einreiben eignet sich „Off" – gibt es vor Ort im Drugstore.

Jet Lag – Probleme mit der Zeitverschiebung

Ärzte definieren Jet Lag als „die Summe sämtlicher subjektiver Befindlichkeitsstörungen, die durch Zeitverschiebung eintreten", stellen aber auch fest, daß es keine Krankheit ist. Die **Umstellung der inneren Uhr** dauert einige Tage, und es ist dementsprechend ganz normal, wenn man nach einem langen Flug nicht oder nur schlecht schlafen kann. Die Anpassung der inneren Uhr an die Ortszeit verläuft mit einer Geschwindigkeit von ein bis drei Stunden pro Tag. Bei der Beachtung einiger Regeln treten die Symptome des Jet Lags nicht so stark auf:

- So früh wie möglich an die Zeit im Zielland anpassen. Die **Schlafzeiten** in den ersten drei Nächten nach der Zeitumstellung auf etwa 8 Stunden beschränken. Sonst besteht die Gefahr, daß man nach einem „erholsamen" Schlaf von vielleicht 10 oder 12 Stunden in der nächsten Nacht partout nicht einschlafen kann.
- Nach der Zeitumstellung in der ersten Woche **tagsüber nicht schlafen** und möglichst viel im Freien aufhalten, denn Sonnenlicht erleichtert das Wachbleiben und die Zeit-Kompensation.
- Im Flugzeug wenig oder besser gar **keinen Alkohol** trinken, statt dessen Fruchtsäfte oder Wasser. Schlaf- und Aufputschmittel meiden.
- Oftmals kommt die **Verdauung** nach einer großen Zeitverschiebung nicht so recht in Gang. Wer im Flugzeug vegetarisches Essen bestellt und im Zielland ballaststoffreiche Kost zu sich nimmt, tut sich da erheblich leichter ...

Zur Behandlung von Stichen kann man sich vorab in Deutschland in der Apotheke z.B. *Neobalistol* besorgen, welches außerdem gut bei Wunden und Sonnenbrand hilft.

Giftige **Schlangen** gibt es nur auf Trinidad (*Far de Lance* usw., s. Fauna). Deshalb Wanderungen in den Urwald nie ohne Führer unternehmen und immer festes Schuhwerk tragen. Aber auch keine übertriebene Angst: Die Schlange sitzt nicht hinter dem nächsten Baum und wartet auf Touristen.

An vielen Stränden gibt es zwischen den Felsen **Seeigel.** Hier ist es besser, zum Baden Gummisandalen anzuziehen. Da die Stacheln aus kohlesaurem Kalk bestehen, lässt man sie am besten in der Wunde, sie lösen sich von selbst auf. Die Einstichstelle aber unbedingt mit Antiseptikum einreiben.

Gefährlich ist auch die Berührung mit **Segelquallen.** Ihre bis zu 10 cm langen Tentakel verursachen Verletzungen durch Nesselgift.

Die **Feuerkorallen** brennen nicht nur bei Berührung auf der Haut, sie sondern auch einen Schleim ab, der zu starken Entzündungen führen kann. Die Wunde immer gründlich mit Seifenwasser auswaschen, mit Antiseptik-Creme einreiben und nicht ständig dem Meerwasser oder Sand aussetzen.

Auf den Antilleninseln wachsen an vielen Stellen, auch am Strand, die harmlos aussehenden **Machineelbäume.** Die Früchte dieser Bäume sind hochgiftig, und wenn das Regenwasser durch die Blätter auf die Haut tropft, führt das oft zu Verätzungen. Die Bäume sind im allgemeinen durch Schilder, einen roten Streifen oder ein Kreuz am Stamm gekennzeichnet. Deshalb sollte man, besonders bei Regen, genau hinsehen, unter welchem Baum man sich niederlässt.

Aufpassen sollte man auch bei **Kokospalmen** und sich lieber nicht direkt darunter legen, da herunterfallende Nüsse oder Äste zu schweren Verletzungen führen können.

tr_063 Foto: esm

Rote Markierung an Machineelbäumen

Krankenhäuser

Staatliche Krankenhäuser auf Trinidad:

- **Eric Williams Medical Sciences Complex,** Uriah Butler Highway, Mt. Hope, Tel. 645 4673, 645 2640/59.
- **Port of Spain General Hospital,** 169 Charlotte St., Tel. 623 2951/7715/3622/33/44.

Private medizinische Einrichtungen auf Trinidad:

- **St. Clair Medical Centre,** 18, Elizabeth Street, St. Clair, Tel. 628 1451.
- **Gulf View Medical Complex,** La Romain, Tel. 652 7102.
- **San Fernando General Hospital,** Tel. 652 3581.
- **Medical Associates,** Albert and Abercromby Streets, St. Joseph, Tel. 662 6566.

Auf Tobago:

- **Emergency Health,** Tel. 639 4444
- **Scarborough Hospital,** Tel. 639 2551/4
- **Scarborough Medical Associates Limited,** 34, Carrington Street, Triangle Building, Tel. und Fax 639 1115 (24-Std.-Service). Gutes Privatkrankenhaus.

Ärzte

Trinidad:

- **Dr. Frederik Bartels,** Zahnarzt, 98, Henry St., Port of Spain, Tel. 623 8595.
- **Doktor's Inn,** Ärztehaus, Allgemeinmediziner und Spezialisten, Ecke Oxford und Henry St., PoS, Tel. 624 8934, Fax 624 8969, cva@drsinn.com, www.drsinn.com.
- **Dr. Sushile Duggal,** Gynäkologin, West Shore Medical Centre, Cocorite, Tel. 622 9878, 94, Ransaran St., Chaguanas, Tel. 665 9013.

Tobago:

- **Dr. Addison Moore,** Zahnarzt, 2, Robinson St., Scarborough, Tel. 639 3568.
- **Oracare Dental Centre,** Tateco House, 32, Wilson Rd., Tel. 660 6725, oracaredental@hotmail.com.
- **Dr. Francis,** Allgemeinmediziner, 9, Young St., Scarborough.
- **Dr. Melville,** Allgemeinmediziner, Tel. 639 1722.
- **Dr. Serrette,** Zahnarzt, 109, Sherwood Park, Carnbee, Tel. 631 0902.
- **Dr. Wheeler,** Gynäkologe, Triangle Building, Scarborough, Tel. 660 7382.

- **Literaturtipp: Selbstdiagnose und Behandlung unterwegs** von *Dr. Bruce-M. Dürfeld* und *Prof. Dr. Eckhard Rickels,* erschienen im Reise Know-How Verlag.

Informationen

Touristenbüros

Trinidad

- **Tourism Development Co.,** Level 1, Maritime Centre, 29, Tenth Av., Barataria, Tel. (001 868) 675 7034, www.tdc.co.tt
- **Piarco Airport,** Tel. 669 5196, Fax 669 6045.

Tobago

- **House of Assembly, Department of Tourism,** 197, Doretta's Court, Mt. Marie, Scarborough, Tel. 639 2125/4636, Fax 639 3566.
- **Crown Point Airport,** Tel. 639 0509, www.visittobago.gov.tt.
- **Port Office,** Cruise Ship Complex, Scarborough, Tel. 635 0934.

Heiraten auf T&T

Heiratswillige müssen mindestens drei volle Tage (jeweils 24 Stunden, Ankunftstag zählt nicht) auf Trinidad oder Tobago verbracht haben und können dann zur zuständigen Behörde gehen, um ihre Heiratsabsicht zu erklären, die notwendigen Unterlagen einzureichen und eine Gebühr in Höhe von 337,50 TT$ oder 55 US$ zu entrichten. 24 Std. später kann die Hochzeitszeremonie dann stattfinden.

Weitere Informationen erhält man unter **www.tobagoweddings.com** oder auch bei der Touristeninformation in Deutschland (siehe Kapitel Vor der Reise/Information). Hilfe bei der Ausrichtung der Hochzeit bekommt man unter Tel. 631 8586. Zuständige Behörden:

Trinidad:

- Registrar House, 72–74, South Quay, Port of Spain, Tel. 623 7163/9329, Fax 625 6559.

Tobago:

- Registrar General Office, Jerningham St., Scarborough.
- Warden's Office, Inland Revenue Building, Sangster's Hill, Scarborough, Tel. 639 2410.

Klima und Reisezeit

Reisezeit

Die Inseln können das ganze Jahr bereist werden. Die Hauptsaison ist der **Winter,** vom 15. Dez. bis 15. April, was sich in erster Linie bei den Preisen bemerkbar macht. In den **Sommermonaten** sind die Strände leer und die Unterkünfte billiger.

Tropenklima

T&T liegen in Äquatornähe. Das daraus resultierende Tropenklima kennt nur **geringe Temperaturschwankungen,** die nicht jahreszeitlich, sondern tageszeitlich bedingt sind. Etwas heißer ist es zwischen Juni und Oktober.

Früher konnte man von einer regenarmen (Nov. bis Mai) und einer regenreichen Zeit sprechen. Aber auch auf T&T hat sich das Wetter verändert, d.h. man muss zu jeder Jahreszeit auch mal mit einem kräftigen Schauer rechnen.

Temperatur

Die **Lufttemperatur** schwankt im Tageslauf zwischen 20 und 33 Grad, in den Bergregionen ist es immer um einige Grad kühler. Die **Wassertemperatur** beträgt um 26 Grad.

Niederschlag

Die jährliche Niederschlagsmenge beträgt rund 2100 mm. In der Regenzeit regnet es allerdings nicht – wie viele glauben – durchgehend, aber es gehen oft sintflutartige **tropische Regenschauer** nieder, die in Minuten alles unter Wasser setzen. Dass – wie häufig in den Reiseprospekten beschrieben – nach einem kurzen Regenschauer bald wieder die Sonne scheint, trifft nicht immer zu. Es bleibt auch schon mal einige Tage lang bewölkt. Da es aber immer warm ist, sind das oft die besten Tage zum Wandern oder für Ausflüge.

Im Spätsommer und Herbst toben oft **Wirbelstürme** über die karibischen Inseln. Da T&T außerhalb der Hurrikanbahnen liegen, werden sie nur selten betroffen. Der letzte Hurrikan, der über die Inseln fegte, war 1963 *Flora*.

Die **Luftfeuchtigkeit** ist das ganze Jahr über hoch (zwischen 71 und 100 %) und kann schon mal zu Kreislauf- oder Atembeschwerden führen.

• **Sonnenstunden pro Tag:**	6-8
• **Sonnenaufgang:**	ca. 6.00 Uhr
• **Sonnenuntergang:**	ca. 18.00 Uhr

Den **aktuellen Wetterbericht** für die nächsten vier Tage kann man rund um die Uhr abrufen unter der Telefonnummer 0190/25019 0364 (Talkline Infodienst) oder im Internet unter www.intellicast.com/weather/pos.

Medien

T&T verfügen über inseleigene Radio- und Fernsehstationen, sowie etliche Zeitungen.

Mit den entsprechenden Antennen lassen sich auch die Sender von den Nachbarinseln gut empfangen. Sie alle senden jede Menge **heißer Musik** und sind zur Unterhaltung sehr zu empfehlen.

Das größte Medienspektakel ist auf vielen Inseln der **Karneval.** Die Presse berichtet schon wochenlang über die Vorbereitungen und die ersten Wettbewerbe. Das Fernsehen sendet ebenfalls schon lang vor dem Karneval allabendlich Calypsoshows und Ausschnitte von den vergangenen Jahren.

Außerhalb des Karnevals findet man im **Fernsehen** ähnlich wie bei uns, viel Werbung und amerikanische Seifenopern in Fortsetzung, daneben aber auch schöne Natursendungen.

Mit Satellitenschüsseln oder Kabelanschluss kann man eine Reihe amerikanischer Fernsehstationen empfangen und hat die Möglichkeit, rund um die Uhr fernzusehen.

Das aktuelle Weltgeschehen wird in den **Zeitungen** eher am Rande behandelt. Hier beschäftigt man sich eher mit dem Inselgeschehen.

Fernsehen

Das Fernsehen sendet seit 1962 und war damit der erste Fernsehsender der Karibik. Inzwischen sind fast alle Hotels und Privathäuser mit amerikanischem Fernsehen ausgestattet (ca. 60 Kanäle).

- Es gibt zwei staatliche Fernsehprogramme von **Trinidad und Tobago Television (TTT).** Zu empfangen sind sie auf den Kanälen 2 und 6. Tobago Channel 5 ist der Sender von Tobago.
- Auf Kanal 59 empfängt man die **deutsche Welle.**
- **Carib Vision,** auf Kanal 17, ist der erste gesamtkaribische Fernsehsender. Ausgestrahlt von Jamaika und Barbados bringt er: Nachrichten, Sport, Mode, Kunst, Reisen, Musik und die Daily Soap. Alles „Made in the Caribbean". Super!

Radio

Man hat hier die Möglichkeit, sich rund um die Uhr mit Musik berieseln zu lassen. Besonders gut sind die Radiosendungen um die Karnevalszeit.

- **National Broadcasting Service,** NBC 610 Radio sendet in Port of Spain für 650.000 Hörer.
- Die kommerzielle **Trinidad Broadcasting Co. Ldt.** sendet zwei Programme (*Radio Trinidad* 730 AM und *Radio Nine Five FM*).
- Außerdem gibt es *Musik Radio* (97 FM), *ICN Radio* (100 FM), *Prime* (106 FM), *Radio Tempo* (105 FM), *Radiyo* (98,9 FM), *WABC* (103 FM), und *RADIO* (96,1 FM).
- Tobago hat inzwischen auch eine eigene Radiostation: *Radio Tambrin* (92.1 FM).

Wer über ein Radio mit Kurzwelle verfügt, kann folgende Programme in deutscher Sprache hören:

- **Deutsche Welle,** 49-m-Band (6100, 6145), 31-m-Band (9545, 9610), 19-m-Band (15105, 15275);
- **Österreich Radio,** 19-m-Band (15115), 16-m-Band (17840);
- **Schweiz Radio International,** 19-m-Band (15305), 13-m-Band (21420); Sendezeit abends 20.00–24.00 Uhr.

Zeitungen

In **Port of Spain** erscheinen drei **Tageszeitungen:**

- *News Day,* Aufl. 33.000;
- *Trinidad Guardian,* Aufl. 53.000, www.trinidadguardian.com.
- *Trinidad und Tobago Express,* Aufl. 62.000, www.trinidadexpress.com.

Sie berichten über innerkaribische Ereignisse, das Weltgeschehen steht am Rande.

Die Tageszeitung *Tobago News* erscheint in **Scarborough** und berichtet vorzugsweise über Ereignisse auf Tobago, www.tobagonews.com.

Außer Werbung und aktuellen Meldungen bringen die Zeitungen auch **Kleinanzeigen.** Hier geht es hauptsächlich um Land-, Haus- und Autoverkauf, Vermietungen und Kleinigkeiten.

Heirats-, Kontakt-, oder Geburtsanzeigen sind selten anzutreffen, dafür schreibt man Verstorbenen einen langen **Nachruf,** meistens mit Foto und einer genauen Auflistung von Verwandten. In unterschiedlichen Abständen folgen dann weitere Nachrufe. Das können sich natürlich nur die betuchteren Bürger leisten.

Die **katholische Kirche** gibt die Zeitung *The Catholic News* heraus.

Kostenlose Besucherzeitschriften mit allem, was Touristen interessiert, sind in den Touristenbüros, am Flughafen und oft in Boutiquen und Supermärkten erhältlich.

Discover Trinidad & Tobago erscheint jährlich, *Tobago Today* alle zwei Monate, *What's on* in Tobago zweimal im Jahr. Beide erscheinen auch im Internet (s. Kapitel „Vor der Reise/Information/Internet“).

Dann gibt es noch eine Reihe von **Wochenzeitschriften,** die ziemlich reißerisch in Boulevardzeitungsmanier aufgemacht sind. Die bekannteren sind *Bomb, Showtime,* und *Punch.*

Notfälle

Siehe auch die Kapitel „Geld“, „Gesundheit und Versicherungen“.

Wichtige Telefonnummern

- **Polizei:** 990
- **Feuerwehr:** 990
- **Krankenwagen:**
900, 639 4444 (Tobago),
900, 624 4343 (Port of Spain),
900, 653 4343 (San Fernando)
- **Seerettung:** 634 4440, 639 1461

Vorsorgemaßnahmen vor Reiseantritt

- Vor der Reise ist es unbedingt ratsam, eine **Auslandskrankenversicherung** abzuschließen (s.auch Kapitel „Vor der Reise/Versicherungen“).
- Ein **Impfpass** und evtl. ein **Gesundheitspass** mit Blutgruppe, Allergien, benötigten Medikamenten u.Ä. sollte mit auf die Reise genommen werden, ebenso natürlich die Medikamente selbst.
- Für Postempfang und Kontoverfügung sollten bei Post und Bank für vertrauenswürdige Personen **Vollmachten** ausgestellt werden.
- Zu Hause ist zu klären, wer im Notfall **telefonisch erreichbar** ist, R-Gespräche übernimmt und einem Geld überweisen kann. Dort sollten auch die eigene Bankverbindung und die Versicherungsadressen hinterlassen werden.
- Die **Dokumente** sollten am Körper (Brustbeutel, Gürteltasche u.Ä.) aufbewahrt oder im Hotelsafe gegen ausführliche Quittung hinterlegt werden.
- Auf alle Fälle sollte man sich **Kopien** von Pass (incl. Visumseite), Flugticket, Kredit- und Scheckkarten, Reiseschecks und sonstigen Dokumenten anfertigen, einen Satz getrennt von den Originalen mitnehmen, einen zweiten Satz zu Hause hinterlegen. Ein ausreichend hoher **Sicherheitsgeldbetrag** sollte getrennt von der Reisekasse aufbewahrt werden.
- Sinnvoll ist es, sich einen **persönlichen Notfall-Pass** zu erstellen und ihn sicher am Körper aufzubewahren. Eingetragen werden sollten: eigene persönliche Daten, die eigene Adresse und die der Kontaktperson zu Hause incl. Tel. und Fax, die eigene Bankverbindung, Notruf-Telefonnummern der Kranken- und/oder Reise-Notfall-Versicherung oder der Schutzbrieforganisation, Adresse und Telefonnummer der deutschen Vertretung im Reiseland, Deutschland-Direkt-Nummer für R-Gespräche, Nummern des Passes, des Flugtickets, der Reiseschecks, der Kreditkarten usw.

Im Krankheitsfall

- Man sollte sich vom Arzt eine **ausführliche Bescheinigung** über Diagnose und Behandlungsmaßnahmen, einschließlich verordneter Medikamente, sowie eine **Quittung** über die bezahlte Behandlung ausstellen lassen. Auch von Apotheken sollte man sich Quittungen ausstellen lassen (s. auch Kapitel „Gesundheit").

Verlust von Geldkarten

Bei Verlust oder Diebstahl der Kredit- oder der Maestro-(EC-)Karte sollte man diese umgehend sperren lassen. Für deutsche Maestro-(EC-) und Kreditkarten gibt es die einheitliche **Sperrnummer 0049 116116** und im Ausland zusätzlich 0049 30 40504050. Für österreichische und schweizerische Karten gelten:

- **Maestro-Karte,** (A)-Tel. 0043 1 2048800; (CH)-Tel. 0041 44 2712230, UBS: 0041 848 888601, Crédit Suisse: 0041 800 800488.
- **MasterCard,** internationale Tel. 001 636 7227111 (R-Gespräch).
- **VISA,** internationale Tel. 001 410 581 9994.
- **American Express,** (A)-Tel. 0049 69 9797 2000; (CH)-Tel. 0041 44 6596333.
- **Diners Club,** (A)-Tel. 0043 1 501350; (CH)-Tel. 0041 58 7508080.

Bei der **Kreditkarte** darf man pro Woche nur einen eingeschränkten Höchstbetrag bar abheben (sehr unterschiedlich je nach Karte). Bei der niedrigsten Kategorie von Kreditkarten sind es üblicherweise 1000 US-Dollar pro Woche. Damit kommt man im echten Notfall nicht weit.

Geldnot

Wer dringend eine größere Summe ins Ausland überweisen lassen muss wegen eines Unfalles oder Ähnlichem, kann sich weltweit über **Western Union** Geld schicken lassen. Für den Transfer mittels *Western Union* muss man die Person, die das Geld schicken soll, vorab benachrichtien. Diese muss dann bei einer *Western Union* Vertretung (in Deutschland u.a. bei der Postbank) ein entsprechendes Formular ausfüllen und Ihnen den Code der Transaktion telefonisch oder anderweitig übermitteln. Mit dem Code und dem Reisepass geht man zu einer beliebigen Vertretung von Western Union in Trinidad und Tobago (siehe Telefonbuch oder unter www.westernunion.com), wo das Geld nach Ausfüllen eines Formulares binnen Minuten ausgezahlt wird. Je nach Höhe der Summe muss der Absender eine Gebühr ab 10,50 Euro zahlen.

Verlust von Reiseschecks

Nur wenn man den Kaufbeleg mit den Seriennummern der Reiseschecks sowie den Polizeibericht vorlegen kann, wird der Geldbetrag von einer größeren Bank vor Ort binnen 24 Stunden zurückerstattet. Also muss der Verlust oder Diebstahl umgehend bei der örtlichen Polizei und auch bei *American Express* bzw. *Travelex/Thomas Cook* gemeldet werden. Die Rufnummer für ihr Reiseland steht auf der Notrufkarte, die Sie mit den Reiseschecks bekommen haben.

Ausweisverlust/ dringender Notfall

Wird der Reisepass oder Personalausweis im Ausland gestohlen, muss man dies bei der örtlichen Polizei melden. Darüber hinaus sollte man sich an die nächste diplomatische Auslandsvertretung seines Landes wenden, damit man einen Ersatz-Reiseausweis zur Rückkehr ausgestellt bekommt (ohne kommt man nicht an Bord eines Flugzeuges!).

Auch in **dringenden Notfällen,** z.B. medizinischer oder rechtlicher Art, Vermisstensuche, Hilfe bei Todesfällen, Häftlingsbetreuung o.Ä. sind die **Botschaften** bzw. **Konsulate** bemüht vermittelnd zu helfen.

- **Embassy of Germany,** 7-9 Marli Street, Newtown, Port of Spain, Tel. 628 1630, 628 1631 oder 628 1632 sowie in dringenden Notfällen nach Dienstschluss unter der Tel. 460 9687.
- **Honorary Consulate-General of Austria,** *Blue Haven Hotel, Robinson Crusoe Beach Resort Ltd.,* Bacolet Bay, Scarborough, Tel. 660 7400, 660 7500 oder 660 7600.
- **Consulate-General of Switzerland,** 70 Dundonald Street, Port of Spain, Tel. 623 7816 oder 627 7226.

Post, Internet und Telekommunikation

Post

Das Hauptpostamt von **Port of Spain** befindet sich in der Chacon St., nördlich der Queen Street. Mo-Fr 8.00-16.00 Uhr, Sa 9.00-13.00 Uhr.

Das Hauptpostamt von **Scarborough** befindet gegenüber dem Hafen, Tel. 800-POST. Ähnlich wie in Deutschland werden hier auch Umschläge und Schreibutensilien verkauft. Mo-Fr 7.30-18.00 Uhr, Sa 9.00-13.00 Uhr.

Eine weitere große Post befindet sich in **Bon Accord** (Tobago): Pharmax Pharmacy, South West City Mall. Mo-Sa 8.00-20.00 Uhr, So 9.00-13.00 Uhr.

Postämter **in kleineren Orten** befinden sich meist in kleineren Geschäften und haben daher länger geöffnet als die Hauptpostämter.

Porto

Luftpostbriefe nach Europa sind ca. eine Woche unterwegs und kosten 4,25 TT$, **Postkarten** kosten 3,25 TT$.

Telefon

Selbstwählgespräche ins In- und Ausland sind überall möglich.

Es empfiehlt sich eine **Telefonkarte** zu kaufen. Telefonkarten gibt es zu 15, 30 und 100 TT$. Sie sind sehr schön und können zum Sammeln anregen. Zudem gibt es noch die praktischen *„Companion Cards"* mit Pin-Nummer.

Eine Minute nach Europa kostet 7-8 TT$, Ortsgespräche 25 Cent, zwischen den Inseln 1 TT$ pro Minute.

Vorwahlen

Die **internationale Telefonvorwahl** von Europa nach T&T lautet: 001 868.

Die **innerkaribische Vorwahl** von Insel zu Insel beginnt hinter den Nullen, also von Tobago nach St. Lucia **1 868.** Von der Karibik nach:

- **Deutschland** 01149
- **Österreich** 01143
- **Schweiz** 01141

Auskunft

- **Auskunft Inland** 6411
- **Auskunft Ausland** 6311

Handy

Handys *(mobile phones)* sind auf den Inseln sehr beliebt und werden überall benutzt. *Digicel* bietet auf beiden Inseln GSM 850 und GSM 1900. *TSTT* betreibt ebenfalls ein Netz auf GSM 1800 MHz und hat Roamingverträge mit verschiedenen europäischen Anbietern. Wegen hoher Gebühren sollte man bei seinem Anbieter nachfragen oder auf dessen Website nachschauen, welcher der Roamingpartner günstig ist und diesen per **manueller Netzauswahl** voreinstellen. Nicht zu vergessen sind die **passiven Kosten,** wenn man von zu Hause angerufen wird (Mailbox abstellen!). Der Anrufer zahlt nur die Gebühr ins heimische Mobilnetz, die teure Rufweiterleitung ins Ausland zahlt der Empfänger.

Preiswerter ist es sich auf **SMS** zu beschränken, der Empfang ist in der Regel kostenfrei. Der Versand und Empfang von **Bildern per MMS** ist hingegen nicht nur teuer, sondern je nach Roamingpartner auch gar nicht möglich. Die **Einwahl ins Internet** über das Mobiltelefon um Daten auf das Notebook zu laden ist noch kostspieliger – da ist in jedem Fall ein Gang in das nächste Internetcafé weitaus günstiger.

Man kann alternativ vor Ort eine SIM-Karte kaufen (Voraussetzung: SIM-lock-freies Handy). **Visitor Sim Cards (Flexicards)** erhält man in den Digicel-Büros in allen größeren Orten und inselweit in allen Geschäften mit dem Digicel-Zeichen.

Die Einheimischen besitzen meistens von jeder Firma ein Handy. Manche Vermieter bieten Leih-

Handys an, dabei ist Vorsicht geboten. Weitere Informationen erhält man bei der Staatlichen Telefongesellschaft unter **www.tstt.com.**

Internet

Das Internet wird immer beliebter und **Internetcafés** schießen wie Pilze aus dem Boden, aber sie verschwinden auch oftmals genau so schnell wieder. Eine Stunde kostet ca. 0,80 US$.

Trinidad:

- **Browwwsers Cyber Café,** 12 Coffee Street, San Fernando, Tel./Fax 653 4663.
- **Cybertrini Internet Café,** Charlotte Street, Princess Town, Tel. 655 6650, Fax 630 2694, Mo-Fr 9-18. Uhr, Sa 9.00-17.00 Uhr.
- **Island Surf Café,** 1st Av. South, Granwood, Chaguaramas, Mo-Fr 9.00-18.00 Uhr.

Tobago:

- **Cyber Café,** Airport, neben Sun Fun Tours, Tel. 639 7461, Mo-Sa 9.00-20.00 Uhr, So 15.00-20.00 Uhr.
- **The Clothes Wash Café,** Store Bay Rd, in der Nähe des Flughafens. Der besondere Tipp: Hier kann man seine Wäsche waschen und nebenbei im Internet surfen. Mo-So 8.00-23.00 Uhr.

Sicherheit

Mit steigender Arbeitslosigkeit und wachsendem Tourismus steigt leider auch die **Kriminalitätsrate.** Um das zu verstehen, sollte man sich mal den Alltag der Inseljugend vorstellen.

Der größte Teil der Jugendlichen in T&T ist **arbeitslos.** Selbst eine abgeschlossene Schule, und vielleicht auch noch ein erlernter Beruf vermögen das nicht zu vermeiden. Es gibt einfach überall zu wenig Arbeitsplätze, und die Jungen sind hier meist noch härter betroffen als die Mädchen. Vielen bleibt deshalb nichts anderes übrig, als am Strand herumzulungern und auf eine Einnahmequelle in Gestalt eines Touristen zu warten. Der Pfiffigkeit und dem Einfallsreichtum sind hier keine Grenzen gesetzt. Man bietet sich als Fremdenführer an, verkauft Schmuck, Kokosnüsse, Stücke der Aloevera-Pflanze, oder man hofft einfach, im Zuge eines Gespräches zum Drink eingeladen zu werden. Meistens leben die Jungen zu Hause, zwar mietfrei aber räumlich beengt. Sie werden miternährt, aber jegliche Art von Luxus, seien es Zigaretten, Bier oder Kleidung, müssen sie sich irgendwie beschaffen. Da die Schwarzen sehr stolz sind, ist Betteln, besonders um Geld, so gut wie tabu. (Ausgenommen die runtergekommenen Alkohol- und Drogenabhängigen, die hauptsächlich in PoS die Straßen unsicher machen.) Dann fragt man schon mal eher nach einer Zigarette, luxt dem Touristen ein begehrtes amerikanisches T-Shirt für eine Fremdenführung ab, oder man steigt gegen ein kleines Entgelt für ein Foto auf eine Palme, bringt vielleicht auch noch eine Kokosnuss mit herunter und öffnet sie fachgerecht.

Und kommt der Tourist nicht von selbst auf diese Idee, bietet man es ihm einfach an. Ein beliebtes Objekt sind hierbei die „ganz Weißen", sprich die frisch angekommenen; da sich diese auch mit den Preisen nicht so auskennen, kann man sie schön über's Ohr hauen. Wer nun gar nichts zu verkaufen hat, versucht es mit Gesprächen, meistens mit dem Hintergedanken auf ein Bier (bei Erfolg am liebsten täglich). Manchmal sind diese *beachflies* (Strandfliegen) lastig, aber im allgemeinen sind sie harmlos. Als Rat gilt hier: Sich besonders in den ersten Tagen etwas zurückhalten, am Strand nichts kaufen und die Leute ein bisschen beobachten, dann entgeht man meistens auch den richtig harten Fällen und lernt ganz nette Jungs kennen.

- **Literaturtipp: Schutz vor Gewalt und Kriminalität unterwegs** von *Matthias Faermann,* erschienen im REISE KNOW-HOW Verlag.

Diebstahl

Diebstähle sind bei vernünftigem Verhalten selten; häufig sind die Reisenden selbst daran Schuld. Wer Geld und Wertsachen an einem einsamen Strand unbeaufsichtigt liegen lässt, um ein ausgiebiges Bad zu nehmen, braucht sich nicht zu wundern, wenn hinterher alles weg ist. Hier macht meistens erst die Gelegenheit die Diebe. Auch kam es in der letzten Zeit vor, dass Touristen an Wasserfällen oder in einsamen Waldgegenden bestohlen wurden. Mit Führer oder einheimischer Begleitung ist dieses Risiko so gut wie ausgeschlossen.

In **großen Städten** und bei **öffentlichen Veranstaltungen** sollte man besonders auf Geldbeutel und Taschen achten.

Raubüberfall

Raubüberfälle kommen auf beiden Inseln vor. In Trinidad wurden schon Autos auf dem Weg zum Flughafen angehalten und ausgeraubt. In **Port of Spain** sollte man die Stadtteile **Morvant** und **Laventille** meiden. Den **Süden der Insel** sollte man nur in Begleitung Einheimischer besuchen. Auch bei **Fort George** sind schon Überfälle passiert.

Sicherheitsvorkehrungen

Besuchen Sie **abgelegene Gegenden** nur in größeren Gruppen oder in Begleitung Einheimischer. Zudem ist es nicht ratsam, sich einsam gelegene Häuser zu mieten.

Zimmertüren und **Autos** immer gut verschlossen halten; nicht in dunklen Ecken parken; Pässe, Tickets und Schecks immer im Hotel lassen; am besten Fotokopien wichtiger Dokumente an einem getrennten Ort aufbewahren.

Tragen Sie nicht Ihre gesamten Wertsachen mit sich herum. Besonders das Tragen von **Goldschmuck** sollte man lieber vermeiden: Da sich beim Verkauf gute Preise erzielen lassen, sind Diebe besonders scharf darauf.

Kamera und **Videoausrüstung** möglichst unauffällig mitführen und nicht aus den Augen lassen.

Beim nächtlichen Bummel nicht zu stark dem **Alkoholgenuss** frönen.

Braucht man einen **Fremdenführer,** sollte man sich nur auf jemanden einlassen, mit dem z.B. andere Touristen gute Erfahrungen gemacht haben oder der im Hotel bekannt ist.

Man sollte **nicht per Anhalter** fahren und auch keine mitnehmen (außer Frauen und Kinder).

Ist doch etwas passiert, sofort die **Polizei** benachrichtigen.

Tobago ist im Vergleich zu Trinidad ruhig aber keineswegs so ungefährlich wie noch vor einigen Jahren. Durch den Verkehr der Schnellfähren ist es für Gangs aus Trinidad einfach, mal eben in Tobago ein Ding zu drehen. Also sollte man die gleichen Sicherheitsvorkehrungen beachten wie in Trinidad, also z.B. keine einsam gelegenen Häuser mieten, allzu **einsame Strände** oder **Waldgebiete** lieber in größeren Gruppen oder mit einheimischem Führer besuchen. Vorsicht besonders in **Lambeau** und am **Buccoo Beach.**

Allein-reisende Frauen

Trinidad sollte man möglichst nur in Begleitung bereisen. Frauen, die T&T allein oder in einer rein weiblichen Gruppe bereisen, werden die Erfahrung machen, dass sie ständig angesprochen werden. Das geht von *I like you* über *I love you* bis zu *I want to marry you* und *I want to fuck you.* Selbst beim Taxifahren kann es passieren, dass man nach 5 Minuten einen Heiratsantrag bekommt. Auch *You want more fun?* ist ein eindeutiges Angebot. Die Antwort, dass man verheiratet ist, hilft meistens nicht, genausowenig wie schüchternes Lächeln. Besser man sagt – nicht unfreundlich, aber ganz bestimmt –, was man will und was nicht, dann ist auch meistens Ruhe.

Auch Piloten, Kapitäne von Glasbodenbooten, Airline-Mitarbeiter und Hotelbedienstete sind häufig zum Flirten aufgelegt. *I lime she* bedeutet: Ich will sie anmachen.

Will eine Frau nachts allein **Taxi fahren,** so ist sie besser bei einem *Daddy* als bei einem jungen Fahrer aufgehoben.

Fragt man nach dem Weg oder braucht eine **Information,** so wendet man sich nach Möglichkeit an einheimische Frauen, da man sonst oft zum Bier eingeladen wird.

Dass es nicht ratsam ist, in der **Dunkelheit** allein in einsamen Gegenden herumzulaufen oder sich stundenlang an menschenleeren Stränden aufzuhalten, versteht sich von selbst.

Frauen, die sich an diese Regeln halten, werden meistens keine Schwierigkeiten erleben und einen angenehmen Urlaub haben, da die Männer, wenn sie einen nicht gerade anmachen, sehr höflich sind.

- **Literaturtipp: Als Frau allein unterwegs** von *Birgit Adam*, Reise Know-How Verlag.

Strand-Tipps

Der Küstentourismus ist zwar der allgemeine Renner bei der Freizeitvermarktung, selten jedoch hört man von den vielen **Unfällen,** die aus Leichtsinn oder Unwissenheit passieren. Deswegen hier einige Tipps für den Urlaub am Strand:

- Vorsicht ist immer geboten bei hoher **Brandung.** Brecher von 2-3 Metern bringen tonnenschwere Wassermassen mit sich und sind lebensbedrohend.
- An vielen Küsten herrschen starke **Unterströmungen,** die nicht sichtbar sind und gegen die auch der beste Schwimmer machtlos ist. **Badeverbote** an Küsten sollte man deshalb immer ernst nehmen, auch wenn sie wegen der ruhig wirkenden See unsinnig erscheinen.
- Vorsicht ist auch beim Abschätzen der **Wassertiefe** geboten. Lichtbrechungsverhältnisse im Wasser lassen den Meeresboden ein Drittel näher und das Wasser somit flacher erscheinen.

Sport und Erholung

Die beliebtesten Sportarten auf Trinidad und Tobago sind Golf und Tennis, Tauchen und Hochseefischen. Zum Zuschauen gibt es Football, Cricket und Pferderennen. Auf Trinidad finden die Footballspiele das ganze Jahr über im **National Stadion** und im **Oval** statt. Tobagos Nationalstadium ist das **Dwight Yorke Stadium** in Bacolett.

Informationen zu den einzelnen Sportarten sind unter folgenden Telefonnummern und Internetadressen erhältlich:

- **Golf,** Tel. 629 7127, www.trinidadandtobagogolfassociation.com;
- **Road running,** Tel. 250 936 (Trinidad);
- **Surfing,** www.surfingtt.org;
- **Cricket,** Tel. 636 1577, www.ttcricketboard.com;
- **Hiking,** 624 3321 (Trinidad, abends/Wochenende);
- **Sportfischen,** Tel. 632 6088, www.ttgfa.com;
- **Pferderennen,** www.santarosapark.com;
- **Reiten,** www.ttea.4t.com;
- **Segeln,** Tel. 634 4210, www.ttsailing.org;
- **Yachtservice,** Tel. 634 4938, www.ysailt.org, www.trinidadyachtservices.com

Sport an Land

Cricket

Die Saison dauert von Januar bis Juni. Bedeutende Spiele werden an den Wochenenden ausgetragen. Der bekannteste Cricketspieler ist Brian Lara. 1995 wurde ihm sogar ein Calypso gewidmet. 2007 wurden die Weltmeisterschaften in der Karibik ausgetragen. Ein ähnliches Ereignis wie die Fußball-WM in Deutschland.

Fußball

Seit der **U17 Weltmeisterschaft 2001** in T&T steht auf den Inseln der Fußball hoch im Kurs. T&T ist die kleinste Nation, in der eine solche Weltmeisterschaft je ausgerichtet wurde. 2006 brach dann das Fußballfieber auf den Schwesterinseln richtig aus. Die **Nationalmannschaft,** die „Soca Warriors", qualifizierten sich für die Fußball WM in Deutschland. Als die Mannschaft mit Kapitän *Dwight York* am Piacra Airport landete, wurden sie wie Nationalhelden gefeiert. Die sonst 45-minütige Fahrt vom Flughafen dauerte 3 Stunden. Jubelnde Massen flankierten die Straßen und es gab zwei einmalige Feiertage. Eine Reihe von Calypsos wurden extra für die Warriors geschrieben, die als Mannschaft des kleinsten jemals qualifizierten Landes zur WM nach Deutschland reisten, das *Soca Feeling* brachten, aber leider viel zu früh ausschieden. Unter **www.ttffonline.com** gibt es noch mehr Fußballinformationen.

Golf

Der älteste Golfclub von **Trinidad** ist St. Andrew's. Er erhielt seinen Namen nach dem 1754 in St. Andrews (Schottland) gegründeten *Royal and Ancient Club*. Der erste Platz des Clubs hatte nur 9 Löcher und wurde 1910 im Queens Park Savannah (Port of Spain) angelegt. Heute hat der Golfplatz St. Andrew's 18 Löcher und liegt in Moka in Nord-Maraval. Es ist ein Meisterschaftsplatz von 6131 m Länge.

Ebenfalls einen 18-Loch-Platz von internationalem Ruf findet man auf **Tobago** am Mt. Irvine Bay Hotel. Der Platz ist 5943 m lang.

Jedes Jahr im Januar nehmen am *Mt. Irvine Bay Hotel Pro/Am Tournament* Golfspieler aus aller Welt teil. Hier haben schon Spieler wie *Tony Jacklin, Brian Barnes* und der Kapitän des britischen Ryder-Cup-Teams, *Brian Hugget*, gespielt.

Immer mehr **Turniere** werden wegen der guten Plätze in Trinidad und Tobago ausgetragen, z.B. das *Hoermann Cup Golf Tournament*. Hier gibt es eine spezielle Sektion für Spieler über 50 Jahre, die um den 1965 gestifteten Frank-Francis- und Jan-Steele-Perkins-Pokal spielen, www.trinidadandtobagogolfassociation.com.

Trinidad:
- **Trinidad St Andrew's Golf Club,** Moka, Maraval, Tel. 629 2314, 18 Löcher, wwwgolftrinidad.com;
- **Chaguaramas Golf Course,** 9 Löcher, Tel. 634 4349

- **Pointe-a-Pierre Golf Club,** 18 Löcher, Tel. 658 4210;
- **Millenium Lakes Golf,** Tel. 640 83337, www.millenium lakes.com;
- **Brechin Castle Golf Club,** Tel. 636 2311;
- **Ste. Madeleine Golf Club,** Tel. 652 3441.

Tobago:
- **Tobago Mount Irvine Golf Club,** Mount Irvine Bay Hotel, 18 Löcher, Tel. 639 8871, mtirvine@tstt.net.tt;
- **Tobago Plantations Lowlands Estate Golf and Country Club,** 18 Loch Championship Golfplatz, Tel. 639 8000, www.tobagoplantations.com;
- **Mountain Biking Tobago,** Orange Hill Rd. Prospect, Tel. 639 9709, Fax 631 0253, mtbtobago@tstt.net.tt.

Reiten

Große **Pferderennen** finden um die Weihnachtszeit, zu Ostern, im Mai, Juni, August, Oktober und November statt. Genaue Daten erfährt man aus den Tageszeitungen oder bei den Rennclubs.

- **Arima Race Club,** Santa Rosa Park, Tel. 646 2450/51/55, Fax 642 1974. Hier findet fast jeden Sonntag um 11 Uhr ein Pferderennen statt. Die Zuschauer veranstalten dabei immer regelrechte Volksfeste.

Auf Tobago kann man hier **Pferde mieten:**

- **Looking Out Stables,** Orange Hill Rd., Black Rock, Tel. 639 4008, www.sixhorsepower.com;
- **Friendship Estate Riding Stables,** Canaan, Tel. 660 8563, www.friendshipridingstables.com.

Squash

- **Pelican Squash Club,** Pelican Inn, Cascade, Tel. 637 4888.
- **Valley Vue Hotel,** 67 Ariapita Rd., St. Ann's, Tel. 623 3511.
- Auf Tobago zwei klimatisierte Plätze im **Grafton Beach Resort.** Platzreservierung: Tel. 639 0191, 8.00-22.00 Uhr, 45 Min. 56,50 TT$, alles inklusive.

Tennis

Viele Hotels haben **Flutlichtplätze,** die gegen eine geringe Gebühr und vorherige Reservierung auch Nichthotelgästen zur Verfügung stehen.

Trinidad:
- **Arima Tennis Club,** 43B Railway Rd., Arima, Tel. 667 3526.

Tobago:
- **Arnos Vale Hotel,** Arnos Vale, Tel. 639 288/3251.

- **Mount Irvine Bay Hotel,** Mt. Irvine, Tel. 639 8871/3.
- **Rex Turtle Beach Hotel,** Black Rock, Tel. 639 2851/5620.
- **Coco Reef Resort,** Coconut Bay, Crown Point, Tel. 639 8571.
- **Le Grand Courland,** Black Rock, Tel. 639 0191.
- Zwei Plätze gibt es am **Shaw Park Complex** in Scarborough. Hier müssen eigene Schläger mitgebracht werden. Info bei A. Williams, Tel. 639 2807.

Wassersport

Sportfischen

Wer gerne vom Boot aus einmal richtig fischen möchte, der findet in den Gewässern um **Tobago** ideale Voraussetzungen. Die Saison dauert von Dez.–April. Im flachen Wasser (The Shallows) südwestlich von Tobago sowie beim Arnos Vale und bei Castara im Norden gibt es reiche Fischgründe.

Ende April, Anfang Mai findet immer das *Carib International Game Fishing Tournament* statt.

- **Island Yacht Charters** (Peter de la Rosa), 26 Victoria Gardens, Diego Martin, Tel. 673 7389, Fax 628 0437.
- **T&T Game Fishing Association,** c/o Syd Johnson, 91 Cascade Rd., Cascade, Tel. 624 5304, Fax 627 0391.

Im Februar und März sind besonders viele Segler- und Speerfische im Wasser. Außerdem findet man Wahoos, Meeräschen, Tarpone, Goldmakrelen, Skipjacks und Barracudas.

- Die **Königsmakrele** wird ca. 1,5 bis 1,8 m lang, lässt sich sehr gut fangen, schmeckt lecker und wiegt bis zu 36 kg.
- Der **Tarpon** wird gern gefangen, weil er an der Angel seinen großen Kampfgeist zeigt und den Angler herausfordert. Im Durchschnitt bringt es ein Tarpon auf etwa 23 kg und eine Länge von 0,60 bis 2,40 m. Es sollen aber auch schon Exemplare mit einem Gewicht von 136 kg gefangen worden sein.
- Auch die **Stachelmakrele,** auch Crevalle, Couvilli oder Cavali genannt, setzt sich am Haken stark zur Wehr. Sie wird nur etwa 75 cm lang und 14 kg schwer.
- **Seglerfische, Speerfische, Wahoos** und **Meeräschen** werden gern gefangen. Sie werden normalerweise 0,90 bis 1,80 m lang und wiegen mindestens 23 kg, mit Ausnahme der Meeräsche, die bei einem Gewicht von 4,5 kg nur 30 cm lang wird.

tr_084 Foto: esm

Segeln

Trinidads Halbinsel **Chaguaramas** hat sich inzwischen zu einer der Segelhochburgen in der südlichen Karibik gemausert. Inzwischen sorgen zehn Marinas für alles, was der Segler so braucht. An den Wochenenden zwischen November und Juni finden kleinere Rennen statt und einmal im Jahr die *Angostura Yachting World Regatta*. Infos dazu unter www.ttya.org oder Fax 634 4376.

Alle Yachtclubs auf **Trinidad** verfügen über Anlegeplätze mit Wasser, Strom, Duschen und Restaurants. Liegegebühren pro Tag ab ca. 12 US$. Weiter Infos unter www.boatersenterprise.com.

- **Crew's Inn Hotel & Yachting Centre Village Square,** Tel. 634 4938, www.ysatt.org.
- **Chaguaramas Development Authority,** Carenage, Tel. 634 4364, Fax 634 4311, www.chagder.com.
- **Trinidad & Tobago Sailing Association,** Carenage, Tel. 634 4519/4210, info@ttsailing.org.

Windsurfen

- **Windsurfausrüstungen & Parasailing,** Pigeon Point, Tel. 631 5150, Windsurfen 250 TT$ pro Stunde, 450 TT$ am Tag und 1600 TT$ in der Woche. Parasailing 299 TT$, Tel. 631 5150.
- **Windsurfing Association of T&T,** Tel. 639 2457, www.windsurftobago.com.

Surfen

Der beliebteste Surfplatz Tobagos ist die Mount Irvine Bay, die zu den besten Plätzen der Welt gehört und von Surfern aus aller Welt besucht wird. Bretter können ausgeliehen werden.

- **The Surfing Association of T&T,** Tel. 623 0920

Schnorcheln

Besonders empfehlenswert sind auf **Tobago** im Westen die Annos Vale Bay und das Buccoo Reef, sowie Mount Irvine; im Osten Speyside, LittleTobago, Goat Island und Charlotteville. Ausrüstungen gibt es in den Hotels; bei den Touren mit den Glasbodenbooten ist sie im Preis enthalten.

Tauchen

Tobagos Unterwasserwelt ist **bunt** und **vielfältig.** Man kann Wracktauchen und es gibt eine große Formation der **Schwarzen Koralle** (bis zu 2,60 m hoch und 36 m breit) und die weltgrößte Formationen der **Hirnkoralle** (3,6 m hoch und 5 m breit).

1997 wurde in der Mt. Irvine Bay die *Scarlet Ibis* (105 m) versenkt, eine Fähre, die zwischen Trinidad und Tobago fuhr. Sie entwickelte sich zu einem beliebten Tauchziel.

Die besten **Tauchreviere** sind:

- **Charlotteville** mit Pirates Reef, Bobby Reef, Cardinal Reef, Alcyonarian Reef.
- Von hier ist es auch nicht weit bis zu **St. Giles Island** mit einer aus Fels entstandenen Brücke mit Namen London Bridge. Hier gibt es zwei mit Korallen bewachsene zerklüftete Unterwasserkliffe, Marble Island und Fish bowl.
- **Speyside** mit Japanese Gardens, Angel Reef, Manta Reef, Kelliston Drain, Batteaux Reef, Lon's Reef, Cathedral, Blackjack Hole, Bookends. Hier sind die richtigen Tauchstellen, um dem Manta zu begegnen.

  Eines der schönsten Riffe sind die Japanese Garden mit einer Tiefe von 20 bis 85 feet und vielen Schwammarten. Eines der größten Tauchabenteuer ist die Batteaux Bay mit ihren Unterwasserstömungen.
- **Little Tobago** mit Black Jack, Kellingston Drain.
- **Blue Waters Inn** mit Come Follow me, Black Forest, Weather Rocks.
- **Crown Point** mit The Shallows, Flying Reef; hier kann man ebenfalls Mantas sehen, Angel- und Nursefish sowie verschiedene Haiarten.

- **Westküste** mit Mount Irvine Wall, Arnos Vale, Culloden.
- **Südwesten** mit Boccoo Reef, Bobby Reef, Kariwak Reef, Ketchup Reef.

Eine Auswahl der **Tauchschulen:**

- **Scuba Adventure Safari,** Pigeon Point Rd., und **Le Grand Coral Resort,** Black Rock, Tel. 660 7767/7333, Fax 631 8501, www.divetobago.com.
- **Aquamarine Dive,** Blue Waters Inn, Speyside, Tel. 660 5445, ein Tauchgang 42 US$, Nachttauchen 48 US$, www.aquamarinedive.com.
- **Manta Dive Centre Ltd.,** am Eingang zum *Pigeon Point Resort* und im *Tropikist Beach Hotel,* Tel. 639 9209/9969, www.mantadive.com, 1-4 Tauchgänge: 35 US$ pro Tauchgang, 5-17 Tauchgänge: 28 US$ pro Tauchgang, Nachttauchen: 45 US$. Tipp: Kostenloser Tauchkurs für Anfänger im Pool oder flachen Wasser. Dauert 20 Minuten und ist für die Altersklasse zwischen 8-70 Jahre.
- **Extra Divers Worldwide (Tobago) Ltd.,** Pigeon Point Rd., Crown Point Tobago, Tel., Fax 639 7424, *Speyside Inn, Nabuco Resort,* Tel. 660 4852, geleitet vom deutschen Tauchlehrer *Markus Baumgartner,* www.extradiverstobago.eu.
- **Association der Tauchschulen in Tobago,** www.tobagoscubadiving.com, Tauchschulen und Tauchstellen: www.caribdiveguide.com/tobago.htm, Tauchsicherheitsassociation: www.diversatertnetwork.org.
- **Undersea Tobago,** *Coco Reef Resort,* Store Bay, Tel. 631 2626, www.underseatobago.com.

Naturtourismus

Artenreiche Natur

Da T&T einst zum südamerikanischen Festland gehörten, findet man hier auf kleinem Raum eine größere Tier- und Pflanzenwelt als auf den anderen Inseln der Karibik. Das reizte schon immer Naturfreunde und -filmer. So hat z. B. *David Attenborough* hier schon gefilmt. Auf Trinidad findet man allein 400 Vogel-, 700 Schmetterlings-, 26 Frosch- und 38 Schlangenarten. Dazu kommen 32 verschiedene Landtiere und 60 Fledermausarten.

Der *Pointe-a-Pierre-Wild Fowl Trust,* die *Caroni Bird Sanctuary* und das *Asa Wright Nature Center* sind international bekannte **Naturschutzgebiete.**

Aber Trinidad hat für Naturfreunde noch weit mehr zu bieten, z.B. den Mount St. Catherine, wo

90 Vogelarten leben, Hollies Reservoir mit 100 Vogelarten, die Trinity Hills, wo man Vögel, Reptilien und verschiedene andere Tiere sehen kann.

An den Stränden von Grande Riviere und Matura sieht man Lederrückenschildkröten bei der Eiablage, in den Brigand Hills kann man noch Affen in freier Wildbahn erleben.

Wanderungen

Um sich hier zurechtzufinden, sollte man seine ersten Ausflüge unter der Leitung von fachkundigen Führern unternehmen, die auch alle Pflanzen kennen und den Touristen viel Wissenswertes vermitteln können. Wer sich bereits in der Tier- und Pflanzenwelt auskennt, kann auch auf eigene Faust schöne Wanderungen unternehmen. Dann sollte man sich unbedingt im *Asa Wright Nature Centre* das Buch *Nature Trails of Trinidad* kaufen. Außer praktischen Tipps z.B. bei Verletzungen sind hier ca. 30 Wanderwege, inklusive Karten, mit Länge und Schwierigkeitsgrad aufgelistet. Das Buch wird schnell zum unentbehrlichen Begleiter für Wanderfreunde.

Da Tobago wesentlich kleiner ist, gibt es hier weniger, dafür aber nicht uninteressantere Wandermöglichkeiten.

Veranstalter

Es gibt auf beiden Inseln Agenturen, die sich auf Wandertouren und Vogelbeobachtungen spezialisiert haben (s.u.).

Trinidad:

- **Caribbean Discovery Tours,** 9-B, Fondes Amandes Road, St. Ann's, Tel. 624 7281, Fax 628 596, www.caribbeandiscoverytours.com.

Tobago:

- **David Rooks Nature Tours,** Tel./Fax 352 1222, www.rookstobago.com.
- **Mark Puddy,** Tel. 639 4931.
- **Nanan's Bird Sanctuary Tours,** Bamboo Grove Settlement, Tel./Fax 645 1305, 681 1671, www.nananecotours.com, Spezialist für Vogelbeobachtungstouren, z.B. Ausflüge in die Caroni Swamps.

- **Paria Springs Eco Community,** 44, La Seiva Rd., Maraval, Tel. 622 8826, www.pariasprings.com, Naturabenteuer z.B. 1-14 Tage durch die Northern Ranges.
- **The Pathmaster,** 13, Idlewild Rd., Knightsbridge, Cascade, Tel./Fax 621 0255, www.thepathmaster.com. Wandertouren, Tierbeobachtungen in den Nariva Swamps, zu Fuß oder mit dem Kajak.

Unterkunft

Auf den Inseln werden die verschiedensten Unterkunftsmöglichkeiten angeboten, vom Superluxushotel über Villen verschiedenster Preisklassen und Apartments für Selbstverpfleger bis hin zu kleinen Hotels und Guesthouses. Besonders in Tobago brach in den vergangenen Jahren ein von der Regierung veranlasster Bauboom aus, was Unterkünfte aller Art betrifft.

Aus Platzgründen ist es nicht möglich, alle Unterkünfte der beiden Inseln aufzuführen – die beschriebenen Unterkünfte sind eine persönliche Auswahl der Autorin. Vorschläge von Lesern sind jedoch immer willkommen und werden bei der nächsten Auflage gern berücksichtigt.

Hotels

Die großen Hotels und Beachresorts auf beiden Inseln werden von den bekannten Reiseveranstaltern in Deutschland als **Pauschalreisen** angeboten, und sollten auch so gebucht werden, da sie sonst sehr teuer sind. Kleinere Hotels haben oft die Reiseveranstalter im Angebot, welche auf Karibikreisen spezialisiert sind.

Preise in US$ pro Nacht und Zimmer:

*	unter 50
**	50-100
***	100-200
****	über 200

Luxusvillen

Auch hier hat man, besonders in Tobago, eine große Auswahl. Da die Preise bei ca. 120 US$ pro Übernachtung beginnen, sollte man entweder eine dicke Brieftasche haben, oder als größere Gruppe reisen, sich aber vorher erkundigen für wie viele Personen die Villa ausgerichtet ist. Teilt man dann den Preis, kann auch eine solche Unterkunft erschwinglich werden.

Gästehäuser

Gästehäuser, Guesthouses genannt, sind ebenfalls reichlich vorhanden. In der billigsten Klasse darf man hier allerdings nicht zu viel Komfort erwarten.

Apartements

Apartements sind die beliebteste Unterkunftsmöglichkeit, da man sich hier selbst verpflegen kann. Das ist wesentlich preiswerter als im Restaurant zu essen. Es gibt Apartments mit und ohne Pool, am Strand, im Dorf, im Regenwald, teilweise allerdings auch im Landesinneren, sodass man eventuell auf einen Mietwagen angewiesen ist.

Aber Achtung, die Inseln sind lauter als Deutschland, darauf sollte sich der Gast vorbereiten. Überall gibt es Hühner und Hunde in der Nachbarschaft, die sich teilweise schon vor Sonnenaufgang melden. Laute Musik oder Straßenprediger lassen sich ebenfalls nicht vermeiden. Zum Trost sei gesagt, dass man sich zumeist nach einigen Tagen daran gewöhnt hat.

Camping

Seit einigen Jahren gehört Camping zu einer der Lieblingsbeschäftigungen der Trinidadier. Besonders über Ostern campen sie an nahezu allen Stränden der Insel. In Tobago campen bis jetzt nur Jugendgruppen oder Trinis im Urlaub. In Trinidad gibt es schon mehrere Campingplätze, z.B. am **Vessigny Beach,** oder im **Agricultural Park** in Maracas. In Tobago gibt es einen Campingplatz in der **Canoe Bay.** Als Tourist sollte man, um auf der sicheren Seite zu sein, Informationen und eine Erlaubnis bei der *Forestry Division of the Ministry of Agriculture* einholen.

Information Wer bei seiner Ankunft noch kein Zimmer hat, wendet sich am Flughafen oder am Hafen an die Mitarbeiter des örtlichen Touristenbüros.

Achtung: Zu allen angegebenen Unterkunftspreisen sind 10 % **Servicecharge** und 15 % **VAT** (Gouvernmenttax) hinzuzurechnen.

● **Literaturtipp: Unterkunft & Mietwagen clever buchen** von *Erich Witschi,* erschienen im REISE KNOW-HOW Verlag.

Verhaltenstipps

In puncto Verhalten sind die karibischen Inseln locker im Vergleich zu asiatischen Ländern, allerdings nicht so locker, wie es vielleicht auf den ersten Blick erscheint oder wie manche Urlauber immer noch gern glauben möchten.

Auf den Inseln geht alles **langsamer** und relaxter als bei uns. Darauf sollte man sich vorbereiten und Stress und Hektik zu Hause lassen. Am weitesten kommt man mit einem freundlichen Gruß, mit Bitte und Danke. Man wird dann freundlich behandelt und bekommt eher, was man möchte.

Pünktlichkeit wird kleingeschrieben. Flugzeuge, Schiffe und Busse haben oft Verspätung, und wenn man jemanden um 19.00 Uhr zum Essen einlädt, ist es nicht ungewöhnlich, wenn er erst um 20.00 oder 21.00 Uhr erscheint.

Die Menschen sind im Allgemeinen **höflich und gastfreundlich.** Dem sollte man sich anpassen; ein freundlicher Gruß und ein *excuse me please* am Anfang eines Satzes werden immer Hilfsbereitschaft auslösen, sei es, dass man nach dem Weg fragt, ein Zimmer sucht, oder eine Autopanne hatte. Spricht man allerdings in einem aggressiven oder herablassenden Ton mit den Einheimischen, wird man nichts Gutes zu erwarten haben.

Liming, also Nichtstun bzw. „Leute anmachen" (siehe auch im Kapitel „Sprache") ist eine der Lieblingsbeschäftigungen der Einheimischen. So wird man bei der Strandparty oder im Rumshop sicherlich schnell Gesprächspartner, eventuell sogar Freunde finden.

Wird man dann vielleicht irgendwo **privat eingeladen,** steht man oft vor dem Problem, dass es keine Klingel gibt und alle Häuser weit offen stehen. Das heißt nicht, dass man einfach hineingeht. Man wartet in gebührendem Abstand und ruft laut, bis sich der Entsprechende zeigt.

- **Literaturtipp: Respektvoll reisen** von *Harald A. Friedl*, erschienen im REISE KNOW-HOW Verlag.

Nacktbaden

Nackt oder oben ohne baden wird als schlichter Verstoß gegen die Moral angesehen. Obwohl es nicht erlaubt ist, sieht man immer noch zu häufig barbusige Touristinnen an den Stränden. Sie sollten ihr Verhalten noch einmal gründlich überprüfen. Die Begeisterung der einheimischen Frauen werden sie sich auf diesem Weg bestimmt nicht zuziehen. Erstens fürchten diese um die Moral ihrer Kinder, zweitens sind die Männer in dieser Gegend nicht gerade für ihre eheliche Treue bekannt.

Und schließlich schadet dieses Verhalten Einzelner den übrigen weißen Frauen, denn es kommt auch vor, dass Touristinnen vergewaltigt werden, da man sie als leichte Beute betrachtet.

Einheimische Frauen tragen auch heute noch gern beim Baden ein **T-Shirt über dem Badeanzug.** Sie trauen sich einfach noch nicht, mehr zu zeigen. War das bei uns nicht auch mal so? Und was hätten wir gesagt, wenn plötzlich eine schwarze Frau mit nacktem Busen und Minihöschen an unserem Badesee erschienen wäre? ... Zuerst haben wir den Schwarzen beigebracht, ein Schamgefühl gegenüber der Nacktheit ihres Körpers zu haben und sich etwas anzuziehen. Und jetzt, wo sie dieses Schamgefühl haben, ziehen wir uns aus.

In kleineren Orten haben manche Häuser nur draußen einen Wasserhahn, manchmal müssen sich mehrere Häuser einen Hahn teilen. Man wird hier des öfteren Einheimische sehen, die sich **waschen.** Männer tragen dabei eine Badehose, Frauen einen Badeanzug oder weite Kleider die mit einem Gummizug über dem Busen zusammengehalten sind. So kann man sich waschen, ohne dass jemand was sieht. Ich habe allerdings schon weiße Frauen gesehen, die sich nur mit Slip bekleidet an einem Hahn wuschen. Was das für einen Eindruck macht, kann man sich gut vorstellen.

Kleidung

Ebenso geht man hier in **Badekleidung** nicht essen oder zum Shopping, auch nicht mit Bikini-Oberteil und Rock bzw. Unterteil und T-Shirt. Gegen Miniröcke, kurze Hosen und schulterfreie Oberteile hat dagegen in der Regel niemand etwas einzuwenden. Männer mit nacktem Oberkörper werden vom Busfahrer nicht mitgenommen und machen auch auf Friedhöfen keinen guten Eindruck.

Zum **Abendessen** zieht man sich etwas gepflegter an, kurzärmlig ist aber durchaus akzeptiert.

Die Menschen auf beiden Inseln haben eines gemeinsam, sie lieben **schöne Kleidung** und putzen sich gern heraus. Besonders am Wochenende oder an Feiertagen. Dies gilt auch für den armen Teil der Bevölkerung. So sieht man am Wochenende überall Menschen in ihrem Sonntagsstaat. Männer und Jungen tragen Anzüge, Frauen meistens Kostüme, oft mit Hut. Die Baptistenfrauen tragen die Landestracht: bunte Kleider mit langen Röcken und bunte Tücher um den Kopf. (Frauen dürfen hier nicht ohne Kopfbedeckung in die Kirche gehen.) Die kleinen Mädchen tragen schwarze Lackschuhe, weiße Kniestrümpfe und Rüschenkleider.

In Banken, Hotels und Büros tragen die meisten Frauen Kostüme mit engen kniebedeckenden Röcken und oft taillierte Kostümjacken und hochhackige Schuhe; die Männer Anzug und Krawatte. Die Jacke wird hier allerdings oft ausgezogen. So ähnlich kleidet man sich auch, wenn man in der Hauptstadt was zu erledigen hat (hauptsächlich die Frauen) oder manchmal einfach, um auf der Dorfstraße zu flanieren.

Die **Alltagskleidung** ist eher wie bei uns, T-Shirt und Jeans, bei Frauen sind Leggings sehr beliebt.

Modezeitschriften sind selten und teuer. Kein Wunder also, dass der Tourist auch immer aufmerksam betrachtet wird, um eventuell modische Anregungen zu bekommen. Über die **Touristen,** die ständig nur in kurzen Hosen und T-Shirts herumlaufen, wundern sich die Einheimischen. Warum legen die Weißen so wenig Wert auf ihr Äußeres, wo sie doch genug Geld haben, sich Kleidung zu kaufen?

Jeder Reisende sollte unbedingt beachten, dass er sich bei **Behördengängen** oder **Einladungen** „gut" anzieht. Badelatschen, kurze Hosen, zerschlissene Jeans und ausgeleierte T-Shirts sollten hier tabu sein, denn damit wird man den schlechtesten Eindruck machen.

Liebe

Käufliche Liebe gibt es auf Trinidad kaum und auf Tobago gar nicht.

Besucht man eine **Tanzveranstaltung,** wird man bald feststellen, dass die erotische Anziehungskraft zwischen schwarz und weiß auf beiden Seiten sehr groß ist und oft das Abenteuer gesucht wird. Die lauen Nächte, der Rumpunsch und die Lambada-ähnlichen Tänze tun das Ihre dazu.

Dabei sollte niemand vergessen, besonders in der lockeren Karnevalszeit, dass die **Aidsrate** hoch ist.

Drogen

Auf T&T gibt es **Marihuana** *(Ganja)* und **Crack Cocain.** Beides sind verbotene Drogen, Besitz oder gar Handel werden hart bestraft. Auch ein Tourist bekommt eine Geld- oder Gefängnisstrafe, wird ausgewiesen und darf das Land nicht mehr betreten. Die hiesige Polizei ist nicht gerade zimperlich.

Trinkgeld

In Hotels und Restaurants ist das **Bedienungsgeld** nur selten im Preis enthalten. 10 % sind üblich.

Bei den niedrigen Löhnen kann man für besondere Leistungen oder eine gute Bedienung etwas extra geben – und wenn es die Handtasche ist, die das Zimmermädchen seit drei Wochen bewundert und die man zu Hause sowieso nie benutzt.

Betteln Bettelnde Kinder sind nicht üblich, treten aber gelegentlich auf. Das sollte nicht unterstützt werden, lieber mit dem Kind reden, was dann auch eher im Sinne der Eltern ist, die meistens von den Aktivitäten der Sprösslinge nichts ahnen.

Umwelt Was den Umweltschutz betrifft, so gilt es, dieses Paradies nicht zu zerstören. Besonders Inseln haben bei steigendem Tourismus mit einem Problem zu kämpfen, das der Urlauber nicht immer gleich bedenkt: **Müll!** Also sollte man auch hier das Bier möglichst immer in der Pfandflasche kaufen. Keinen Müll am Strand zurückzulassen sollte ebenfalls selbstverständlich sein.

Auch das **Wasser** sollte nicht bedenkenlos verschwendet werden. Manchmal reicht der Wasserdruck nicht für das naheliegende Dorf, wenn im Hotel zu viel verbraucht wird.

Die **Klimaanlage** muss nicht laufen, wenn man sich tagsüber am Strand aufhält, und das **Mietauto** wird billiger, der Spaß größer und die Natur geschont, wenn man sich zusammentut.

Verhalten im Karneval

Der Karneval ist auf Trinidad am ausgelassensten, aber auch auf allen Inseln ein großes Fest, für welches besondere Regeln in puncto Verhalten und Sicherheit angebracht sind. Feiert man richtig mit, sollte man nichts Wertvolles bei sich tragen (s. Kapitel „Sicherheit").

Besonders hier sollte man die Wirkung von **Alkohol** und Sonne nicht unterschätzen – also vorher genügend essen und nur mäßig Rum trinken. Touristen, die volltrunken am Straßenrand oder gar mitten im Umzug herumliegen, machen sich nicht nur lächerlich, sondern gefährden sich und andere.

Wining

Eine andere Geschichte ist das *Wining*. Zu den heißen Rhythmen des *Soca* und *Calypso* kreisen die Unterleiber gegeneinander. Je nach Alkoholkonsum und Können der Beteiligten kann das manchmal aussehen wie ein halber Geschlechtsakt. Wildfremde *winen* miteinander und oft in langer Reihe die Straße hinunter. Generell gilt, im Karneval ist *Wining* normal, ein Tanz, bei dem eine Frau einem Mann erlauben kann, sie an den Hüften zu halten, um mit seinem Unterkörper an ihrem *Bamsi* (Hintern) zu *winen,* ohne dass es eine Aufforderung zu mehr ist. Man geht auseinander, mit dem oder der nächsten oder in einer Gruppe. Außerhalb des Karnevals ist dieser Tanzstil nicht an der Tagesordnung, und wird er z.B. in der Disco getanzt, wird schon mehr dahinter erwartet. In der Karnevalszeit erlebt man immer wieder Touristen-

tr_092 Foto: esm

paare, die sich über dieses Thema gewaltig in die Haare kriegen. Wer hat zu lange mit wem *gewint* usw. Aber es macht Spaß, tut dem Körper gut (Vorsicht Muskelkater) und will gelernt sein. Kann der Partner es nicht ertragen, *wint* man am besten zu zweit und gibt den anderen zu verstehen, dass es auch so bleiben soll – oder man behandelt es als das, was es ist, ein Tanzstil. Man mischt kräftig mit und vergisst es anschließend, so wie die Einheimischen: Die wild *winende* Bankkassiererin wird nach den tollen Tagen den Männern, mit denen sie getanzt hat, nicht mehr erlauben, sie anzufassen, ja sie nicht einmal mehr kennen, so sagen jedenfalls die einheimischen Frauen.

Die Statistik allerdings zeigt, dass neun Monate nach dem Karneval die meisten Kinder auf den Inseln geboren werden ...

Verkehr

Straßenverkehr

Beide Inseln verfügen über ein asphaltiertes Straßensystem und ein kurzes Stück Highway; auf Trinidad z.B. zwischen San Fernando und Port of Spain, auf Tobago zwischen dem Airport und Scarborough. Der Rest der Straßen ist kurvenreich und oftmals in **schlechtem Zustand.** So kann mitten in der Kurve ein tiefes Schlagloch sein und der einheimische Fahrer, der es kennt und ausweichen will, kommt einem deshalb auf der falschen Straßenseite entgegen.

Die Verkehrsgesetze werden in den letzten zwei Jahren nicht mehr so lasch gehandhabt wie früher. Alle Verstöße werden mit hohem **Bußgeld** belegt, wenn man bei einer Kontrolle erwischt wird. Es herrscht Anschnallpflicht und Alkoholverbot am Steuer. Auch bei nicht funktionierendem Licht ist man Geld los.

Die Hauptstraßen führen meist durch kleine Orte **ohne Bürgersteig.** Hier springen oft Kinder oder Tiere unvermutet auf die Fahrbahn, und Fußgänger am Straßenrand sind im Dunkeln kaum zu erkennen.

Außerdem herrscht der für uns unübliche **Linksverkehr.** Langsam und vorsichtig fahren ist deshalb immer geboten. Die Entfernungen sind klein, und man will ja auch etwas von den Inseln sehen.

Auf beiden Inseln gibt es nicht viele **Tankstellen** und diese haben auch nicht durchgehend geöffnet. So sind sonntags fast alle Tankstellen geschlossen. Deshalb sollte man nie mit zu wenig Benzin losfahren. Auf Tobago gibt es im Norden wenig bzw. gar keine Tankstellen (Ausnahme: Roxborough und Charlotteville).

Die **Geschwindigkeitsbegrenzung** ist durchgehend (außer auf dem Highway) *30 miles per hour,* das sind ca. 45 Stundenkilometer.

Busse

Die *Public Transport Service Corporation* (PTSC) hat die Busse und Maxi-Taxis unter sich. Die **Busse** sind billig (ab 3 TT$) und erreichen fast jeden Winkel der Inseln. Sie sind jedoch überfüllt und unpünktlich.

Trinidad

Der **Busterminal von Port of Spain, City Gate** befindet sich neben dem ehemaligen Bahnhof am South Quai. Hier ist auch das **PTSC Office,** wo man genaue Auskunft darüber erhält, wie man welchen Ort erreicht.

Tickets kauft man am Kiosk, bevor man in den Bus steigt.

Die Busse fahren:

- Mo-Fr 6.30, 7.00, 15.15 und 15.45 Uhr für 4 TT$ zum **Airport;**
- zweimal täglich nach **San Fernando** für 6 TT$, **Sangre Grande** 6 TT$, **Blanchisseuse** 4 TT$;
- mehrere Busse täglich nach **Arima** 6 TT$, **Chaguanas** 3,50 TT$, **Tunapuna** 3 TT$ und **Chaguaramas** 3 TT$;

- die Busverbindung **zwischen Arima und San Fernando** ist nicht so gut. Hier empfiehlt es sich, ein Taxi zu nehmen.

Tobago

Die **Haupthaltestelle** von Tobago ist an der Teak Mall, Sangsters Hill, Scarborough.

- Zum **Crown Point Airport** und nach **Black Rock** fahren die Busse täglich zwischen 5.00 und 21.00 Uhr zu jeder vollen Stunde für 3 TT$;
- Nach **Charlotteville** um 6.00, 9.00, 12.30 und dann alle 3 Std. bis 18.00 Uhr;
- Nach **Moriah zwischen** um 6.00 und 19.30 Uhr alle 2 Std. für 3 TT$;
- Nach **Castara** (5 TT$), **Parlaturier** (6 TT$) und **L'anse Fourmi** (8 TT$) um 4.30 Uhr, 8.30 Uhr, 9.00 Uhr, 12.30 Uhr, 13.00 Uhr, 14.30 Uhr, 16.30 Uhr und 18.30 Uhr.
- Die aktuellen **Fahrpläne** und **Preise** kann man unter www.ptsc.co.tt ausdrucken.

Taxis auf Trinidad

Maxi-Taxis

Maxi-Taxis sind Mini-Busse, die auf beiden Inseln bestimmte Strecken befahren. An der **Farbe des Streifens** erkennt man in welche Richtung das Taxi fährt.

Port of Spain:

- Taxis mit **gelbem Streifen (Route 1)** nordwestliche Richtung, fahren gegenüber dem South Quay am unteren Ende der Chacon Street ab. Richtung **Invaders Bay, Diego Martin, Westmoorings** und **Chaguaramas.**
- Taxis mit **rotem Streifen (Route 2)** östliche Richtung, fahren an der City Gate (Treppen hoch) ab. Richtung **San Juan, St. Joseph, Curepe, Tunapuna, Arouca, Arima** und Sangre Grande.
- Taxis mit **grünen Streifen (Route 3)** ebenfalls über die Treppe an der City Gate zu erreichen, fahren nach **Chaguanas.** Die Fahrpreise liegen zwischen 2 und 5 TT$.

San Fernando:

Mit dem Maxi Taxi **von PoS nach San Fernando und zurück** zu reisen ist einfach. Um den Süden zu erkunden, ist man mit einem Mietwagen besser bedient. Der Haupt-Maxi-Stand ist auf dem Parkplatz, parallel zur Cancery Lane.

- Die Taxis mit dem **schwarzen Streifen** fahren von hier nach **Princess Town, Rio Claro** und **Moruga.**
- Taxis mit **braunem Streifen** fahren nach **Point Fortin** und **Siparia.** Hier fahren ebenfalls die **Routen Taxis** nach **Oropouche, La Brea** und **Point Fortin** ab.

Chaguanas:
Hier ist der **Haupt-Maxi-Stand** und **Routen-Taxi-Stand** an der Mid-Centre Mall. Am unteren Ende der Southern Main Road fahren die **Routen Taxis nach PoS** ab. Direkt gegenüber fahren die Maxi Taxis **mit grünem Streifen** nach **San Fernando.** Auf der Elenor Street fahren Maxi Taxis **mit grünem Streifen** nach PoS. Preis 4 TT$.
- Am oberen Ende der Southern Main Road fahren Routen Taxis nach **Couva, Chase Village** usw. Preis 3TT$.
- An der Chaguanas Main Road gegenüber KFC fahren die Taxis nach **Curepe.** Preis 6 TT$.

Routen-Taxis

Routen-Taxis sind Pkw, die bis zu 5 Leute mitnehmen. In Port of Spain sind die Taxistände am und um den Independence Square.

- **Routentaxis** kosten höchstens 4.50 TT$ und fahren an folgenden Stellen ab: **Cascade:** Ecke Charlotte und Prince Streets. **Chaguanas:** South Quay, gegenüber Chacon Street. **Curepe/Tunapuna, Arima/Sangre Grande:** südlich des Independence Square, am unteren Ende der Henry Street. **Diego Martin/Petit Valley:** Ecke Abercomby Street. **Maraval:** Ecke Duke und Charlotte Street. **San Fernando:** Ecke Broadway und South Quay. **San Juan:** südlich des Independence Square in der Charlotte Street. **St. Ann's/St. James/Queen's Park Savannah:** südlich des Woodford Square, Hart Street. **Wrighston Road/Long Circular Road:** Ecke Chacon Street und Independence Square Süd. **Chaguaramas:** Ecke Park und St. Vincent Streets.

Private Taxis

Die normalen Taxis sind in privater Hand. Man erkennt sie am **„H" im Nummernschild.** Sie warten an Hotels und großen Plätzen, können auch unterwegs angehalten werden und sind am teuersten.

Den **Fahrpreis** sollte man im Voraus vereinbaren; nach 21.00 Uhr steigt der Preis nochmals. Da kostet die Fahrt vom Flughafen nach Port of Spain dann 31 US$.

Taxis auf Tobago

Sammeltaxis **Richtung Westen** fahren in Scarborough in der Carrington Street ggü. KFC (nach Crownpoint 6 TT$, Bon Accord, Canaan 5 TT$) und am Anfang des Market Square ab (nach Buccoo, Mount Irvine, Black Rock, Plymouth 5 TT$).

- **Richtung Norden** erfolgt die Abfahrt in Upper Scarborough, auf dem großen Parkplatz an der Main Street; Castara 7 TT$, Roxborough 8 TT$.
- **Richtung Charlotteville** fahren die Sammeltaxis am James Park ab und kosten 10TT$.

Mietwagen

Um sich ein Auto zu mieten, reicht der **deutsche Führerschein** für einen Aufenthalt von drei Monaten aus.

Besucher aus anderen Ländern benötigen einen gültigen **internationalen Führerschein.**

Wer länger bleiben will, muss ihn durch ein **T&T Driving Permit** ersetzen (Licensing Department, Wrightson Road, Port of Spain). Oft muss eine Kaution von bis zu 2000 TT$ hinterlegt werden.

Auf Tobago kostet ein Mietwagen ab ca. 200 TT$ pro Tag. **Auf Trinidad** ist es etwas teurer.

Auch von der Leihwagenfirma wird eine **Kaution** verlangt (entfällt bei Zahlung mit der Kreditkarte).

Vermieter auf Trinidad

Am Flughafen:

- **Auto Rentals,** Tel. 669 2277, Fax 669 1759, piarco@autorentaltstt.com.

Port of Spain:

- **Auto Rentals,** Lad Young Rd., Morvant, Tel. 675 7368, Fax 675 2258, morvant@autorentaltstt.com.
- **Econo-Car Rentals,** 19, Western Main Rd., Cocorite; Tel. 622 8072, Fax 622 8074, www2.trinidad.net/econocar/index.html.

Trinidad Zentral:

- **Kalloo's Auto Rentals,** La Paille Village, Southern Main Rd., Caroni, Tel./Fax 645 5182, www.kalloos.com.

Süden:

- **Neal & Massy Compound,** Gooding Village, Cross Crossing, San Fernando (gegenüber Skinner Park), Tel. 657 7368, 657 3984, sando@autorentaltstt.com.
- **Singh's Auto Rentals,** Southern Main Rd. Savonetta, Point Lisas, Tel. 636 7959, Fax 636 2836, www.singhs.com.

Vermieter auf Tobago

- **Auto Centre Ltd.** Crown Point Airport, Tel. 639 4400.
- **Auto Rentals Ltd.,** Crown Point Airport, Tel. 639 0644, www.autorentalstt.com.

- **Peter Gremli Car Rental,** Crown Point, Tel. 639 8400, Fax 631 0836, carman@tstt.net.tt.
- **Singh's Auto Rentals,** Grafton Beach Resort, Black Rock, Tel. 639 0642, 639-0030, www.singhs.com.
- **Thrifty Car Rental,** *Turtle Beach Hotel,* Tel. 639 8111 (8.00-11.00 Uhr), Tel. 639 8507 (any time), Fax 639 0357.
- **Thrifty Car Rental,** Crown Point Airport, Tel. 639 8507/ 8062, www.thrifty.com.
- **Sherman's Auto Rentals,** Lambeau Village, Tel. 639 2292, Fax 639 3084, www.shermansrental.com.

Fahrradvermietung

Besonders auf **Tobago** reicht es für kürzere Ausflüge oft schon aus, ein Fahrrad zu mieten. Aber auch in **Trinidad** bieten sich zahlreiche Möglichkeiten für eine schöne Fahrradtour.

Fahrradverleih

Tobago:
- **Glorious Ride Bike Rental,** Milford Road, Crown Point, Tel. 639 7124; pro Fahrrad und Tag 60 TT$.
- **Mountainbiking** wird in Tobago immer beliebter. Nähere Informationen: Orange Hill Rd. Prospect, Tel. 639 9709, Tel./Fax 631 0253, Handy 681 5695, www.mountainbikingtobago.com.

Trinidad:
- **Corkie's Cycle Centre,** Boissiere Village, Maraval, Tel./ Fax 622 3972, corkie@tstt.net.tt.
- **Geronimo's Cycle & Sports Ltd.,** 15, Pole Carew St., Port of Spain, Tel. 622 2456.
- **Ojar's Cycle Shop,** 198-200, Eastern Main Rd., Tunapuna, Tel./Fax 645 5575.

Transport zwischen den Inseln

Flugzeug

Die meisten Verbindungen bestehen mit **Caribbean Airlines.** Flugzeit 20 Minuten pro Strecke. Ticket 300 TT US$ hin und zurück, www.caribbeanairlines.com.

Die Flüge haben **oft Verspätung** oder werden in letzter Minute gestrichen. Deswegen den Flug immer vorher telefonisch bestätigen lassen.

Schiff

Eine konventionelle Fähre, die *Warrior Spirit* und zwei Schnellfähren, die *T&T Express* und

T&T Spirit verkehren täglich zwischen **Port of Spain (Trinidad)** und **Scarborough (Tobago).** Die *Warrior Spirit* braucht ca. 6 Stunden für die Überfahrt, die Schnellfähren 2,5 Stunden.

Die *T&T Express* hat Platz für 900 Passagiere und 200 Autos. **Tickets** gibt es in den Büros der *Port Authority,* in Port of Spain geöffnet von 7.30 bis 16.00 Uhr, und in Scarborough von 16.00 bis 22.00 Uhr. Außerdem bekommt man die Tickets auch in vielen Reisebüros. Da erkundigt man sich am Besten bei seinem Vermieter bzw. im Hotel.

Hin- und Rückfahrt in der „Warrior Spirit" kosten 75 TT$. Kabine 160 TT$, in den Schnellfähren 100 TT$, einfache Fahrt die Hälfte. Kinder unter 12 Jahren zahlen die Hälfte, Kinder unter 3 Jahren reisen kostenlos in Begleitung Erwachsener.

Auskunft erhält man in Port of Spain unter Tel. 623 2901, in Scarborough unter Tel. 639 4906, www.patnt.com.

Kreuzfahrtschiff im Hafen von Scarborough

Bei Flügen und Fähren zwischen den Inseln besteht auch die Möglichkeit stand-by zu reisen.

Wasser-taxi

Von **Port of Spain** nach **San Fernando** kann man auch mit dem Wassertaxi fahren. Fahrzeit 45 Minuten, 15 TT$ einfache Fahrt. Nähere Auskunft: www.nidco.co.tt.

Fähre nach Venezuela

Von Chaguaramas fährt täglich eine Fähre, die *Sea Prowler,* **nach Güira in Venezuela.** Abfahrt 9.00 Uhr, Ankunft 12.30 Uhr. Tickets bekommt man am Pier 1. Von dort legt die Fähre auch ab. Man darf zwei Gepäckstücke à 18 kg mitnehmen. Das einfache Ticket kostet 552 TT$, hin und zurück kostet es 1104 TT$, am selben Tag hin und zurück 828 TT$. Kinder unter 12 Jahren zahlen die Hälfte, Kinder unter 2 Jahren fahren umsonst mit. Hinzu kommt bei allen Preisen die *Departure tax Trinidad* 75 TT$, eine entsprechende Steuer kostet in Venezuela 23 US$.

Zeitdifferenz

Es besteht eine **Zeitdifferenz** von **minus 5 Stunden** während der Sommerzeit, d.h. wenn es bei uns zwölf Uhr mittags ist, zeigt die Uhr in Trinidad und Tobago sieben Uhr morgens. Während der Winterzeit beträgt die Differenz nur minus vier Stunden.

Zollbestimmungen

Für Zollbestimmungen bei Einreise nach Trinidad & Tobago, siehe Kapitel „Ein- und Ausreise“.

Zoll in Europa

Bei der Rückeinreise gibt es auch auf europäischer Seite Freigrenzen, Verbote und Einschränkungen.

Folgende **Freimengen** darf man zollfrei in die EU und die Schweiz einführen:

- **Alkohol** (Personen ab 17 Jahren) **in die EU:** 1 l Spirituosen (über 22 Vol.-%) oder 2 l Spirituosen (unter 22 Vol.-%) oder eine anteilige Zusammenstellung dieser Waren, und 4 l nicht-schäumende Weine, und 16 l Bier; **in die Schweiz:** 2 l bis 15 Vol.-% und 1 l über 15 Vol.-%.
- **Tabakwaren** (Personen ab 17 Jahren): 200 Zigaretten oder 100 Zigarillos oder 50 Zigarren oder 250 g Tabak oder eine anteilige Zusammenstellung dieser Waren
- **Andere Waren** (in die EU): 10 Liter Kraftstoff im Benzinkanister; für See- und Flugreisende bis zu einem Warenwert von insgesamt 430 €, über Land Reisende 300 €, alle Reisende unter 15 Jahren 175 € (bzw. 150 € in Österreich); (in die Schweiz): neuangeschaffte Waren für den Privatgebrauch bis zu einem Gesamtwert von 300 SFr. Bei Nahrungsmitteln gibt es innerhalb dieser Wertfreigrenze auch Mengenbeschränkungen.

Wird die Wertfreigrenze überschritten, sind **Einfuhrabgaben** auf den Gesamtwert der Ware zu zahlen und nicht nur auf den die Freigrenze übersteigenden Anteil. Die Berechnung erfolgt entweder pauschal oder nach dem Tarif jeder einzelnen Ware zuzüglich sonstiger Steuern.

Einfuhrbeschränkungen bestehen u.a. für Tiere, Pflanzen, Arzneimittel, Betäubungsmittel, Feuerwerkskörper, Lebensmittel, Raubkopien, verfassungswidrige Schriften, Pornografie, Waffen und Munition; in Österreich auch für Rohgold und in der Schweiz auch für CB-Funkgeräte.

- **Deutschland:** www.zoll.de oder unter Tel. 0351 4483 4510;
- **Österreich:** www.bmf.gv.at oder unter Tel. 01 51433 564053;
- **Schweiz:** www.ezv.admin.ch oder unter Tel. 061 2871111.

tr_104 Foto: esm

Land und
Natur

Überblick

Die Karnevalsinsel Trinidad und die Robinsoninsel Tobago sind die beiden ungleichen Schwestern am Südende der Kleinen Antillen.

Trinidad mit der Hauptstadt Port of Spain, quirlig und lebendig, nicht nur im Karneval, eine Vielvölkerinsel mit aufstrebender Industrie, aber auch Dschungellandschaft und Stränden.

Daneben die verschlafene Schwester **Tobago:** Traumstrände, Korallenriffe, Urwald und eine freundliche schwarze Bevölkerung.

Geografie

Elf Kilometer vor der Küste Venezuelas liegt die südlichste Karibikinsel, Trinidad, 34 Kilometer nordöstlich von ihr die Robinson-Insel Tobago, beide zwischen dem 60. und 62. Grad westlicher Länge und dem 10. und 12. Grad nördlicher Breite, also eine **Lage** nahe dem Äquator in den Tropen.

Trinidad & Tobago bilden eine unabhängige Republik mit einer **Fläche** von 5.128 km^2 (etwa doppelt so viel wie das Saarland).

Trinidad und Tobago brachen vor Urzeiten vom südamerikanischen Festland ab. Daher unterscheidet sich ihre **Tier- und Pflanzenwelt** stark von den anderen Inseln und ist so vielfältig wie auf dem südamerikanischen Kontinent. Insgesamt ist mehr als die Hälfte beider Inseln bewaldet, beide Inseln haben herrliche Wasserfälle mit Naturschwimmbecken.

Auch heute noch verändern die Inseln ständig ihre Form. Während an einigen Stellen das Meer Land fortspült, halten woanders Mangrovenwurzeln jegliches Treibgut fest und lassen die Inseln wachsen.

Nach einer abenteuerlichen **Geschichte** von Eroberungen und Sklavenhandel, in deren Verlauf allein Tobago 31-mal den Besitzer wechselte, ist Trinidad heute eine Vielvölkerinsel mit einer urbanen Industriegesellschaft, während Tobago ländlich und verschlafen und mit seinen einsamen Stränden genau das ist, was man sich unter einem karibischen Traum vorstellt.

Trinidad

Trinidad ist die fünftgrößte Insel der Karibik. Sie ist 70 km lang und 50 km breit. Drei parallele **Bergketten** durchziehen die Insel in Ost-West-Richtung: die Southern Ranges, die Central Ranges und die Northern Ranges. Der höchste Berg der Insel ist mit 940 m der Cerro del Aripo in der Nordkette.

Die **Nordküste** ist bis auf vereinzelte Badebuchten steil und felsig; der **Westen** ist flach und mit dichten Mangroven bewachsen. Die Westküste liegt gegenüber der Mündung des Orinoco und ist zum Baden ungeeignet. Hier und im Südwesten ist auch die Ölindustrie angesiedelt, vorwiegend im Golf von Paria. Nur die **Ostküste** ist von langen Badestränden gesäumt.

Die drei größten **Flüsse** Trinidads, der Oropouche River, der Couva River und der Caroni River, münden alle im Westen in den Golf von Paria.

Es gibt ein gutes **Straßennetz** auf Trinidad, welches sich teilweise durch die Gebirgskette der Northern Ranges zieht.

Trinidad wurde weltweit bekannt durch seinen **Karneval** und die Steelband- und Calypsomusik.

Tobago

Tobago ist 42 km lang und 13 km breit. Zwei Drittel werden von dem bewaldeten **Gebirgszug** der Main Ridges durchzogen. Die Berge sind 400-600 m hoch, und die Main Ridges der älteste Regenwald der westlichen Welt.

Die **Küste** im Nordwesten Tobagos ist steil und zerklüftet. Hier gibt es nur vereinzelte Badebuchten. Auf den anderen Seiten der Insel reiht sich ein Badestrand an den anderen.

Pflanzen und Tiere

Die Pflanzenwelt

Da Trinidad und Tobago als einzige Karibikinseln vom südamerikanischen Festland abgedriftet sind, Siedler ebenfalls Pflanzen einführten, und hier ein sehr günstiges Klima herrscht, gibt es hier die größte Vielfalt an Flora aller karibischen Inseln. Auf Trinidad und Tobago findet man 2500 Blumenarten, 700 davon Orchideen, 370 Baumarten und rund 300 Farnarten.

Die Touristenbüros halten eine kleine, kostenlose **Broschüre** über die verschiedenen Tierarten bereit. Alle zu beschreiben würde den Rahmen dieses Buches sprengen.

Afrikanischer Tulpenbaum

Er hat immergrüne, dunkle, längliche Blätter. Zwischen September und Mai blüht er leuchtend ziegelrot. Die tulpenähnlichen Blüten stehen in dichten Gruppen zusammen. Der Baum stammt ursprünglich aus den Wäldern Zentralafrikas.

Anturie oder Flamingoblume

Herkunftsland ist Süd- und Zentralamerika. Die Pflanze hat rote, rosa oder weiße, wächserne Blüten, bestehend aus einem herzförmigen Blatt und einem langen, gelben Blütenstempel. Die Blüten werden bis zu 60 cm hoch und sind auch bei uns im Blumengeschäft zu haben.

Avocado

Die Bäume haben längliche, ovale, 15 cm lange, dunkelgrüne Blätter und werden bis zu 20 m hoch. Die birnenförmigen Früchte sind viel größer als die bei uns erhältlichen. Das cremige Fruchtfleisch wird für Vorspeisen, Salate oder als Brotaufstrich verwendet. Aus den Blättern kochen die Einheimischen einen Tee, der bei zu hohem Blutdruck helfen soll.

Bambus

Bambus findet man im tropischen Gürtel rund um die Erde. Der Name kommt aus dem Malaysischen. Man nennt die Pflanze auch Stahl der Tropen. Bambus hat hohle, knotige Stengel und erreicht die Höhe unserer Bäume. Beim Bambus gehen vom Hauptstamm ebenfalls hohle Verästelungen ab. Bambus gilt als Universalnutzpflanze; man kann ihn zu Flechtarbeiten und Kunsthandwerk, zur Herstellung von

tr_109 Foto: esm

Baugerüsten und Papier verwenden. Der Stamm ist sehr hart, da die Oberfläche aus Kieselsäure besteht. Wenn der Wind durch ein Bambusdickicht streicht, knarrt das oft ziemlich schaurig. Besonders häufig begegnet man dem Bambus auf Tobago.

Banane

Ursprünglich aus Malaysia stammend, sind die Banane und ihre Verwandten *Fig* und *Plantain* heute auch in der Karibik heimisch und eines ihrer Hauptexportprodukte.

Die Stengel der Blätter bilden einen Scheinstamm, aus dem ein hängender Blütenstand herauswächst. Er sieht aus wie ein dunkelviolettes Pendel, und darunter sitzen die Blüten, von denen sich nur die oberen zu Bananenstauden entwickeln. Nach der Ernte stirbt der Hauptstamm ab, und es wachsen sofort Schößlinge nach.

Plantain ist eine große, flache Banane mit orangem, süßem Fruchtfleisch. Sie wird oft gebraten oder als Suppeneinlage verwendet, ebenso wie die bei uns bekannte Banane in grünem Zustand.

Fig sind ganz kleine süße Bananen, die in anderen Ländern unter dem Namen **Königsbanane** bekannt sind.

Bananenstaude

Bottle Brush
Dieser Baum, auch **Zylinderputzer** genannt, wurde aus Australien eingeführt. Er hat hängende Äste, an denen sich rote Blütenstände befinden, die an Flaschenbürsten erinnern.

Bougainvillea spectabilis
Die Bougainvillea ist wohl die auffälligste Rankenpflanze, die oft Mauern und Wände in ein flammendes Farbenmeer taucht. Sie stammt aus Brasilien und erhielt den Namen von ihrem Entdecker, dem Botaniker *Luis Antoine de Bougainville.* Es gibt sie in allen Schattierungen von weiß über gelb bis lachsfarben, am verbreitetsten sind aber die rosa und kardinalroten Töne. Die farbigen Blätter zählen hier nicht als Blüte, sondern lediglich als Deckblätter.

Breadfruit, Brotfruchtbaum
Der Baum wurde von Kapitän *Bligh* 1793 auf die West Indies gebracht, um das Nahrungsangebot der Sklaven zu verbessern.

Die Bäume werden riesig groß und haben dunkelgrüne, große, gelappte Blätter. Die Früchte erreichen die Größe eines Fußballes, werden 2 kg schwer und haben eine grüne, genoppte Schale. Das Fleisch ist weiß und fest. Es wird gekocht, gebraten oder als Suppeneinlage verwendet. Die Brotfrucht enthält viel Vitamin A, B und C. Es gibt noch eine zweite Brotfruchtsorte mit Kernen. Hier werden die Kerne gekocht oder geröstet. Sie sehen aus wie Esskastanien und schmecken auch so. Man nennt sie **Breadnuts.**

Calabash, Kalebassenbaum
Er ist heimisch in Südamerika und auf den karibischen Inseln. Die Bäume werden bis zu 10 m hoch, haben blassgelbe Blüten und lange, hellgrüne Blätter, die spiralförmig rund um die Äste wachsen. Die Früchte sind länglich bis rund mit einer wasserundurchlässigen Schale und einem Durchmesser bis zu 30 cm. Das Fruchtfleisch ist ungenießbar, aber aus der Schale fertigen die Einheimischen Gefäße und Handtaschen mit eingeschnitzten Mustern.

Christophene
Christophene ist ein tropischer, 7-20 cm langer, hellgrüner, stacheliger Gurkenkürbis. Geschält, in Streifen geschnitten und leicht gedünstet, ist er ein beliebtes Gemüse.

Flamboyant
Der Baum stammt aus Madagaskar, hat eine weit ausladende Krone und ist zur Blütezeit ein einziges rotes Blütenmeer. In dieser Zeit wirft er seine Blätter ab, so dass das Rot noch mehr zur Geltung kommt. Die Fruchthülsen werden bis zu 60 cm lang.

Frangipani
Dieser Baum stammt aus Zentralamerika und hat längliche, dunkle, ledrige Blätter. Er wird sehr groß und hat stark duftende Blüten in weiß, rot, rosa oder gelb.

tr_111 Foto: esm

Heleconia, Helekonie

Von dieser aus dem tropischen Amerika stammenden Pflanze gibt es ca. 40 Arten. Sie gehört zur Familie der Bananen. Die Blätter beider Pflanzen sind sich sehr ähnlich. Es gibt hängende und stehende Blüten in rotgelb, die aussehen wie überdimensionale Gräserrispen.

Hibiskus

Der auch bei uns bekannte Hibiskus oder **Roseneibisch** wächst hier zu großen Büschen mit länglichen, gezackten Blättern in grün oder weißgrün. Die Blüten werden sehr groß in allen Farbtönen zwischen weiß, gelb, rot, rosa und orange.

Kakao

Die länglichen Kakaofrüchte hängen direkt am Holz. Sie ändern ihre Farbe von grün zu rotbraun und dann zu gelb. Die braunen Kerne werden in der Sonne getrocknet und zur Herstellung von Kakao, Kakaobutter und Schokolade verwendet.

Kanonenkugelbaum

Die riesigen Bäume, deren rotweiße Blütentrauben direkt am Stamm hängen, kommen aus Südamerika. Die braunen Kugelfrüchte erreichen Durchmesser von bis zu 20 cm.

Hibiskus

Kokospalme

Die Kokospalme ist nicht wegzudenken von den karibischen Inseln. Sie benötigt mittlere Temperaturen von ca. 27 Grad Celsius und verträgt keine starken Temperaturschwankungen. So ist der **Lebensraum** der anspruchsvollen „Königin der Palmen" auf tropische Küsten beschränkt, und sie wächst nur entlang von Flussläufen etwas ins Landesinnere. Für ihre weltweite Verbreitung sorgt sie selbst, dadurch dass ihre schwimmfähigen Nüsse ins Meer fallen; diese werden dann über Tausende von Kilometern an ferne Strände getragen.

Kokospalmen werden weit über 100 Jahre alt, bringen zwischen dem 12. und 40. Lebensjahr die besten Ernten und werden nach etwa 30 Jahren in den **Plantagen** gefällt, weil das Pflücken dann wegen der zu großen Höhe zu beschwerlich ist. Die Ernte der Nüsse ist nur von Hand möglich.

Die Kokospalme trägt das ganze Jahr über Früchte. Sie produziert 3-6 Nüsse im Monat. Somit ist sie ein Baum, an dem gleichzeitig Blüten und Früchte vorhanden sind.

Die an drei Stellen etwas abgeflachte, leicht kantige **Kokosnuss** ist von einer gelbgrünen, lederartigen Oberhaut überzogen. Nach innen hin folgt die mehrere Zentimeter dicke, braune Bastschicht aus Kokosfasern und darunter erst die den eigentlichen Samen bildende, hohle Kokosnuss, die mit einer Steinschale überzogen ist. Die Innenseite trägt das ein bis zwei cm dicke Fruchtfleisch, in diesem Hohlraum befindet sich auch das Kokoswasser.

Seit alters her hat die Kokospalme der einheimischen Bevölkerung alles gegeben, was in tropischen Breiten zur Lebenserhaltung notwendig ist. Stämme und Wedel dienen als Baumaterial. Aus der Basthülle der Nüsse werden Matten und Seile hergestellt, aus der harten Schale fertigt man Schmuck und Musikinstrumente.

Palmzucker und **Palmwein** wird aus eingekochten Blütenkolben gewonnen.

Das ölhaltige Fleisch der Kokosnuss wird weltweit zur Herstellung von Speisefett und Margarine verwendet.

Wer in einem Schlemmerlokal **Palmherzen** als Delikatesse isst, der muss wissen, dass er damit den Tod einer Kokospalme verursacht: Palmherzen sind die nur einmal je Baum ausgebildeten Endknospen, aus denen heraus die Palmen weiterwachsen.

Der Name der Nuss stammt von dem portugiesischen Wort *quoque,* das soviel wie „Affe" bedeutet; als portugiesische Seefahrer die Frucht das erste Mal mit in die Heimat nahmen, erinnerte sie die Behaarung an einen Affen.

Mango

Die ursprüngliche Heimat der Mango ist das tropische Asien. Die Bäume werden über 20 m hoch, haben riesige, ausladende Kronen und dunkelgrüne, längliche Blätter. Die Blüten sind grün, die Früchte grüngelb bis rötlich und sehen aus wie Riesenpflaumen. Das Fruchtfleisch ist gelb und sehr süß. In unreifem Zustand werden Mangos oft zu einem scharfen Chutney gekocht, das Holz nimmt man zum Schiffsbau.

Maniok, Tapioka, Cassava

Diese Knolle ist sehr stärkehaltig und war schon bei den Arawakindianern bekannt. Sie ist innen weiß mit graubrauner Schale, sie wird gekocht oder gebraten, und das Mehl wird zum Brotbacken verwendet. Die wilde, bittere Sorte muss vor dem Kochen durch Schälen und Einweichen entgiftet werden.

Papaya

Aus Mexiko und Südamerika kommt der Papayabaum. Der Stamm ist gerade und meistens ohne Verästelung. Der Baum hat eine ausladende Krone aus großen, gelappten Blättern. Die Früchte hängen unter der Krone direkt am Stamm. Sie sind länglich, bis zu 50 cm lang und in reifem Zustand gelb. Das Fruchtfleisch ist rotorange. In der Mitte sind viele kleine, weiche, runde Kerne, die aussehen wie zu groß geratener Kaviar. Auf manchen Inseln werden die Blätter gekocht und als Gemüse gegessen. *Columbus* schrieb bereits, dass die Indianer der Inseln ihre Kraft und Stärke aus der Papayafrucht hatten *(Fruit of the angels)*.

Pineapple, Ananas

Die Ananas ist eine Pflanze der West Indies und war schon bei den Kariben-Indianern beliebt. Aus einer Rosette wächst ein Schaft mit Blütenstand. Bis zur reifen Ananas dauert es 10-12 Monate, danach stirbt die Pflanze ab. Die Ananas wird zur Herstellung von Desserts und Getränken verwendet, aber auch mit Fleisch zusammen gekocht.

Royal Palm

Die aus Kuba stammende **Königspalme** hat einen glatten Stamm mit einer Verdickung im oberen Teil. Die Blätter sind bis zu 5 m lang, und die anfangs von einem Blatt umhüllten Fruchtstände wachsen aus dem Schaft heraus.

Sea Grape, Seetraube

Dieser Baum ist meistens als Busch an den Stränden zu finden und hat große, runde, hellgrüne Blätter sowie pinkfarbene, wickenähnliche Blüten. Die Trauben sind erst hellgrün, dann dunkelviolett, sie schmecken leicht säuerlich und werden gern zu Marmelade verarbeitet. Einige Historiker sagen, dass dies der erste Baum war, den *Columbus* bei seiner Ankunft in der Karibik sah.

Soursop, Stachelanemone

Das Herkunftsland dieses Baumes ist das tropische Amerika. Die große, bis zu 2 kg schwere, herzförmige Frucht hat weißes, süßsaures Fruchtfleisch und viele schwarze Kerne. Sie wird gern zur Herstellung von Getränken, Desserts und Eiscreme verwendet.

tr_114 Foto: esm

Süßkartoffel

Die Süßkartoffel ist ein rankendes, kartoffelähnliches Gemüse aus Südamerika. Die Schale der Knollen ist rosa bis braun, das Fruchtfleisch weiß bis orange. Sie wird in der Karibik gern für Kartoffelsalat verwendet, schmeckt aber auch gebraten oder gekocht sehr gut.

Taro, Dasheen

Diese Speisepflanze kommt aus Ozeanien. Die herzförmigen Blätter werden bis zu 1 m hoch und als Callalloo gekocht. Die großen, stärkehaltigen, dunkelbraunen Knollen sind die Kartoffeln der Tropen.

Travellers Tree

Der Baum sieht aus wie ein riesiger Fächer. Er wird häufig als Palme eingeordnet, ist aber mit der Banane verwandt und stammt ursprünglich aus Madagaskar.

Weihnachtsstern, Poinsettie pulcherrima

Dies ist die wohl schönste Pflanze aus der Familie der Wolfsmilchgewächse. Wie bei der Bougainvillea sind auch hier nicht die farbigen Blätter die Blüte, sondern die eher unscheinbaren gelben Stempel und Fruchtknoten. Der weiße Milchsaft aus den Stengeln ist giftig. Was man bei uns zu Weihnachten im Blumentopf kauft, ist in seiner Heimat Mexiko, in Mittelamerika und auf den karibischen Inseln

Bougainvillea

ein bis zu 4 m hoher immergrüner Strauch. Ihren botanischen Namen bekam die Pflanze von dem Botschafter *Poinsett* aus South Carolina. Er brachte den Weihnachtsstern in der Mitte des 19. Jh. von Mexiko nach Europa.

Zuckerrohr Zuckerrohr ist eine wahrscheinlich aus Neuguinea stammende tropische Süßgrasart, die schon vor der Zeitwende in Indien kultiviert wurde. Zwischen 700 und 900 n. Chr. wurde das Zuckerrohr durch die Araber, die die in Indien erfundene Raffinationsmethode verbessert hatten, in den Mittelmeerraum und von hier durch Spanier und Portugiesen nach Mittel- und Südamerika gebracht. Noch zu Beginn der Neuzeit galt Zucker in Europa als teurer Luxusartikel, bis 1747 die Zuckergewinnung auch aus der nichttropischen Zuckerrübe entdeckt wurde.

Zuckerrohr ist ein bis zu 7 m hohes Gewächs mit 1-2 m langen, schmalen, an Bambus erinnernden Blättern, das bei Temperaturen von 25-26 Grad Celsius und 1500-1800 mm Niederschlag pro Jahr optimale Bedingungen hat.

Den Zucker enthält das weiße Mark (10-20% Zuckergehalt) der 2-7 cm dicken Halme (Rohre).

Je nach Klima und Wachstumsbedingungen kann Zuckerrohr 10-24 Monate nach der Pflanzung geerntet werden. Hierbei werden die Halme heute meist noch mit der Hand möglichst weit in Bodennähe geschlagen (weil in den unteren Teilen der höchste Zuckergehalt ist) und so schnell wie möglich zur Weiterverarbeitung in Zuckermühlen gebracht. Diese sind wesentlicher Bestandteil der Zuckerrohrplantagen, da bei tropischen Temperaturen der Zuckergehalt der Rohre schnell absinkt. (S.a. Exkurs „Zucker- und Rumherstellung" im Kapitel „Essen und Trinken.")

Die Tierwelt

Bei der Entdeckung der Inseln gab es besonders auf Trinidad noch einige Arten von **Säugetieren** wie Affe, Waschbär, Hase, Ozelot, Jaguar, Fischotter, Moschusschwein, Hirsch, Gürteltier und wilder Hund. Sie sind heute alle so gut wie ausgerottet, bzw. sie sind so scheu, dass man sie kaum zu sehen bekommt.

Die einzigen **Affen,** die man heute noch vereinzelt in Trinidads Wäldern findet, sind rotbraune Brüllaffen und weiße Kapuzineräffchen.

Außerdem gibt es hier auch noch vereinzelt **Rotwild, Wildschweine** *(Quenks)* oder Nabelschweine *(Pekaris)*. Diese Schweine haben Ähnlichkeit mit anderen Wildschweinen und werden auf Tobago auch *Wild Hog* oder ebenfalls *Quenk* genannt. Sie leben in kleineren Gruppen im Wald und ernähren sich von Wurzeln und Früchten. Die Weibchen bekommen einmal im Jahr zwei Junge.

Ozelot

Nur vereinzelt trifft man in Trinidads Wäldern den Ozelot. Diese amerikanische Raubkatze erreicht eine Länge von ca. 1 m und wurde wegen ihres Felles fast ausgerottet. Sie ernährt sich von Vögeln und Kleintieren.

Krabbenwaschbär

Der Krabbenwaschbär, ebenfalls ursprünglich in Südamerika beheimatet, hat ein dünneres Fell als die anderen Waschbärenarten und schwimmt gern in Flüssen ebenso wie im Meer. Er lebt gern in Waldgebieten mit einem Fluss oder See. Die Hauptnahrung dieser Waschbärenart sind, wie der Name schon sagt, Krabben. Auf Tobago wird der Krabbenwaschbär **Raccoon** genannt.

Kleiner Ameisenbär

Der kleine Ameisenbär, **Tamandua,** lebt teilweise am Boden und teilweise auf Bäumen. Man trifft ihn hauptsächlich am Waldrand. Er geht nur nachts auf Nahrungssuche. Der Ameisenbär kann bis zu 60 cm lang werden mit einer zusätzlichen Schwanzlänge von ca. 35 cm. Den Beinamen „Stinker des Waldes" bekam der Ameisenbär, weil er bei Aufregung einen ziemlich großen Gestank verbreitet. Er ernährt sich ausschließlich von Termiten und Ameisen.

Opossum

Das Opossum, auf Tobago unter dem Namen **Manicou** bekannt, ist eine Beutelratte und erreicht die Größe unserer Hauskatzen. Das Opossum hat ein sehr struppiges Fell in Weiß-, Schwarz- und Brauntönen und einen langen, nackten Schwanz; ganz entfernt ist es mit dem Kängeruh verwandt. Nach 13 Tagen Tragezeit bringt das Weibchen ca. 25-40 Junge zur Welt, die noch nackt und blind sind und schnell in den Beutel der Mutter kriechen. Später sitzen die Kleinen bei der Mutter auf dem Rücken. Manicous kommen auf der Suche nach Futter bis zu den Häusern und manchmal auch hinein, sie sind Allesfresser.

Gürteltier

Das Neunbinden-Gürteltier wird auf Tobago auch **Armadillo** oder **Tatu** genannt. Es lebt bevorzugt in Höhlen in Flussnähe. Das Gürteltier ist ungefähr 50 cm lang und hat einen mit Knochenringen bedeckten Schwanz von etwa derselben Länge. Bei Gefahr rollt es sich zusammen. Das Tatu bekommt immer vier Junge gleichen Geschlechts, die

tr_117 Foto: esm

bereits mit sechs Monaten fortpflanzungsfähig sind. Das Gürteltier ist fast blind und verlässt sich bei der Futtersuche ausschließlich auf seinen Geruchssinn. Es ernährt sich von Insekten und Würmern und kann diese bis zu 20 cm tief im Boden aufspüren.

Agouti

Es gibt zwei Arten dieser mittelgroßen Nagetiere. **Pakas** und **Goldagoutis.** Die Pakas sind etwas größer als die Goldagoutis und sind Nachttiere. Goldagoutis sind dagegen vorwiegend am Tag unterwegs. Beide Arten haben keinen oder nur einen kleinen Schwanz und sind Pflanzenfresser. Sie leben in Erdlöchern und können das erstaunliche Alter von zwanzig Jahren erreichen. Die Weibchen bekommen zweimal im Jahr ein Junges.

Fledermäuse, Bats

Fledermäuse, die eigentlich Fledertiere heißen und mit den Mäusen nichts zu tun haben, kommen häufig in den Tropen vor. Es sind die einzigen Säugetiere, die fliegen können, und es gibt über 800 Arten. Die großen, mit einer Spannweite bis zu 1,50 m, nennt man **Flughunde.** Einige Arten ernähren sich hauptsächlich von Früchten, andere fressen Insekten oder Kleintiere, einige fangen sogar Fische. Fledermäuse sind allesamt Nachttiere, die Tage verbringen sie in Höhlen oder an dunklen Orten. Sie hängen beim Schlafen mit dem Kopf nach unten. Auf den karibischen Inseln, besonders auf Trinidad, findet man viele Sorten mit Flügelspannweiten von 10 cm bis 1 m. Die kleinen Fledermausarten kann man

Leguan

tagsüber in allen Höhlen, in Ställen und in leeren Häusern sehen. Unmittelbar nach Sonnenuntergang fliegen sie überall herum. Die Flughunde bekommt man seltener zu Gesicht. Auf T&T gibt es 62 verschiedene Arten von Fledermäusen, darunter auch den **Vampir.** Sie saugen nachts Blut aus Kühen oder Schafen. Gefährlich für den Menschen sind sie nur als Bakterienüberträger.

Haustiere

Kühe auf der Wiese, Ziegen und Schafe am Straßenrand, Hühner mit Küken, Hund- und Katzenfamilien in jedem Dorf, ein Anblick, den ich immer wieder schön finde und der bei uns leider selten geworden ist.

Den Touristen wird von allen Haustieren vermutlich der **Hahn** am deutlichsten in Erinnerung bleiben. Er ist weit verbreitet, und besonders auf Tobago findet man in jedem Dorf Hähne in großer Zahl. Wenn der erste kurz vor Sonnenaufgang anfängt zu krähen, setzen nach und nach alle übrigen ein. An diesen lautstarken Morgengesang müssen sich viele Urlauber erst gewöhnen.

Eine Reihe von **Reptilien- und Amphibienarten** ist auf den Inseln beheimatet. Darunter allein auf Tobago 13 Froscharten, 16 Arten von Echsen, 21 Schlangen- und drei Arten von Meeresschildkröten.

Frösche

Mehr zu hören als zu sehen sind die **Pfeiffrösche,** die jeden Abend mit den Grillen zusammen ein Konzert veranstalten. Vor Regenfällen sind sie noch lauter als sonst und pfeifen die halbe Nacht. Die Laubfrösche und großen Kröten zeigen sich schon eher.

Geckos, Lizards, Leguane

Diese **Echsenarten** sind harmlos und in unterschiedlichen Größen in jeder Ecke anzutreffen.

Ganz hellbeige Exemplare laufen nachts über die Decke in der Küche, ein dicker, dunkler wohnt unter dem Koffer, und von draußen kommen kleine, schlanke, grünschillernde. Sie leben unter jedem Stein, sonnen sich oft an Baumstämmen und lassen sich herrlich beobachten. Die größeren Echsenarten, Leguane, ähneln ausgestorbenen Urtieren und kommen in über hundert Arten in der Karibik vor.

Grüner Leguan

Die größte auf den Inseln lebende Echse ist der grüne Leguan. Er wird 1-2 m lang und hat einen Rückenkamm mit abgeflachten Stacheln. Die Jungtiere sind hellgrün, später bekommen sie schwarze Querstreifen (wenn sie nicht vorher schon im Kochtopf landen). Der grüne Leguan kann gut klettern und schwimmen und ernährt sich von Pflanzen. Das Weibchen legt 30-40 Eier in eine Erdhöhle aus der nach drei Monaten die Jungen schlüpfen.

Leider gilt der Leguan hier als Delikatesse und wird trotz des Verbotes überall gejagt. Hauptsächlich die Jugendlichen stellen diesen Tieren nach und geben nicht eher Ruhe, bis sie das meist noch sehr junge Tier gefangen haben. Auch hier wären dringend Schutzprogramme erforderlich.

Lederschildkröten

Jedes Jahr im April und Mai kommen an einigen Stränden Trinidads und Tobagos die Lederschildkröten zur Eiablage; an Trinidads Ostküste an den Strand von *Matura,* an der Nordküste bei *Toco, Tacarib* und *Las Cuevas.* Auf Tobago kommen die Schildkröten an die Strände von *Speyside* und *Charlotteville* sowie in die *Courland-Grafton Bay* und *Bloody Bay.*

Am besten sehen kann man die Eiablage der Schildkröten auf Tobago am *Grafton-* und *Turtlebeach.* Die Gäste von Grafton Beach Resort und Turtle Beach Hotel werden auf Wunsch nachts geweckt, wenn eine Schildkröte an Land kommt.

Die **Leatherbackturtle** ist mit ihren bis zu 2,5 m Länge und ihrem Gewicht von bis zu 500 kg die größte Schildkröte der Erde. Sie hat keine Krallen und keine Hornschilder, aber eine dicke Lederhaut, ihr Panzer ist stark zurückgebildet.

Bis heute ist unklar, wie alt diese mächtigen Tiere werden, und auch wo ihre Paarung stattfindet, weiß man nicht.

tr_118 Foto: esm

Während die Männchen nach ihrer Geburt nie wieder an Land zurückkehren, legen die weiblichen Schildkröten viele tausend Seemeilen bis zu ihrem Geburtsort zurück, um die Eier abzulegen.

Es ist ein unvergessliches Erlebnis, zu beobachten, wie die Tiere nachts bei auflaufendem Wasser mühsam und laut schnaufend an den Strand kriechen. Man sieht ihnen die Anstrengung an, wenn sie mit den Vorderflossen den Sand an die Seite schaufeln und am Strand nach einem geeigneten Platz suchen. Während dieser Zeit sollte man das Tier nicht durch Licht oder laute Geräusche stören, da es sonst leicht die Orientierung verliert. Wenn die Schildkröte die richtige Stelle gefunden hat, gräbt sie mit den Hinterflossen ein ca. 1 m tiefes Loch als Bruthöhle, in welche sie dann ca. 100-150 golfballgroße, weiße Eier mit einer harten Schale legt. Während dieser Phase kann man die Schildkröte aus nächster Nähe betrachten, ohne dass sie sich gestört fühlt.

Nach der Eiablage schaufelt sie ihr Nest mit den Hinterflossen wieder zu. Dann dreht sie schwerfällig ihren massigen Körper wieder in Richtung Meer und kriecht langsam zum Wasser zurück. Hierbei darf sie auch nicht gestört werden, und es ist eine Unsitte mancher Leute, zu versuchen, auf ihrem Rücken zu reiten. Während dieses mehrstündigen Prozesses hört man die Schildkröte ständig vor Anstrengung schnaufen, dabei läuft Wasser aus ihren Augen, und es scheint, als ob sie weint.

Nach ca. 6 Wochen schlüpfen Jungtiere. Sie sind schwarz und haben weiße Streifen auf dem Rücken. Eiligst versuchen sie, im Morgengrauen das Meer zu erreichen, dabei werden schon die ersten von Hunden oder Fischen gefressen. Insgesamt wird nur eines von 20.000 Babys erwachsen.

Die Lederrückenschildkröten sind geheimnisvolle, wunderbare Tiere aus der Urzeit. Sie können eine Tauchtiefe von über 1.000 m erreichen und kommen nur zum Luftholen an die Oberfläche. Sie haben einen lichtempfindlichen Fleck an der Kopfoberseite, darunter liegt ein Stirnauge, das als Sonnenkompass dient und beim Navigieren wichtiger als das Seitenauge ist.

Die *Leatherbackturtle* ist vom Aussterben bedroht, und wie fast immer ist der Mensch daran Schuld.

Krokodilkaiman

Der Krokodilkaiman wird 1,5-2 m lang. Die Population geht drastisch zurück, weil er wegen seiner Haut gefangen oder auch als Haustier gehalten wird. Das Weibchen legt ca. 30 Eier in ein Nest aus verrotteten Pflanzen.

Der Krokodilkaiman lebt in einigen Gewässern in Trinidad und im Hillsboroughdamm in Tobago.

Riesenmanta

Der Riesenmanta oder Teufelsrochen erreicht eine Länge von über 5 m und eine Flügelflossenspannweite von fast 7 m. Er ist damit der größte Rochen der Erde. Der Kopf ist breit und hat zwei seitliche Fortsätze, die bei der Nahrungsaufnahme wie eine Schaufel benutzt werden. Der Manta ernährt sich von Plankton und kleinen Krebstieren und bringt lebende Junge zur Welt.

Die Begegnung mit dem majestätisch durchs Wasser gleitenden Riesenmanta gehört wohl zu den aufregendsten Tauchererlebnissen überhaupt. Vorkommen: Tobago, bei Speyside und Charlotteville.

Auf Trinidad gibt es im Gegensatz zu Tobago, wo nur harmlose **Schlangen** leben, drei Arten von Giftschlangen:

Far de Lance

Diese hochgiftige Schlange wurde eingeführt, um entlaufene Sklaven zu töten. Sie kann über 2 m lang werden und hat eine beigebraune Haut mit schwarzer Maserung. Mit ihren goldenen Augen und der Stupsnase sieht sie aus, als ob sie lacht. Bevor sie Schmerzen erleidet, tötet sie sich selbst durch ihren giftigen Biss.

Korallenschlange

Auf Trinidad leben zwei Arten von Korallenschlangen.

Die falsche Korallenschlange, auch **Königsnatter** genannt, ist ungiftig. Sie hat farblich auffällige Querringe in den Farben, rot-weiß-schwarz-weiß-rot.

Die echte Korallenschlange ist giftig und hat ebenfalls die farbigen Querringe, allerdings in einer anderen Reihenfolge, rot-schwarz-weiß-schwarz-rot.

Buschmeister

Diese Schlange ist die giftigste auf Trinidad. Ihr Biss ist sehr tief und führt ohne Verabreichung eines Gegengifts innerhalb weniger Stunden zum Tod. Die Schlange wird bis zu 3 m lang und hat eine einfarbig gelbe Unterseite. Ihre Haut ist gelbbraun bis rötlich und hat dunkle dreieckige Flecke.

Von der tropischen **Insektenwelt** bieten für den Laien die Glühwürmchen das wohl interessanteste Schauspiel.

Glühwürmchen, Candlefly

Besonders zum Jahresanfang sieht man nachts Tausende von kleinen Lichtern zwischen den Bäumen, im Gras und manchmal sogar im Haus. Von den über 2.000 Arten der **Leuchtkäfer** leben die meisten in den Tropen. Die Käfer haben an der Bauchseite gelbliche Flecken, die Luziferin enthalten. Durch einen Verbrennungsprozess entsteht Licht, von gelbgrün bis orange. Das Leuchten gilt der Auffindung des jeweils anderen Geschlechts. Die Arten in den Tropen veranstalten durch ihr Aufleuchten in Intervallen märchenhafte Lichterspiele. Selbst die Eier und Larven leuchten schon, und man hat auch schon Frösche beobachtet, die zu leuchten begannen, nachdem sie viele Glühwürmchen gefressen hatten.

Da Trinidad und Tobago sehr nahe am südamerikanischen Festland liegen und über Urwald und Mangroven, Savannen, Marschland und Wasserfälle verfügen, hat sich hier eine ähnlich vielfältige **Vogelwelt** wie auf dem Festland entwickelt. Viele Vögel sind eingewandert, einige kommen nur auf dem Durchflug oder zum Überwintern. Über 400 Vogelarten leben auf Trinidad, 180 Arten auf Tobago. Einige Sorten gibt es nur auf Trinidad und rund 20 verschiedene leben nur auf Tobago.

Beide Inseln haben **Vogelschutzgebiete** und viele Stellen, von denen aus man Vögel beobachten kann. Little Tobago und die Caroni Swamps sind die bekanntesten. Es gibt sehr gute Bücher mit Beschreibungen der Vögel, Fotos und Karten, in denen die Beobachtungsplätze aufgezeichnet sind.

Ich will hier nur einen kleinen Überblick über die am häufigsten vorkommenden Vögel geben, die jedem Inselbesucher begegnen werden. Beginnen wir mit den Wappenvögeln der beiden Inseln, dem Scarlet Ibis für Trinidad und dem Chachalaca für Tobago.

Scarlet Ibis

Der Scarlet Ibis kommt hauptsächlich auf Trinidad vor; er nistet dort in großen Kolonien in den Caroni Swamps. Er ernährt sich hauptsächlich von kleinen Shrimps, Fischen und Krabben. 1962 wurde er zum Nationalvogel von Trinidad erklärt. Jeden Abend, in der Stunde vor Sonnenuntergang, kommen Hunderte von Vögeln zurück in die Mangroven, ein wahrhaft imposanter Anblick, denn Himmel und Bäume leuchten scharlachrot.

Cocrico, Chachalaca

Dieser 55 cm große truthahnähnliche Vogel war der Wappenvogel von Tobago (da er in Gärten und auf Feldern oft alles kahlfrisst wurde er durch den Kolibri ersetzt). Er ernährt sich von Früchten, und sein „Cocrico"-Ruf ist in den Morgenstunden überall zu hören. Wenn er zu laut schreit, ist das meistens ein Zeichen dafür, dass es Regen gibt.

Tanager

Von der Familie der Tanager findet man etliche Sorten auf den Inseln. Der bekannteste ist der Blue-grey Tanager, im Volksmund „Blue Jean" genannt. Die Unterseite ist hellblau, Flügel und Schwanz leuchtend blau. Er ernährt sich von Früchten und einigen Gemüsesorten. Er ist auffällig durch seine Farbe und im Gegensatz zu den braunen und schwarzen Genossen seiner Familie nicht zu verwechseln mit dem grünen Palm Tanager.

Kolibri, Humming-bird

19 verschiedene Arten von Kolibris gibt es auf Trinidad, 7 auf Tobago. Diese höchstens 10 cm großen Vögel ernähren sich von Blütennektar und sind oft bei Hibiskusbüschen zu sehen. Der bekannteste ist der „Cooperrumpet", ein wunderschön schillernder Vogel (Hauptfarbe Grün).

Bulcus Ibis

Aus Afrika eingewandert ist der **Kuhreiher,** ein weißer Ibis, der sehr häufig am Straßenrand bei Rindern oder Schafen zu sehen ist, da er die Insekten aufpickt, die von den Tieren aufgescheucht werden.

Bananaquit

Nicht zu übersehen ist der 10 cm große gelb-schwarze Bananaquit, im Volksmund **Sugarbird** genannt. Er ähnelt der Kohlmeise und ernährt sich von Fruchtnektar. Seinen Spitznamen hat er bekommen, weil er sehr zutraulich ist und zum Zuckerstibitzen auch in die und Wohnungen kommt.

Carib Cracle

Er ist der bekannteste Vogel auf den Inseln, nicht sehr beliebt, laut, frech und überall anzutreffen. Er wird auch **Black Bird** genannt, ist glänzend schwarz und überall dort zu finden, wo Leute essen. Hier fordert er lautstark seinen Anteil und schreckt auch nicht davor zurück, gleich mit am Tisch zu frühstücken.

Papagei

Von Südamerika aus eroberten die Papageien, englisch **Parrots**, nach und nach die Karibik. Von Insel zu Insel entstanden hier neue spezielle Arten, von denen einige vom Aussterben bedroht sind.

Der einzige Amazonas-Papagei auf Trinidad & Tobago ist der *Orang-winged Parrot.* Seine Hauptfarbe ist Grün, mit etwas Blau und Orange an Kopf und Flügeln. Er hat einen kurzen Schwanz und lernt gut sprechen.

In kleinen Gruppen sieht man oft den *Green-rumpet Parrolet,* einen nur ca. 13 cm großen Minipapagei in leuchtend grün, mit etwas blau an den Flügeln.

Oilbird

Der Ölvogel ist ein 45 cm großer Vogel, der sich von Früchten ernährt, aber nur nachts auf Futtersuche geht (s. Exkurs *Asa Wright Nature Centre*).

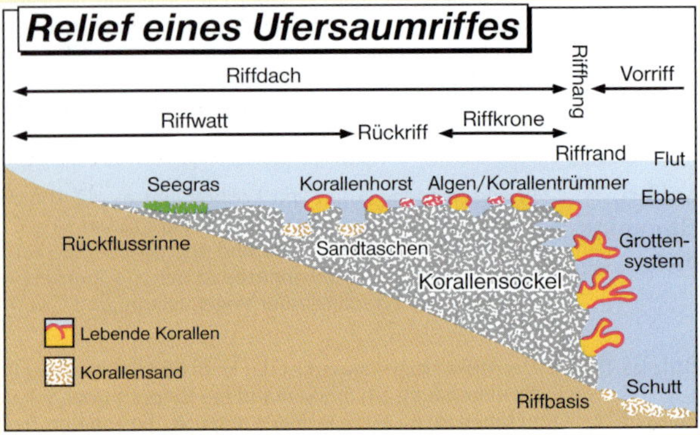

Korallenriffe

Die tropischen Korallenriffe haben eine ähnliche **Artenvielfalt** wie der Regenwald. Sie sind sehr empfindlich und können nur existieren, wenn ihr biologisches Gleichgewicht nicht gestört wird.

Korallen sind kleine Tiere, die zu den ältesten tierischen Lebensformen überhaupt gehören. Sie haben über 200 Millionen Jahre die Riffe und sogar ganze Inseln gebaut.

Weltweit sind heute 700 Korallenarten bekannt, von denen man 65 Arten in der Karibik findet. Dabei unterscheidet man 2 Sorten, die **soft** (weich) oder **horny Corals** (Gorgonians) und die **hard** (hart) oder **stony Corals** (Sclaratinians). Die Steinkorallen, besonders die **Brein-** und **Star Corals,** bilden das Riff.

Die Korallenpolypen sind zylinderförmige, gallertartige Hohltiere, die mit ihrer Fußscheibe am Untergrund fixiert sind. Sie haben einen Durchmesser von höchstens 1 cm, und an ihrer Oberseite befinden sich ein Maul und kleine Tentakeln, mit denen sie Plankton und andere Mikroorganismen aufnehmen. Durch Knospung (ungeschlechtliche Vermehrung), Ausscheidung und Absterben wächst so ein Kalkgehäuse mit Kammern und Querböden um ca. 1 cm im Jahr. Die Korallen leben zu Millionen zusammen und in Symbiose mit einigen Algen. Korallen sind sehr empfindliche Lebewesen, die nur in warmem (20-30 Grad Celsius), klarem Wasser und mit Sonnenlicht leben können. Daher findet man lebende Korallen nur bis höchstens 60 m Tiefe. Es gibt vier unterschiedliche Arten von Korallenriffen: Atolle, Saum-, Plattform- und Barrierriffe.

In der Karibik findet man **Saumriffe.** Das Riff wächst in Richtung Meer und säumt die Küste.

Die **Strände** der Korallenriffe bestehen aus weißem, etwas grobem Sand, bei dem man gut erkennen kann, da es sich um zermahlene Korallen handelt. Der sandige Boden setzt sich unter Wasser fort und geht dann in eine Seegraswiese über. Je mehr man sich der Riffkante nähert, um so mehr Fische und Korallen sieht man und um so farbenprächtiger wird die Unterwasserwelt: Falten-, Finger-, Hirschhorn- und Feuerkorallen, Seesterne, Seegurken, Seelilien, Lobster, Shrimps, Krabben, dazwischen Schwämme, Gorgonien, Fächerkorallen und Sea Rod. Es gibt Seeigel, Seewürmer, bis zu 60 cm lange Flügelschnecken und eine Vielzahl von Muscheln, außerdem Sergeant-, Angel,- Papageien-, Jack-, Doktor- und Portfische, um nur einige zu nennen.

Die **Riffkante** erkennt man schon von weitem an der schäumenden Brandung. Hier ist das Gebiet des Gerätetauchers. In dieser Region kommt noch eine Vielzahl anderer Fische hinzu sowie die Säulenkoralle und die schwarze Edelkoralle, die zur Herstellung von Schmuck verwendet wird. Hinter dem Riffabhang beginnt das offene Meer mit einer wiederum anderen Unterwasserwelt.

Das Riff ist durch den Menschen und die Umwelteinflüsse stark gefährdet. Die Einleitung ungeklärter Abwässer, das Ankern von Schiffen sowie Trophäenjäger gefährden die Existenz der Korallenriffe, aber auch große Wellen und Stürme richten Schäden an.

Ebenso wie der Regenwald birgt das Riff vieles, was der Menschheit bei der Bekämpfung gefährlicher Krankheiten helfen kann. Deshalb werden immer mehr Riffzonen zu Unterwasserschutzgebieten erklärt.

Generell gelten folgende **Regeln,** die sich auch jeder Tourist zu Herzen nehmen sollte: Keine lebenden Korallen abbrechen, mitnehmen oder auf ihnen herumlaufen; die Korallen nicht mit Booten beschädigen oder diese an ihnen verankern; Gewässer nicht verunreinigen.

Die schönsten Korallenriffe von **Tobago** liegen zwischen dem Pigeon Point und Buccoo sowie in der Tyrrel's Bay bei Speyside und in der Man O' War Bay bei Charlotteville

Wer sich mit den Riffen und seinen Bewohnern theoretisch näher beschäftigen möchte, findet vor Ort eine gute Auswahl kleiner, bebilderter **Bücher.**

Mot-Mot

Der Mot-Mot ist 45 cm groß und wird im Volksmund *King of the wood* genannt. Der Kopf ist schwarz-türkis, die Brust rötlich, der Körper grünlichbraun. Auffällig sind die langen Schwanzfedern. Er ist nicht sehr scheu und daher leicht zu beobachten.

Frigatebird

Oft an der Küste zu sehen sind die großen Fregattvögel. Sie sind schwarz mit weißer Brust, haben eine Länge von 1 m und eine Flügelspannweite von über 2 m. Im Volksmund heißen sie auch *Man-o'-War Bird.* Sie ernähren sich von Fisch und sind Meister darin, anderen Vögeln die Beute im Flug abzujagen. Zur Balzzeit blähen die Männchen einen roten Kehlsack auf, um die Weibchen anzulocken. Sie brüten auf der kleinen Insel St. Giles bei Tobago.

Pelikan

Der 120 cm große braune Pelikan kommt an der Küste beider Inseln vor, besonders auf Trinidad im Golf von Paria und auf Tobago am Turtle Beach Hotel. Sie sitzen oft auf verankerten Fischerbooten oder stürzen sich pfeilgerade aus der Luft ins Wasser, um Fisch zu fangen. Sie nisten in Bäumen und fliegen bei Sonnenuntergang in langer Reihe an der Küste entlang zu ihren Nestern.

Informationen zu giftigen Pflanzen und Tieren siehe Kapitel „Gesundheit".

Der Regenwald

Die Regenwälder ziehen sich als **grüner Gürtel in Äquatornähe** um die Erdkugel.

Man unterscheidet die **Mangrovenwälder,** die am Meer oder an Flussläufen zu finden sind, den **Tieflandregenwald** bis 900 m Höhe und den **Bergregenwald** über 900 m, auch Nebelwald genannt, da die oberen Regionen in Folge von Wärme und Regen meist nebelverhangen sind.

Lebensraum Regenwald

Der Regenwald ist ein eigenes, äußerst sensibles **Ökosystem,** das nur unter ganz bestimmten Bedingungen existieren kann. Nirgendwo sonst findet man eine so große Vielzahl von Tieren und Pflanzen beieinander. Die meisten von ihnen sind den Menschen bis heute unbekannt.

Photosynthese

Besonders wichtig ist der Regenwald für das **Klima der Erde.** So existiert unsere Atmosphäre in erster Linie durch die Photosynthese, also die Umwandlung von Kohlendioxyd und Wasser mit Hilfe des Sonnenlichtes in Sauerstoff und Kohlenhydrate. Die Photosynthese findet zwar in allen Grünpflanzen statt, den größten Anteil daran haben aber immer noch die Regenwälder.

Aufbau des Regenwaldes

Die immergrüne Pracht signalisiert einen **fruchtbaren Boden,** der allerdings nur solange fruchtbar bleibt, wie der Wald auf ihm steht. Der Boden des abgeholzten Waldes wird sehr schnell unfruchtbar. Die Bäume sammeln mit ihren Wurzeln Wasser und pumpen es durch den Stamm bis in die Baumkrone. Hier verdunstet es und bildet neue Regenwolken. Herabfallende Blätter und andere organische Stoffe verrotten am Boden und werden von Mikroorganismen zu Nährstoffen aufbereitet, die den Pflanzen mit dem Wasser wieder zugeführt werden.

Der Regenwald wird von Botanikern in **drei Stockwerke** aufgeteilt. Im unteren findet man überwiegend Farne, Helikonien, Kräuter, Moose, Flechten, Anthurien und junge Bäume. Das mittlere Stockwerk umfat eine Höhe von 5-20 m. Hier kommen Palmen, Lianen und heranwachsende Bäume vor. Die obere Etage reicht von 20-50 m. Hier findet man Urwaldriesen und Kletterpflanzen.

Abholzung

Der Regenwald wird weltweit abgeholzt und verbrannt, was über kurz oder lang zu einer **Klimakatastrophe** führen wird. Die meisten Regenwaldgebiete der Antilleninseln stehen unter Naturschutz. Die Inselregierungen wissen von der Wichtigkeit der Wälder und lassen sie nicht abholzen. Daran sollten sich andere Länder ein Beispiel nehmen.

tr_19 Foto: esm

Staat und Gesellschaft

Staatssymbole

Die beiden Inseln bilden eine unabhängige Republik. Die **Nationalflagge** wurde zum ersten Mal offiziell am 31. August 1962 gehisst. Rot symbolisiert den Mut und die Lebenskraft des Volkes, aber auch Kraft und Wärme der Sonne. Der weiße Balken steht für das Wasser des Meeres, aber auch für die Reinheit der nationalen Bestrebungen. Der darüberliegende schwarze Balken gilt als das Symbol für Stärke, nationale Einheit und Tatkraft.

Das **Staatswappen** wurde am 9. August 1962 von Königin *Elizabeth II.* verliehen: ein Schild, durch einen silbernen Sparren von Schwarz über Rot geteilt; oben zwei Kolibris, unten drei Karavellen. In den Landesfarben symbolisiert es die Naturreichtümer und das Meer als Verbindung zwischen den Staatsteilen. Die Schildhalter sind die Nationalvögel der Inseln, der Scharlach-Ibis für Trinidad und der Cocrico für Tobago.

Die **Nationalhymne** wurde 1958 erstmals öffentlich vorgestellt und am 31.8.1962 offiziell übernommen. Text und Melodie stammen von *Patrick Stanislaus Castagne:*

Forged from the love of liberty,
In the fires of hope and prayer;
With boundless faith in our destiny,
We solemnly declare:
Side by side we stand,
Islands of the blue Caribbean Sea.

(Geschmiedet durch Liebe zur Freiheit, / Im Feuer der Hoffnung, des Gebets; / Mit festem Glauben an unser Schicksal / Verkünden wir hehr und stolz: / Wir stehen Seit an Seit, / Wir Inseln des blauen Karibischen Meeres.)

Geschichte

Die Zeit vor Kolumbus

Da Trinidad dem südamerikanischen Festland am nächsten liegt, nimmt man an, dass diese Insel auch als erste besiedelt wurde.

Die Indianer von Trinidad und Tobago

Die ersten Einwanderer auf den karibischen Inseln waren unterschiedliche Indianergruppen vom südamerikanischen Festland. Archäologische Funde lassen darauf schließen, dass sich die ersten Gruppen bereits 5 000 v. Chr. hier ansiedelten. Da Trinidad und Tobago am nächsten am Festland Südamerikas liegen, wurden diese Inseln auch als erstes besiedelt. Trinidad ist somit die älteste besiedelte Insel der Karibik. Bereits vor 7200 Jahren kamen die von Archäologe *Meso* „Indianer" genannten **Banwari** Indianer nach Trinidad. Sie siedelten in der Gegend um den Banwari Hill an der Oropouche Lagoon und lebten wahrscheinlich 1500 Jahre auf der Insel. Sie waren Fischer, Jäger und Sammler, überdies auch gute Bootsbauer und sie verstanden viel von Navigation. Auf dem Banwari Trace bei San Francique oder Erin wurde in nur 20 cm Tiefe ein ca. 5400 Jahre altes Skelett gefunden. Der sogenannte „Banwari Man". Es ist der älteste Mensch aus der gesamten Region der westindischen Inseln, sozusagen der „Ötzi" der Karibik. Heute lagert das Skelett gut konserviert in der Universität von Trinidad.

Die älteste Zeichnung eines Indianerdorfes der karibischen Inseln stammt aus dem Jahre 1654. Es wurde von Kapitän *Willem Mollens* gezeichnet und zeigt das Indianerdorf am Lover' Retreat, am Ortsausgang von Plymouth in Tobago. Leider ging das Original verloren. Heute existiert nur noch eine Kopie.

Bei der nächsten Einwanderungswelle kamen höher entwickelte Stämme nach Trinidad. Zuerst die **Arawaks** und dann die **Kariben.** Die Indianer der westindischen Inseln schufen keine so spektakulären Bauwerke wie z.B. in Peru. Nur wenige Funde wie Steinwerkzeuge, Kunstgegenstände und kunstvolle Keramikgefäße sind erhalten geblieben. In der Landwirtschaft sind heute Nutzpflanzen wie Ananas, Tabak und Maniok eine Hinterlassenschaft dieser Indianerstämme.

Als *Columbus* auf seiner dritten Reise in Trinidad an Land ging, war die Insel von 40.000 Indianern verschiedener Stämme besiedelt. Nepujo, Lokono (Aruaca), Kalinago, Yaino, Chaima, Warao (Warrakoon, Guaraunos, Guarahoon), Kalipuna, Carinepogotos, Garini und Chaguanes. Da hier die Unterscheidung zwischen Arawaks und Kariben so schwierig ist, gingen die Archäologen dazu über die Bewohner der Inseln als **Inselkariben** zu bezeichnen.

Bis heute gibt es in Trinidad über 150 Orte die Indianernamen tragen, z.B. Erin, Mucorapo, Piarco, Mayaro, Cumana, Chaguaramas, Moruga, Ortaire, Orupuche, Nariva, Guayayare, Maraval, Tunapuna, Curepe, Ariapita und Couva. Wer sich für die Indianerkultur interessiert, sollte dem **Indianermuseum Clever Woods** einen Besuch abstatten, oder sich die archäologischen Funde im Nationalmuseum in Port of Spain ansehen.

In der Gegend um Arima leben heute noch Nachfahren der Ureinwohner (www.santarosacaribs.com). Lange Zeit glaubte man, dass in **Tobago** keine Indianer lebten, sondern dass die Insel nur sporadisch von ihnen besucht wurde. Diese Theorie wurde inzwischen widerlegt, denn man fand fast überall auf der Insel Überreste indianischer Siedlungen. Als die Engländer 1757 Tobago zugesprochen bekamen, lebten noch 300 Indianerfamilien auf der Insel. Im Laufe der Jahrhunderte vermischten sie sich mit der schwarzen und weißen Bevölkerung.

Arawak-Indianer

Während die ersten Einwanderer, die *Chiboney* noch Sammler und Jäger waren, die in Höhlen oder großen Gemeinschaftshäusern wohnten, kamen später, **zwischen 100 und 1000 n. Chr.,** die höher entwickelten *Arawak* aus dem Gebiet des Orinoco, die Landwirtschaft betrieben und in Dörfern wohnten.

Da sie keine Schrift besaßen und ihre Geschichte nur in Holz schnitzten oder in Stein ritzten und meißelten, weiß man bis heute wenig über sie:

Sie bauten feste Zeremonienstätten und waren kunstvolle Töpfer. Dies gilt für die unterschiedlichsten Stämme, z.B. für die **Ignerie,** die zur Zeit der Entdeckung auf Trinidad und Tobago lebten. Auf Trinidad machte man in Early Erin Bay und Palo Seco archäologische Funde aus dieser Zeit.

Auf der höchsten Entwicklungsstufe standen die **Taino-Indianer,** eine weitere Gruppe der Arawaks. Sie hatten langes Haar, waren klein und kräftig, meistens nur mit Lendenschurz bekleidet und bemalten ihre Haut mit roter Farbe oder trugen mit Stempeln Ornamente auf. Sie schmückten sich mit Ketten, Gürteln und Armreifen aus Ton, Stein und Knochen. Für Ohr- und Nasenringe verwendeten sie auch manchmal Gold.

Die *Taino* lebten in kleinen Haufendörfern, in denen sich die rechteckigen Hütten um das runde Haus des Häuptlings *(Kaziken)* scharten. Kazike stammt von dem Arawakwort *Kassiquam* ab und bedeutet Dorfchef. Gleichzeitig war der Kazike auch der Medizinmann des Dorfes.

Die *Taino* betrieben Feldanbau und kannten ein Bewässerungssystem; außerdem waren sie gute Fischer und Jäger.

Die *Taino* glaubten an ein Weiterleben nach dem Tod und an gute und böse Geister. *Yocahu* war ein guter Gott, der Gott ihrer wichtigsten Nahrungspflanze *Maniok*. Ein böser Gott war *Huracan,* der Wirbelsturm, der uns bis heute als Hurrikan geblieben ist. Sie schliefen in Hängematten, *Hamaca,* im englischen heute *hammok*. Auch *Canoa* (Kanu), *Barbacoa* (Barbecue) und *Tabaco* (Tabak) haben ihren Ursprung in der Taino-Sprache.

Kariben

Als nächstes Einwanderungsvolk kamen die Kariben-Indianer nach T&T. Man nimmt an, dass die ersten im 13 Jh. auf die Inseln kamen. Sie konnten ebenso wie die *Arawak* schnelle Kanus bauen, standen aber auf einer deutlich niedrigeren Entwicklungsstufe.

Die Kariben waren ein sehr **kriegerisches Volk.** Die Männer lebten in einem großen Männerhaus in der Mitte des Dorfes. Sie sprachen eine eigene Männersprache, trugen halbmondförmigen Schmuck in Ohren, Nase und Lippen. Als Waffen hatten sie Keulen und vergiftete Pfeile. Wenn sie auf der Jagd oder auf Kriegszug waren, malten sie sich schwarze Masken auf die Gesichter. Regelmäßig überfielen sie die *Arawaks.* Sie metzelten die Männer nieder und verspeisten Teile von ihnen bei religiösen Zeremonien, da sie glaubten, so die Stärke der Feinde in sich aufzunehmen.

Die Frauen wurden gefangengenommen und mussten zusammen mit den Karibenfrauen in den runden Hütten leben, die sich um das Männerhaus gruppierten. Man glaubte, dass die Kinder, die man mit den Frauen der besiegten hatte, besonders starke Krieger wurden.

Für die Kariben war es nicht besonders schwer, die Arawak zu überfallen, da diese keine Ahnung von Kriegsführung hatten.

Ankunft der Weißen

Im 15 Jh. lebten auf T&T noch beide Indianerstämme. auf Trinidad lebten die Kariben vorwiegend im Norden und im Westen, in der Nähe von Arima, Mucurapo und Port of Spain. Die *Arawaks* lebten im Südosten von Trinidad. auf Tobago gab es zur gleichen Zeit schätzungsweise 1200 Kariben im Westen der Insel und 300 *Arawaks,* die sich in die hügeligen Wälder der Nordküste zurückgezogen hatten.

Als **Kolumbus** 1498 zum erstenmal seinen Fuß auf Trinidad setzte, verweilte er nur wenige Tage auf der Insel und segelte dann in Richtung Norden weiter. Tobago betrat er nie, trotzdem gehen viele Geschichtsschreiber davon aus, dass er es war, der der Insel den Namen Bellaforma gab.

Trinidad stand von nun an unter spanischer Herrschaft, aber die Spanier machten sich nicht die Mühe, die Insel zu kolonialisieren. Für Tobago interessierte sich allerdings zunächst niemand.

Kolumbus empfängt einen Kaziken der Taino-Indianer

Christoph Kolumbus

Christoph Kolumbus wurde 1451 als Sohn eines Weinhändlers in Genua/Italien geboren. Er studierte in Pavia Mathematik, Naturwissenschaften und wahrscheinlich auch Astronomie; jedenfalls beschäftigte er sich intensiv mit **Navigation.** In diesem Bereich gab es damals noch nicht viele Möglichkeiten. Eine Knotenleine (Log) zeigte an, wieviel Knoten das Schiff in der Stunde zurücklegte. Eine Sanduhr diente zur Zeit- und Lagebestimmung. Ferner gab es Kompass, Astrolabium und Jacobsstab, ebenfalls zur Lagebestimmung. Außerdem besaß Kolumbus die genuesische Weltkarte, die genaueste, die es zu dieser Zeit in Europa gab.

Im 15. Jh. bestanden bereits wichtige **Handelsverbindungen** auf dem Land- und Seeweg nach Asien bis hin nach China. Der bekannte Weg war lang, beschwerlich und unsicher, und man wollte gern einen neuen Seeweg nach Indien finden.

Damals herrschte immer noch der Glaube vor, die Welt sei eine Scheibe, und da man bisher nur die Azoren kannte, vermutete man südlich des 27. nördlichen Breitengrades das ewige Feuermeer, da man davon ausging, dass das Meer weiter südlich immer heißer würde.

Kolumbus, überzeugt von der Kugelgestalt der Erde, glaubte, Indien auf dem **Seeweg nach Westen** erreichen zu können. Dieser Gedanke war grundsätzlich richtig, aber Kolumbus ging von einem viel zu geringen Erdumfang aus.

Sechs Jahre lang sprach Kolumbus immer wieder mit seiner Idee beim spanischen Königspaar *Isabella* und *Ferdinand* vor bis er 1484 endlich Erfolg hatte. Spanien brauchte Geld für den Krieg, erhoffte sich von dieser Expedition Reichtümer und bewilligte **drei Schiffe** für Kolumbus erste Reise. Die Schiffe waren klein, sie hatten die Größe einer heutigen mittleren Hochsee-Yacht, und waren nicht besonders atlantikfest. Die *Santa Maria* war 23 m lang und hatte 52 Mann Besatzung, die *Pinta* maß 20 m, und auf der 17 m langen *Nina* waren 18 Mann Besatzung. Die Seeleute waren nicht ohne Angst, schließlich hatte noch nie ein spanischer Seemann den Atlantik in Richtung Westen überquert.

Nachdem die kleine Flotte in Gomera Wasser, Lebensmittel und Holz an Bord genommen hatte, startete sie am 6. Sept. 1492 ins Unbekannte.

Am **12. Oktober 1492** landete die Flotte auf der Bahama-Insel San Salvador. Man glaubte sich auf einer indischen Insel und nannte die hier lebenden Arawak-Indianer. Kurz danach landete die Flotte in Hispaniola, dem heutigen Kuba.

Die Seeleute rauchten mit den Häuptlingen die Friedenspfeife und tauschten Geschenke aus, das erwartete Gold fanden sie jedoch nicht. Am 21. November desertierte der Kapitän der *Pinta* mit Schiff und Mannschaft, um auf eigene Faust Gold zu suchen.

Am 24. Dezember lief die Santa Maria auf ein Riff und zerbrach in zwei Teile. Nun hatte Kolumbus nur noch das kleine Schiff *Nina* für die Rückfahrt. Da dieses mit seinen 17 m nicht für die verbleibende Mannschaft ausreichte, baute man an der Küste die **Festung Navidad,** Weihnachten. Hier blieben 39 Seeleute.

Am 16. Januar 1493 segelte *Kolumbus* zurück und erreichte am 15. März Spanien. Er brachte ein bisschen Gold, einige Indianer und die Syphilis mit.

Noch im selben Jahr startete *Kolumbus* seine *zweite Expedition.* Diesmal waren 1.500 Leute an Bord von 17 Schiffen, zusammen mit Tieren und Saatgut zur Gründung einer Kolonie, sowie einigen Priestern zur Bekehrung der Indianer. Wegen günstiger Windverhältnisse dauerte die Überfahrt diesmal nur 8 Tage. Die Flotte erreichte als erstes Dominica. Am 27. November kam *Kolumbus* zurück nach Hispaniola. Navidad war in der Zwischenzeit von den Kariben überfallen und zerstört worden. Die neue Siedlung baute man nun bei **Cap Haitien.**

Auf Druck der spanischen Regierung wurde von den Indianern Goldtribut verlangt, Karibhäuptling *Caonabe* wurde gefangengenommen und zusammen mit den ersten Indianersklaven nach Spanien transportiert.

Am 30. März 1498 startete *Kolumbus* mit 8 Schiffen zu seiner **dritten Expedition.** Er landete auf **Trinidad** und auf dem südamerikanischen Festland, an der Mündung des Orinoco, und fand wieder kein Gold.

Das meiste Pech hatte *Kolumbus* bei seiner **vierten und letzten Reise.** Er segelte über Martinique und Hispaniola an die Zentralamerikanische Küste, kämpfte gegen Indianer, Unwetter und lange Windstillen, aber er fand diesmal **Gold.** Mit völlig überladenen alten Schiffen strandeten *Kolumbus* und seine Leute am 24. Mai auf dem Sandstrand Santa Gloria in Jamaika. Die Männer mussten ihre an Land gezogenen Schiffe bewachen und ihre letzten Habseligkeiten bei den Indianern gegen Lebensmittel eintauschen.

Einige der Seeleute meuterten und versuchten, mit Gold zu desertieren oder von Hispaniola Hilfe zu holen. Dem Machthaber von Hispaniola war es aber recht, wenn *Kolumbus* auf Jamaika verhungerte, da dieser seiner Meinung nach zu viel Erfolg hatte.

So dauerte es anderthalb Jahre, bis das erwartete Schiff aus Hispaniola kam. *Kolumbus* und seine Leute hatten inzwischen das ganze Gold bei den Indianern gegen Lebensmittel eingetauscht.

Am 7. November 1504 kam *Kolumbus,* schwer an Gicht erkrankt, zurück nach Spanien. Hier starb er am 20. Mai 1506. Bis zu seinem Tode war er der Meinung, den Seeweg nach Indien entdeckt zu haben.

Zwischenzeitlich hatte *Vasco da Gama* Cap Hoorn umsegelt und war über Madagaskar und den Indischen Ozean 1499 nach Calicut in Indien gelangt.

Trinidad in der Kolonialzeit

Am 31. Juli 1498 entdeckte **Christoph Kolumbus** die Insel auf seiner dritten Reise. Wegen ihrer drei Berggipfel nannte er sie Trinidad, Insel der Dreifaltigkeit. Kolumbus ging mit seinen Leuten in der Nähe von Moruga an der Südküste an Land. Dabei stieß er auf die ersten Indianer. Zu seinem großen Glück waren es die friedlichen *Arawaks*. In seinen Aufzeichnungen an die spanische Krone schrieb er von einem fruchtbaren und grünen Land. Er verließ die Insel bereits nach wenigen Tagen.

Herrschaft der Spanier

1532 erfolgte die **erste spanische Besiedlung** Trinidads unter Leitung von *Don Antonio Bedano*. Man baute hauptsächlich Tabak an. 1592 kamen weitere Siedler mit dem spanischen Offizier *Don Antonio de Berrio y Oruna* und seinem Adjudanten *Domingo de Vera* auf der Suche nach dem berühmten Gold von El Dorado. Um sich einen Stützpunkt zu sichern, bauten sie die erste Siedlung San José de Oruna, das heutige St. Joseph, an der Ostküste.

1595 fielen die **Engländer** unter *Sir Walter Raleigh* auf der Insel ein und zerstörten San José. Die Engländer lagen mit den Spaniern in einem Seekrieg und brauchten den Teer aus dem Asphaltsee von La Brea zum Abdichten ihrer Kriegsschiffe.

Danach geriet die Insel wieder für lange Zeit in Vergessenheit, und die wenigen spanischen Siedler mussten sehen wie sie zurechtkamen. Das Mutterland schickte keine Hilfe. Längst hatten die Spanier die Vorherrschaft über die Weltmeere verloren. Die verbliebenen Europäer vermischten sich mit den Ureinwohnern. (So sollen 1733 nur noch 28 von 162 männlichen Siedlern reine Spanier gewesen sein.)

Der Gouverneur beschwerte sich beim spanischen König darüber, dass seit dreißig Jahren kein Schiff aus Spanien mehr angelegt hätte.

1699 rebellierten die Indianer gegen die **Missionierung.** Sie töteten die Missionare und den Gouverneur. Daraufhin wurden sie von der Armee bis nach Toco an der Nordostspitze der Insel zurückgedrängt, wo sich die meisten Indianer von einem Felsen ins Meer stürzten. 1708 wurden die Missionen abgeschafft.

1757 gründete der spanische Gouverneur an der Küste die Siedlung Puerto de Espania (das heutige Port of Spain) und verlegte seinen Regierungssitz dorthin. 1776 holte der Gouverneur *Manuel Falques* mit Steuererleichterungen katholische Einwanderer ins Land. Acht Jahre später wurde der liberale Spanier *Don Jose Maria Chacon* neuer Gouverneur. Unter ihm erlebte die Insel einen **wirtschaftlichen Aufschwung,** San Fernando wird gegründet.

1796 erklärten die Spanier den Engländern den Krieg. Schon ein Jahr später landeten die Briten unter dem Kom-

tr_137 Foto: esm

mando von *Sir Ralph Abercomby* bei Chaguaramas, und *Chacon* übergab ihnen die Insel kampflos.

Herrschaft der Briten

England besaß nun eine spanische Kolonie mit französisch sprechender Bevölkerung. Auf Trinidad gab es 150 **Plantagen,** alle im Besitz von Franzosen. 1802 wurde Trinidad zur britischen Kronkolonie.

1834 wurde die **Sklaverei aufgehoben.**

Von 1845 bis 1914 wanderten rund 140.000 **Inder** nach Trinidad ein, die dringend als Arbeitskräfte gebraucht wurden.

1847 wurde Trinidad von einem **Hurrikan** heimgesucht, erholte sich aber schnell. Zehn Jahre später wurde die **erste Ölquelle** der Welt von der *Merrimac Oil Company* in La Brea, Südtrinidad, angebohrt.

1889 wurden Trinidad und Tobago nach einer tobegonische Wirtschaftskrise von den Briten gegen den Willen der Bevölkerung zusammengeschlossen.

Tobago in der Kolonialzeit

Siedlungsversuche

1625 traf erstmals eine Gruppe **Engländer** aus Barbados auf der Insel Tobago ein. Sie wurden von dem Kaplan *Nicolas Leverton* geführt und gingen an der Westküste an Land. Hier wurden sie sofort von den Kariben vertrieben.

Kanonen von Fort King George

Sklaven

Während sich die Spanier von Anfang an hauptsächlich auf Gold konzentrierten, waren Holländer, Dänen und Franzosen mehr an den fruchtbaren Böden der Inseln interessiert. Man versuchte sich überall in **Plantagenwirtschaft.** Ab 1525 wurden Arbeitskräfte knapp, denn die Indianer waren fast völlig ausgerottet. Die Plantagen konnten jedoch nur mit vielen billigen Arbeitskräften rentabel arbeiten.

Bereits 1530 begannen die Portugiesen, Schwarze auf die West Indies zu bringen; in den nächsten drei Jahrhunderten wurden ca. **15 Mio. Menschen von Afrika auf die West Indies** verschifft. Teilweise von den Sklavenjägern eingefangen, teilweise von den eigenen Häuptlingen verkauft, wurden sie wie Tiere an Bord der Schiffe zusammengepfercht. Auf den wochenlangen Überfahrten hatten sie weder genug Wasser noch ausreichend zu essen. Eine Sterblichkeitsrate von 10-25% war einkalkuliert, sie konnte aber auch 50% betragen, wenn die Segelschiffe wegen Windstille nicht vorwärtskamen.

Auf den West Indies angekommen, wurden sie ein bisschen aufgepäppelt, auf ansteckende Krankheiten untersucht und verkauft. Die meisten kamen auf **Zuckerrohrplantagen,** denn hier wurden 95 Prozent der Arbeiten von Hand erledigt. In der Erntezeit betrug die tägliche Arbeitszeit 16 Stunden, nachts arbeitete man in den Siedereien.

Die Sklaven wurden *als* **Mobiliar** *betrachtet,* man durfte sie sogar auspeitschen oder umbringen. Das Einzige, was ihnen „erlaubt" wurde, war, sonntags und an Feiertagen kleine Gärten zu bewirtschaften, um nicht zu verhungern. Ihre Gärten mit kleinen Bretterhütten lagen weitab der stilvoll eingerichteten Herrenhäuser, **Greathouses,** in denen ihre Herren wohnten.

Skrupel hatte man dabei nicht und fand genügend **Entschuldigungen** für dieses Handeln. Bereits die ersten Seefahrer hatten bei ihrer Begegnung mit den so anders aussehenden schwarzen Menschen in Afrika die wildesten Gerüchte über Heidentum, Wollust und Brutalität in die Welt gesetzt und sogar über angebliche Ähnlichkeit mit Menschenaffen gesprochen. Die Europäer fanden das Aussehen der Schwarzen abstoßend und sahen die Sklaverei als göttliche Strafe für dauernde Übertretung sexueller Normen an. Die schwarze Hautfarbe wurde mit dem alten genealogischen Mythos verbunden, nach dem die Afrikaner von Ham abstammen: Sem, Ham und Japhet waren die Söhne Noahs. Im Gegensatz zu seinen Brüdern wurde Ham von seinem Vater verflucht und seine Nachkommen zur Sklaverei verdammt. Daher sprach sich auch die christliche Kirche nicht gegen Sklaverei aus, man diskutierte lediglich die Frage, ob es Vor- oder Nachteile hatte, die Schwarzen zu taufen, denn schließlich stand auch in der Bibel, dass man Gottes Wort in alle Welt tragen sollte. So entschloss man sich schließlich, die Sklaven zum christlichen Glauben zu bekehren. Das Vorurteil gegen die „schwarze Körperlichkeit" aber blieb, und man sah sie als minderwertige Rasse an. Dabei dienten die rassistischen Gedanken natürlich der Verbrämung handfester ökonomischer Interessen.

Zucker war ein gewinnbringendes Geschäft, aber man konnte auch mit einem Schlage alles verlieren, denn auf den Inseln gab es Revolten und **Sklavenaufstände,** Seuchen und Wirbelstürme, die alles vernichteten. Viele europäische Kriege trug man mit der Karibik als Nebenschauplatz aus, Häfen wurden blockiert und Ernten niedergebrannt. Die Sklaven hatten immer am meisten unter den folgenden Hungersnöten zu leiden.

Wenige Europäer waren bald Herrscher über jeweils Hunderte von Sklaven. Den Plantagenbesitzern saß die Angst vor Aufständen bis zur Hysterie im Nacken. Sie versuchten, ihre Stärke darin zu beweisen, dass sie kleinste Vergehen drastisch bestraften. Dagegen hatten die Schwarzen etwas anderes einzusetzen. So erzählt man sich noch heute auf den Inseln, dass einige Sklaven, wenn sie ausgepeitscht wurden, durch magische Kraft die Schmerzen auf die Frau des Plantagenbesitzers übertragen konnten.

Die aus Afrika eingeschleppten Schwarzen mussten ihr meist kurzes Leben auf dem Feld verbringen, während man die auf den Inseln geborenen gleich ausbildete, als Hausangestellte, Handwerker oder Aufseher. Ihnen wurde auch die kreolische Sprache beigebracht, damit sie sich mit ihren Herren verständigen konnten. Verständlicherweise sahen die Weißen die **Haussklaven** gern auf ihrer Seite, und die Feldsklaven hatten sowieso kein Vertrauen zu ihnen.

Im 18. Jh. gab es eine Vielzahl von verzweifelten Sklavenaufständen, die brutal niedergeschlagen wurden. Die **Rebellionen der Sklaven** fanden nicht immer öffentlich und als solche erkennbar statt. Die Schwarzen waren glänzende Schauspieler, sie stellten sich dumm und faul, aber bestahlen oder vergifteten schon mal ihre Herren. Sie spielten also die dummen Wilden, für die sie von den Weißen ohnehin gehalten wurden. Der einzige mit Erfolg verlaufene Aufstand ist der Überlieferung nach der Sklavenaufstand von Saint Domingue. Er begann 1791 mit einer Voodoo-Zeremonie und führte zur Gründung der Republik Haiti.

Erst als sich im 19. Jh. immer mehr Gesellschaftsgruppen in Europa lautstark gegen den Sklavenhandel äußerten (und man nicht mehr soviel Zucker brauchte, weil man ihn seit Beginn des 18. Jh. billiger aus der einheimischen Zuckerrübe herstellen konnte), setzten zwischen 1792 und 1817 nacheinander Dänemark, England und Frankreich ein **Verbot des Sklavenhandels** durch. Es dauerte dann aber noch bis 1833, bis auch die Engländer die Sklaverei endgültig abschafften, 1847 folgten die Franzosen, die Spanier gar erst 1880. Jetzt holten sich die Plantagenbesitzer Lohnarbeiter aus Asien. Da aber viele der nun freien Schwarzen keine andere Arbeit fanden, mussten sie weiterhin bei ihrem Herrn auf der Plantage arbeiten, und bis ins 20. Jh. änderte sich ihre Lage nicht entscheidend.

Genauso ging es den **Holländern** die 1628 beim heutigen Plymouth an Land gingen und versuchten eine Siedlung aufzubauen. 1632 versuchten sie es an derselben Stelle noch einmal. Sie bauten Fort Nieuw Walcheren und konnten sich diesmal gegen die Kariben behaupten. Aber bereits vier Jahre später wurden sie von dem spanischen Gouverneur auf Trinidad vertrieben.

Ab 1639 versuchte der *Herzog von Kurland* mehrmals vergeblich die Insel zu besiedeln. Erst der dritte Versuch gelang. 1654 ging die *Duchess of Courland* mit 80 Familien und 120 Soldaten unter Führung von Kapitän *Wilhelm Molleyns* ebenfalls beim heutigen Plymouth vor Anker. Das Fort Jakobus wurde gebaut, und die Siedler begannen sofort mit dem Anbau von Pfeffer, Zuckerrohr, Baumwolle und Tabak. 1655 wurde bereits die erste Ernte nach Europa verschifft, und in den nächsten drei Jahren landeten 400 weitere Siedlerfamilien auf der Insel.

Wechselnde Kolonialherren

Die Entwicklung in der alten Heimat bestimmte dann das weitere Schicksal der kurländischen Siedler. Die schwedische Armee nahm den Herzog von Kurland gefangen und Tobago wurde für 500 Taler an die beiden **holländischen Kaufmannsbrüder** *Lampsius* übergeben, die bereits seit einigen Jahren in der Rockley Bay lebten.

1642 landeten einige holländische Siedler an Tobagos Westspitze und gründeten die Siedlung Belle Vistae. Da ihnen das Mutterland aber jeglichen Schutz versagte, verließen sie Tobago bereits vier Jahre später wieder.

1662 kamen schließlich die **Franzosen** auf die Insel. Der französische König *Luis XIV.* machte einen der Brüder *Lampsius* zum Baron von Tobago.

Doch schon der nächste Inselgouverneur war ein **Holländer.** *Hugh de Beveron* ließ ein Fort an der Rockley Bay errichten, konnte aber nicht verhindern, dass englische Seeräuber die Insel vorrübergehend in ihren Besitz nahmen.

Tobago wechselte noch etliche Male zwischen englischer, französischer und holländischer Herrschaft hin und her und wurde 1762 im Vertrag von Paris England zugesprochen. Nun begannen die **Engländer,** die Insel zu besiedeln. 1764 traf Kapitän *Richard Legge* mit zwei Kompanien des 62. Regiments in der Kings Bay ein.

1765 wurde *Alexander Brown* der erste Vizegouverneur der Insel. Ein Jahr später begann man erste Landflecken als **Plantagengrundstücke** zu verkaufen. Zwischen 1777 und 1779 bauten die Engländer Fort King George zur Verteidigung der Insel und gründeten Scarborough. 1781 schlugen die Franzosen die Engländer bei einer Schlacht in der Nähe von Martinique und eroberten Tobago erneut. Sie griffen Fort King George nicht einmal an, sondern machten eine Landinvasion von der anderen Inselseite.

Herrschaft der Briten

1793 besetzten die Engländer erneut die Insel, und diesmal gelang es ihnen, sie bis 1962 zu behalten. Tobago hatte bis dahin 31 mal die Herrschermacht gewechselt.

Auf Tobago gab es inzwischen ca. 130 äußerst ertragreiche **Plantagen,** auf denen hauptsächlich Baumwolle und Zuckerrohr angebaut wurde.

Nach der **Aufhebung der Sklaverei** 1834 wanderten viele Arbeiter nach Trinidad ab. Ein Großteil der Plantagen wurde auf Kakao und Kokosnuss umgestellt. 1876 kam es in Roxborough zu den **Belmanna-Aufständen.** Einige Schwarze hatten Häuser und Felder in Brand gesteckt. Corporal *Belmanna* wurde mit seinen Leuten hingeschickt, um den Frieden wiederherzustellen. Es kam zu einem Handgemenge und einer anschließenden Schießerei, bei der eine schwarze Frau tödlich getroffen wurde. *Belmanna* wurde von der aufgebrachten Menge erschlagen. Dem Militär gelang es schließlich, die Ruhe wieder herzustellen, aber die Angst der Weißen vor den zahlenmäßig weit überlegenen Schwarzen stieg. Die britischen Marinesoldaten mussten für eine Woche die Herrschaft auf der Insel übernehmen.

1884 meldete die *London Company* **Konkurs** an. Ihr gehörte fast die Hälfte aller Plantagen. Fünf Jahre später wurde die Insel mit Trinidad zu einer Kolonie vereinigt.

Gemeinsame Geschichte von Trinidad & Tobago

1889 werden die beiden **Kolonien vereinigt.**

1914 wird bei Pointe a Pierre auf Trinidad die erste Erdölraffinerie eröffnet.

1924 wird die **erste Verfassung** verabschiedet.

1940 bauen die US-Amerikaner Flottenstützpunkte in Chaguaramas.

1956 gewinnt das *Peoples National Movement* (PNM) unter *Eric Williams* die ersten Wahlen. Die PNM ist eine gemäßigte Linkspartei, die sich auf die schwarze Bevölkerung stützt.

1958 wird T&T Mitglied der Westindischen Föderation.

1962 werden die Inseln **unabhängig,** bleiben jedoch Mitglied des British Commonwealth.

1963 werden die Inseln durch den Hurrikan *Flora* verwüstet.

1966 wird *Williams* zum Premierminister gewählt.

1970 werden Unruhen der Nationalgarde niedergeschlagen.

1971 werden die Neuwahlen von der Opposition boykottiert, ein Jahr später wird vorübergehend der Ausnahmezustand verhängt.

1976 werden Trinidad und Tobago Republik im Commonwealth. *Clarke* wird formell zum ersten Staatspräsidenten der Republik gewählt.

1981	stirbt Premierminister *Williams;* sein Amt wird von *George Chambers* übernommen.
1986	führen Parlamentswahlen zur Regierungsübernahme durch die *National Alliance for Reconstruction* (NAR). *Arthur Napoleon Robinson* bildete eine neue Regierung.
1987	erhält Tobago seine **volle innere Autonomie.** Eine allgemeine Amnestie wird aus Anlass des 25. Jahrestages der Unabhängigkeit erlassen.
1990	wird der Umsturzversuch einer moslemischen Gruppe unter Führung von *Yasin Abu Bakr* niedergeschlagen; er fordert 30 Tote und 500 Verletzte.
1991	bringen die Parlamentswahlen wieder einen Sieg der PNM; *Patrick Manning* wird neuer Premierminister.
1995	wird *Basedo Panday* von der UNC (Nationaler Volkskongress) zum neuen Premierminister gewählt. *Manning* und die PNM sind die Verlierer.
1997	wird der aus Tobago stammende *A. N. Robinson* zum Präsidenten gewählt und löste den 1987 gewählten *Noor Mohamed Hassanali* ab.
2001	bei den Wahlen im Dezember gibt es keinen Sieger. Deshalb haben die Inseln zunächst keine richtige Regierung mehr.
2002	gewinnt die PNM die Wahlen. *Manning* wird erneut Premierminister.
2003	wird *George Maxwell Richards* Präsident.
2007	am Jahresende sind Neuwahlen angesetzt.
2010	werden zu Beginn des Jahres Korruptionsvorwürfe gegen Premierminister *Manning* aufgedeckt. Millionen von Dollar waren veruntreut worden. Die kleinen Parteien taten sich unter der Inderin *Kamla Persad Bissessar* zusammen und bildeten die **COP (Congress of the People).** Im Mai fanden Neuwahlen statt. Die *COP* gewann mit deutlicher Mehrheit. *Kamla Persad Bissessar* wurde die erste weibliche Premierministerin von Trinidad und Tobago

Politik und Wirtschaft

Politische Gliederung

T&T hat ein **Zweikammernparlament** mit einem Abgeordnetenhaus und einem Senat.

Die 36 Mitglieder des **Abgeordnetenhauses** (Trinidad 34, Tobago 2) werden nach dem Mehrheitswahlrecht für höchstens 5 Jahre gewählt.

Die 31 Mitglieder des **Senats** werden vom Präsidenten ernannt: 16 auf Empfehlung des Premierministers (Regierungschefs), sechs auf Empfehlung des Oppositionsführers, die restlichen neun wählt der Staatspräsident frei aus gesellschaftlichen Gruppen und Verbänden.

Das Staatsoberhaupt ist der auf fünf Jahre gewählte **Staatspräsident.**

Tobago hat seit 1980 ein eigenes Regionalparlament, das **Tobago House of Assembly** mit insgesamt 15 Mitgliedern.

Wirtschaft

Industrie

Die wichtigste Einnahmequelle von Trinidad und Tobago ist die Förderung und der Export von **Erdöl** und **Erdgas.** Vor dem Verfall des Ölpreises waren die beiden Inseln die reichsten im ganzen karibischen Raum. Nach der Ölkrise war dann eine Hilfe aus der EG notwendig, um die negativen sozialen Folgen in Grenzen zu halten.

2007 betrug die **Arbeitslosenquote** 8 %.

Auch ein Großteil der übrigen Industrie baut auf dem Ölgeschäft auf. Hauptsächlich werden Ammoniak, Stickstoffdünger, Harnstoff, Methanol, petrochemische Produkte und Stahl hergestellt. Inzwischen ist Trinidad der weltweit wichtigste Ammoniak- und Methanol-Exporteur. Außerdem ist Trinidad der weltgrößte Anbieter von **Naturasphalt.** Der Pitch Lake ist der größte Teersee der Welt.

Da die **Ölvorkommen** nur noch etwa bis ins Jahr 2020 reichen, setzt man vermehrt auf **Erdgas,** das noch mindestens 40 Jahre ausreichen soll.

T&T will bis 2020 zu den **„Entwickelten Staaten"** gehören. Das will man durch eine dreigliedrige Strategie erreichen. Möglichst viele Einnahmen aus Gas und Öl sollen im Land bleiben. Man baut High-Tech-Industrie, Tourismus und Finanzdienstleistungen weiter aus, ebenso das Sozial-, Bildungs- und Gesundheitswesen.

Landwirtschaft

Die Landwirtschaft von Trinidad und Tobago ist hauptsächlich auf die Erzeugung von **Zucker, Zitrusfrüchten, Kakao** und **Kaffee** ausgerichtet. Die Einnahmen hieraus machen allerdings nur noch 0,7 % des BIP aus. Rund 75 % der Lebensmittel müssen importiert werden.

Tourismus und Verkehr

Auch wenn **Dienstleistungen** 50,3 % des BIP ausmachen steht der Tourismus erst an dritter Stelle als Devisenbringer. Die meisten Besucher der Inseln sind Geschäftsleute und ausgewanderte Trinbegonier, die ihrer Heimat einen Besuch abstatten. Daher macht der Tourismus nur 3 % des Bruttosozialproduktes aus.

Erst seit 1992 wird die Tourismusbranche systematisch ausgebaut. 1996 kamen 265.000 Besucher auf die Inseln, davon gut 11.000 aus Deutschland (ohne Kreuzfahrttouristen). 2010 kamen insgesamt 409.078 Touristen nach Trinidad und Tobago, davon 6879 aus Deutschland.

Die Häfen von Port of Spain und Scarborough sind Tiefwasserhäfen, die sowohl von Frachtschiffen als auch von Kreuzfahrern angelaufen werden. In Trinidad setzt man hauptsächlich auf die Besucher von diesen **Kreuzfahrtschiffen.** 1989 ankerten nur 77 dieser Schiffe in Port of Spain. Nachdem man den neuen Cruisingship Complex fertiggestellt hatte, waren es 200 Schiffe mit 60.000 Besuchern. Inzwischen ankert hier täglich ein Schiff.

Piarcò auf Trinidad und Crown Point auf Tobago sind internationale **Flughäfen,** *British Westindian Airways* (BWIA) ist die einheimische Fluggesellschaft (allerdings in amerikanischer Hand).

Umweltschutz

Die Menschen von T&T lieben ihr Land und sind sich dessen Schönheit bewusst. Die Regierung gibt sich ernsthaft Mühe, die Natur zu erhalten. Leider ist die Unwissenheit der Bevölkerung teilweise noch sehr groß, und das karibische Schneckentempo verzögert viele Maßnahmen.

National-parks

Beide Inseln haben Nationalparks z.B. auf Trinidad den *Pointe a Pierre Wildfowl Trust* und das *Asa Wright Nature Centre.* Auf Tobago das Buccoo Riff und die Main Ridge. Beide Inseln verfügen über **Regenwälder,** die größtenteils unter Naturschutz stehen. Das sieht dann auf Trinidad so aus, dass zwar die Ölbohrungen an erster Stelle stehen, der Wald aber nicht unnötig zerstört werden darf.

Im Regenwald der Main Ridge auf Tobago wurde dagegen seit fast 200 Jahren nichts mehr von Menschen verändert. Damit ist er der älteste unangetastete Regenwald der westlichen Hemisphäre. Einheimische Hölzer wie Mahagoni werden auf T&T nur für den Eigenbedarf geschlagen, und es wird immer wieder aufgeforstet.

Industrie und Natur-schutz

Natürlich hinterlässt die Ölindustrie auf Trinidad ihre Spuren. Die **Industrieabwässer** fließen in den Golf von Paria. Da das Wasser dort aber sowieso schon trübe ist durch den Schlamm, den der Orinoco mit sich führt, käme sowieso niemand auf die Idee, hier zu baden. Erstaunlich dagegen ist, dass sich das Gebiet des *Pointe a Pierre Wilfowl Trust* (Wildvogelschutzgebiet) auf dem Gelände der *Trin Toc Oil Companie* befindet, und auch funktioniert. Das zeigt, dass sich Industrie und Naturschutz in gewissem Maße miteinander verbinden lassen.

Dass **Hotels** außerhalb der Hauptstadt nicht höher als die Palmen gebaut werden dürfen, trägt dazu bei, den Charme der Inseln zu erhalten.

Tourismus

Die Frage, ob der Tourismus gut oder schlecht für die Inseln ist, stellt sich im Falle Trinidads weniger, da **Trinidad** keine Urlaubsinsel ist und die meisten Besucher entweder nur zum Karneval kommen oder als Tagesausflügler von den Kreuzfahrtschiffen. Die Touristen, die direkt auf die Insel kommen und dort länger verweilen, sind größtenteils Vogelbeobachter oder andere Naturfreunde.

Tobago dagegen ist eine reine Urlaubsinsel ohne jegliche Industrie. Man kann hier nur hoffen, dass der Umweltschutz weiterhin funktioniert, und keine finanziellen Belange in den Vordergrund treten, denn es gab zwischendurch schon einige äußerst wüste Pläne, etwa Mangrovengebiete für einen Hotelbau trockenzulegen oder ein Riff zu sprengen, um einen Yachthafen anzulegen. Gott sei Dank ist dieser Plan bislang verworfen worden.

Umweltschutzprojekte

In Tobago gibt es zwei Umweltschutz-Programme:

- **Buccoo Reef Trust (BRT)** wurde 1999 als non-profit Organisation gegründet und ist inzwischen sehr erfolgreich. Der Trust hat sich zum Ziel gesetzt, Schülern und auch Erwachsenen über die Notwendigkeit der Riffe und Feuchtgebiete aufzuklären. Die Unterwasserwelt wird geschützt und erforscht. Pflanzen und Tiere werden sorgfältig katalogisiert und archiviert, aktiver Eco-Tourismus gefördert. Und das nicht nur in Tobago, sondern in der gesamten Karibik. Für 5-100 US$ kann man Mitglied werden. Nähere Informationen: *Buccoo Reef Trust,* Carnbee Junction, Auchens Keoch Road, Carnbee, Tel. 635 2000, www.buccooreeftrust.org.
- **SOS, Save our Seaturtles,** zum Schutze der Schildkröten steckt dagegen noch in den Kinderschuhen. Es ist zu hoffen, dass sich die Organisation weiter etabliert, denn ohne Schutz landen, wenn auch verboten, doch noch hin und wieder Schildkröten im Kochtopf. Bei diesem Projekt kann man Patenschaften für Schildkröten übernehmen. Nähere Informationen: *W. Herron,* Postoffice Black Rock, Tel. 639 9669, 639 0026, www.sos-tobago.org.

Die Menschen

Bevölkerungsstruktur

In T&T leben knapp 1,3 Mio. Menschen. Mit rund 250 Einwohnern/qkm ist die **Bevölkerungsdichte** etwas höher als in Deutschland (228 Ew/ qkm).

Je 41 % der Bevölkerung sind **Schwarze** bzw. **Indischstämmige,** rund 16 % sind **Mischlinge,** nur 0,6 % sind **Weiße.**

Am stärksten unterscheiden sich die Menschen von Trinidad und Tobago in ihrer **Freizeitgestaltung.** Während die Trinidadier sehr viel unterwegs sind, machen es ich die Tobegonier, trotzt des oft schönen Wetters lieber zu Hause gemütlich. Viele Trinis verbringen jedes Wochenende draußen an Stränden oder Flüssen, beim Barbeque, oder machen Kurzurlaub in Tobago. Die meisten Tobegonier besuchen lieber Freunde oder sehen fern. Viele kennen kaum die Umgebung ihres Heimatdorfes.

Inder

Auf Trinidad stammt ca. die Hälfte der Bewohner von Indern ab. Sie sind größtenteils **Hindus** oder **Moslems.**

Sie leben sehr traditionsbewusst, das heißt, das Leben in der **Großfamilie** ist weit verbreitet. Oft leben Eltern, Kinder, Enkelkinder und eventuell auch noch Onkel oder Tante unter einem Dach. Selbst wenn Familien nicht mehr zusammen wohnen, besucht man sich so oft es geht und trifft sich am Wochenende zum gemeinsamen Essen oder einem Strandpicknick. Das Familienoberhaupt ist immer männlich und wird von allen anderen mit großem Respekt behandelt.

Es wird nach altem Brauch **geheiratet,** und nicht selten suchen die Eltern die Ehepartner aus. Geschiedene Inder und Mischehen mit Schwarzen sind selten. Hier werden zumindest nach außen immer noch die strengen Moralvorstellungen aus der alten Heimat aufrechterhalten.

Weiße

Die wenigen Weißen auf den Inseln sind meistens die Nachfahren ehemaliger Plantagenbesitzer. Auch heute leben sie fast ausschließlich in der Mittel- und Oberschicht.

Schwarze

Im Gegensatz zu Trinidad sind auf Tobago rund 90 % der Bevölkerung schwarz. Das Leben der meisten Schwarzen, besonders auf den Dörfern, macht auf uns einen noch ungewöhnlicheren Eindruck.

tr_148 Foto: esm

Familien-strukturen

Auch hier lebt man oft in Großfamilien zusammen, aber die setzen sich ganz anders zusammen. Hier überwiegt im allgemeinen die Anzahl der Frauen, und die Frau spielt hier meistens die dominante Rolle.

Die **Ursachen** für diese Familienstruktur stammen noch aus der Sklavenzeit. Die Plantagenbesitzer sahen es zwar ganz gern, wenn die Sklaven sich vermehrten, schließlich waren das Arbeitskräfte, die man nicht kaufen musste; aber Familien zu bilden, war ihnen nicht erlaubt. Der Mann galt in den Augen des Plantagenbesitzers als eine Art „Zuchtstier" und sollte keinerlei Beziehung zu Frau und Kindern haben. Die Kinder wuchsen bis zum sechsten Lebensjahr bei der Mutter auf und mussten dann mitarbeiten. Sie hatten also schon damals eine enge Beziehung zur Mutter, während der Vater eine eher unbekannte Figur darstellte. So ähnlich war das noch vor einigen Jahren.

Ein weiterer Grund dafür, dass die Ehe bis heute nicht unbedingt zu den verbreitetsten Lebensformen der Karibik zählt, ist die **Hochzeit,** an die im allgemeinen ökonomische Ansprüche gestellt werden, die der Mann meistens nicht erfüllen konnte. Die Hochzeit in der Kirche verleiht Anerkennung und Prestige, die standesamtliche dagegen wird oft angezweifelt, und man wirft dem Paar Geiz vor.

Das war früher einer der Gründe dafür, warum die häufigste Beziehungsform auf den Inseln das **Zusammenleben unverheirateter Paare** war. Heute ist das eher wie in Europa. Man lebt erstmal zusammen, um den Partner besser kennen zu lernen.

Damals wie heute sind **80 % aller Geburten unehelich,** Frauen haben nicht selten vier oder auch mehr Kinder von verschiedenen Vätern. Eine gesellschaftliche Schande sind diese Kinder nicht. Sie wachsen bei der Mutter auf, bekommen aber meistens den Nachnamen des Vaters.

Verhütungsmittel wurden noch vor wenigen Jahren selten benutzt, oft aus Unkenntnis oder auch aus kulturellen oder religiösen Gründen. Da war es nicht verwunderlich, wenn die jungen **Mädchen** schon mit fünfzehn ein Kind bekamen. Oft wollten sie das auch, um das beengte Elternhaus zu verlassen und um dann von einem Mann versorgt zu werden. Die jungen Männer, meistens ohne Arbeit, schreckten vor dieser Verantwortung zurück und suchten das Weite. Die Mädchen kehrten dann mit dem Kind zur Mutter zurück. Hat eine Frau viele Töchter, werden in der Regel auch viele Enkelkinder bei ihr leben.

Auch die erwachsenen **Söhne** wohnen oft lange bei der Mutter, besonders wenn sie keine Arbeit haben. Der Mann wird sich in der Regel immer mehr zur Familie der Mutter gehörig fühlen, als zu der seiner Kinder.

Durch diese Konstellation werden **Mütter und Großmütter** von ihren Kindern und Enkeln geliebt und verehrt.

Seit wenigen Jahren vollzieht sich hier ein Wandel. Die **junge Generation** geht jetzt eher eigene Wege und zieht von zu Hause aus, die Beziehungen halten länger und es werden weniger Kinder geboren. Vermutlich liegt das auch an der hohen Aidsrate. Jahrelang wurde die Krankheit einfach totgeschwiegen. Für manche leider zu spät, wird nun bereits in der Schule über AIDS aufgeklärt. Es gibt Beratungsstellen, aufklärende Fernsehspots und eine Aidshotline.

Besitz

Der Wohlstand hat auf beiden Inseln in den letzten Jahren zugenommen, (obwohl nach offiziellen Angaben noch immer 21 % der Menschen, hauptsächlich in Trinidad, unter der Armutsgrenze leben) zumeist durch Business und Industrie in Trinidad und in Tobago durch Landverkauf und Familienangehörige im Ausland.

Ein **Bauboom** ist ausgebrochen. Es werden nicht nur Hotels und Gästehäuser in großer Anzahl gebaut. Auch privat leistet sich fast jeder ein neues Haus oder baut an. Die alten Holzhäuser sind fast ganz verschwunden. Gemüsegärten werden kleiner und heute pflanzt man eher Blumen und hat einen Rasen.

Man sieht fast nur **neue Autos** auf den Straßen und die werden immer größer, denn Benzin ist relativ billig.

Das **Kabelfernsehen** hat inzwischen überall Einzug gehalten. Nahezu jeder Einwohner hat mindestens ein **Handy.** Nr. 1 auf der Wunschliste aller Kinder ist der Computer.

Arbeitslosigkeit

Der Anteil der **Jugendlichen** unter 18 Jahren beträgt schon heute teilweise über 60 Prozent. Die Schulen sind überfüllt und haben zuwenig Lehrer.

Arbeitsplätze gibt es wenig, und sie sind meistens schlecht bezahlt. Daher ist es nicht verwunderlich, wenn manche Halbwüchsigen den ganzen Tag am Strand verbringen, Touristen ansprechen und leider immer mehr auf die schiefe Bahn geraten (siehe Kapitel Sicherheit). Die meisten haben Verwandte in den USA, und der Traum vieler ist es, nach Amerika zu gehen und das große Geld zu machen.

Für Frauen gibt es meistens mehr Arbeit als für Männer. Die können oft lediglich für 11 € am Tag als Kellner arbeiten. (Bauarbeiter bei Privatfirmen verdienen ungefähr das Doppelte.) Da sind die Frauen besser dran, wenn sie für das Flechten einer Zopffrisur am Strand 30 € kassieren.

Der **Mindeststundenlohn** in T&T beträgt 9 TT$.

Mix der Kulturen

Die **kulturellen Einflüsse** aller ehemaligen Kolonialmächte machen sich noch heute in Musik, Tanz, Sprache, Essen, Ortsnamen etc. bemerkbar. Der Karneval ist französisch-afrikanisch, die Weihnachtsmusik *(Parang)* spanisch, *Rotis* kommen aus Indien, Namen wie *Kanu* oder *Hammok* (Hängematte) sind von den Indianern übernommen. Ortsnamen sind englisch: Scarborough, Plymouth, französisch: Charlotteville, Les Couteaux, Castara, Parlatuvier, oder spanisch: San Fernando, Chaguanas und Huevos.

Mentalität

Die Menschen auf T&T sind fröhlich und ausgelassen. Sie lieben Musik und Tanz, feiern mit Begeisterung Karneval und sind sehr gesellig. Trotz ihres oft nicht leichten Alltags haben sie eher eine **Take it easy-** und **No problem-Mentalität.** Auch den Touristen begegnen sie freundlich und hilfsbereit. Sie sind Weißen wohlgesonnen, obwohl sie aufgrund der Vergangenheit eigentlich keinen Grund dazu haben.

Der Traum vom Westen

Leider ist ihre **Vorstellung vom Leben in Westeuropa und den USA** meistens völlig falsch. Sie können sich immer noch nicht vorstellen, dass wir für unser Geld hart arbeiten müssen und es nicht am

Kalender hängt, geschweige denn, dass es auch bei uns arme Menschen gibt, die noch nicht mal ein Dach über dem Kopf haben.

Der Traum der meisten, besonders der jungen Menschen, ist es, in die USA oder nach Europa **auszuwandern** und das große Geld zu machen. Viele haben auch Verwandte oder Freunde im Ausland. Spätestens, wenn die dann regelmäßig etwas Geld nach Hause schicken, gelten sie auch gleich als reich. So lautet dann auch meistens die erste Frage die der Fremde zu hören bekommt: *Where do you come from?* Das ist noch wichtiger als der Name. Kommt der Betroffene aus einem Land, indem evtl. Verwandte wohnen, hat man gleich einen gemeinsamen Gesprächsstoff, wenn nicht, macht das auch nichts.

Die Einheimischen sind in dem Punkt sehr wissbegierig. Sie wollen so viel wie möglich von den Ländern hören, die für sie so erstrebenswert scheinen. Und schließlich ist auch schon der eine oder andere auf dem Weg einer Freundschaft mit Touristen ins Ausland gekommen.

Fragt einen auf den Inseln jemand nach seinem **Familienstand,** kann man getrost die Wahrheit sagen, wie ungewöhnlich dieser auch sein mag. Da in der Karibik auch alle Formen des Zusammenlebens bekannt sind, ist es kein Problem, wenn man zugibt, dass man unverheiratet zusammenlebt. Keine Kinder zu haben, ist zwar ungewöhnlich, wird aber akzeptiert.

Touristen als Abwechslung

Außer in der Stadt und in den Touristengebieten läuft das **tägliche Leben** der Einheimischen recht eintönig ab. Sie sitzen gern am Strand oder an der Dorfstraße.

Der vorbeifahrende – oder noch besser – vorbeigehende Tourist bietet dann immer eine willkommene Abwechslung im tristen Alltag. Er wird genauestens unter die Lupe genommen. Nicht selten werden dann auch Bemerkungen über den Reisenden gemacht, die dieser allerdings meistens nicht versteht, da man sich hierzu der Kreolsprache bedient. Schnell hat man so einen Spitznamen weg, und, da die Einheimischen dabei sehr direkt sind, kann man sich leicht vorstellen, was dabei rauskommt, wenn der Reisende z.B. völlig unpassend gekleidet ist.

Besondere Aufmerksamkeit erregen natürlich immer die **Frauen.** Ihnen wird überall der Hof gemacht. Die ersten Tage auf den Inseln verlaufen für viele Frauen unangenehm, sie empfinden es als lästig, wenn sie ständig angesprochen werden oder eindeutige Angebote bekommen.

Da es sich nicht abstellen lässt, kann man es nur ignorieren und die Ohren schließen, oder die Sache einfach von einer anderen Seite betrachten. Wann und wo ist man schon mal für soviele Männer begehrenswert.

Die Kinder beschränken sich meistens nicht darauf, dass sie die Reisenden nur betrachten oder Bemerkungen machen, sie sprechen die Touristen oft direkt an. Meistens wollen sie, dass man sie fotografiert, wenn sie eine Kamera sehen. Die meisten Menschen hier lassen sich sehr gern **fotografieren,** wollen aber vorher gefragt werden.

Eine Frage, die der Reisende immer wieder zu hören bekommt ist „Wie gefällt es dir hier?" Auch wenn für viele Menschen hier das Leben hart ist, wissen sie doch, dass sie auf einem paradiesischen Flecken Erde wohnen, und hören das gern von Touristen bestätigt. In den meisten Fällen dürfte diese Bestätigung auch nicht schwerfallen, denn die Inseln sind nunmal traumhaft. Kurze Begegnungen auf der Straße schließen meist mit den durchaus ernstgemeinten Worten: „Genieße deinen Aufenthalt".

Alkohol trinken

Die Lieblingsbeschäftigungen auf beiden Inseln sind „Liming" (süßes Nichtstun) und Alkohol trinken. Hierbei bevorzugen die meisten den weißen *Old Oak* Rum, pur und mit einem Schluck Wasser zum Nachspülen.

Außerdem brennen die Einheimischen oft noch einen sogenannten **Buschrum.** Ein Teufelszeug mit allen möglichen Kräutern drin, so stark, dass sich schon beim ersten Schluck die Fußnägel aufrollen. Die Herstellung dieses Getränks ist illegal und wird von der Polizei verfolgt.

Mit dem Alkohol geht man hier ganz locker um, und besonders am Wochenende kann man am Strand oder in den Rumshops Einheimische sehen, die sich ganz schön einen genehmigen. Dazu kommt, dass auf den beiden Inseln das **Autofahren unter Alkoholeinfluss** zwar grundsätzlich verboten ist, aber meist nur im Falle eines Unfalls bestraft wird. Das kann dazu führen, dass auch Taxifahrer mit einer Bierflasche in der Hand am Steuer sitzen und Busfahrer schon mal am Rumshop halten, um zur „Toilette" zu gehen. Als Ausländer sich darüber aufzuregen, lohnt sich nicht. Das einzige was man tun kann, wenn ein Taxifahrer einen betrunkenen Eindruck macht: nicht einsteigen! Und wenn man selbst fährt, sollte man auf alles vorbereitet sein und dementsprechend vorsichtig fahren.

Betrunkene gehören jedenfalls nicht zur Ausnahme. Die Männer trinken meistens abends und am Wochenende in den kleinen Rumshops. Hier mitzuhalten, oft bis in die frühen Morgenstunden, gehört geradezu zum guten Ton. Beim Wochenendpicknik am Strand, Festen oder im Karneval machen auch die Frauen reichlich mit. Natürlich gibt es auch Leute die so übertreiben, dass sie sich dabei um Haus und Hof bringen.

Liming

Eine weitere Lieblingsbeschäftigung der Menschen auf den westindischen Inseln, teils freiwillig, teils gezwungenermaßen, ist *liming*. Übersetzen könnte man das mit **süßem Nichtstun** oder entspanntem Herumlungern. So sieht man hier oft Leute, die einfach nur dasitzen und das Leben genießen. Sie sitzen allein da, in Gruppen, unterhalten sich oder gucken nur einfach in die Gegend. Hektik ist hier gänzlich unbekannt. Arbeit haben viele sowieso nicht und wenn, dann meistens eine, die nicht den ganzen Tag in Anspruch nimmt. Also relaxt man zwischendurch, es ist immer heiß, und die Sonne macht müde. Außerdem kostet *liming* nichts, vertreibt die Zeit und ist interessant. Man sitzt am Strand, sieht aufs Meer, beobachtet Touristen, Fischer und Vögel und redet darüber oder auch nicht. Spannend ist es auch auf der Dorfstraße: wer da alles so vorbeigeht und -fährt, wie die Leute aussehen, was sie anhaben. Ein Pläuschchen mit Nachbarn oder auch mit Fremden ist immer wieder eine willkommene Abwechslung. So kann man das Leben richtig genießen; die meisten Plätze sind sowieso so schön, dass man dort verweilen möchte. Auch den Europäern gefällt dieser Zeitvertreib recht gut, wenn sie erstmal die Hektik von zu Hause abgelegt haben und nach einigen Tagen die Karibische Relaxtheit eingetreten ist. Man hat nichts vor, steht nicht unter Zeitdruck, Wetter und Umgebung sind wunderschön ... einfach dasitzen und genießen. Außerdem kann man dabei herrlich plaudern und auch viel über die Inselbewohner erfahren, und die hören ihrerseits auch gern etwas über Europa.

tr_155 Foto: esm

In der zwischengeschlechtlichen Beziehung hat das Wort „Liming" auch eine andere Bedeutung. Hier bedeutet es **Anmache** oder Kontakt aufnehmen. *I lime she* heißt dann: „Ich will sie anmachen".

Glücksspiel Ähnlich wie bei uns viele davon träumen, durch einen Lottogewinn über Nacht reich zu werden, träumen auch die Trinbegonier davon, über Nacht durch einen Gewinn zu Geld zu kommen. Hier heißt das Spiel **Play whe** und wird den Leuten schmackhaft gemacht mit dem Untertitel: *There is a number in every dream.* Es gibt die Zahlen von 1 bis 36, jede Zahl hat ein Symbol, z.B. Ratte, Frosch, alte Frau usw. Aus den Symbolen wählt man das aus, was man in seinem letzten Traum sah, die dazugehörige Zahl ist die Glückszahl. Auf diese setzt man einen Betrag von einem Dollar aufwärts. Zweimal am Tag werden Zahlen gezogen. Bei einem Gewinn bekommt man pro eingesetztem Dollar 24 zurück. So wird morgens immer gleich über die Träume der letzten Nacht diskutiert und überlegt, wer denn nun das Richtige geträumt hat, und so hat man auch eine gute Ausrede für das Mittags- oder Büroschläfchen. Jedenfalls ist das Spiel sehr beliebt, und man sieht jeden Tag lange Schlangen vor den kleinen Läden in denen es die Scheine gibt.

Aber auch für **Pferderennen** und **illegale Glücksspiele** geben viele ihr Geld aus, denn die Trinbegonier spielen nun mal gern.

Die Sprache

Englisch

Auf T&T wurde die Sprache der ehemaligen Kolonialmacht England zur offiziellen Landessprache. Das heißt, Englisch wird in der Schule und im öffentlichen Leben gesprochen.

Kreolisch

Die Einheimischen untereinander unterhalten sich in Kreole. Und dann wird selbst der Tourist mit guten Englischkenntnissen nichts verstehen. Die Trinbegonier wechseln in den Sprachen hin und her, wie es ihnen angebracht erscheint. So spricht man in der Bank, im Hotel und mit Touristen englisch, auf dem Markt oder mit Freunden verfällt man sogleich in die Kreol-Sprache, denn hier kann man sich besser ausdrücken, direkter und mit mehr Gefühl. Kreolisch ist die Umgangssprache untereinander, Englisch lernt man, um im Leben besser zurechtzukommen. Kreolisch ist intimer, es ist reich an Metaphern und Sprichwörtern, die doppeldeutig sind, d.h. sie lassen mehrere Interpretationen zu. Das ist auch bei den Calypsotexten üblich.

So werden Außenstehende oft etwas anderes verstehen als Vertraute, und auf diese Art kann man Fremde im Gespräch ausschließen, ohne dass sie sich dessen bewusst werden.

Geschichte Auf T&T wechselten die Kolonialmächte ständig, und die Inseln wurden jahrhundertelang zwischen Spaniern, Engländern, Holländern, Portugiesen und Franzosen hin- und hergeschoben. Darüber hinaus kam eine Vielzahl der Schwarzen aus unterschiedlichen Sprachräumen. Man brauchte nun eine **gemeinsame Sprache,** um sich untereinander zu verständigen. Dies wurde für die ersten Sklaven eine Mischung aus Französisch, Spanisch und Portugiesisch.

Das Wort *kreolisch* entstand höchstwahrscheinlich aus dem spanisch-portugiesischen *criar* (hervorbringen, aufziehen) und wurde dann zu *crioulo* und im Französischen zu *criole*.

Die Kreolsprachen entstanden im 16. und 17. Jh. durch die weitere Vermischung der unterschiedlichen Sprachen. Man nannte alles kreolisch, was aus der **Verbindung des Europäischen mit dem Afrikanischen** entstand. Die auf den Inseln geborenen Menschen nannte man Kreolen, ihre Lebensart, ihre Sprache, ihr Essen waren kreolisch.

Die Sprachen der Inseln sind so unterschiedlich wie ihre Geschichte. Generell kann man zwischen dem **Englisch-Kreolischen** und dem **Französisch-Kreolischen** unterscheiden. Man bezeichnet diese Sprachen auch als **Patwa** oder **Patois.**

Das Englisch-Kreolische beinhaltet größtenteils englische Wörter, die aber anders ausgesprochen werden und auch eine andere Grammatik besitzen. Das Französisch-Kreolische ist eine Vereinfachung der französischen Sprache, oft mit etwas Englisch gemischt. Wegen dieser Einfachheit hat man die Kreolsprache lange Zeit als Dialekt oder schlechtes Englisch bzw. Französisch abgetan. Erst seit den 1950er Jahren beschäftigt man sich mit ihnen als **eigenständige Sprachen.**

Kreolisch auf T&T

Auf T&T spricht man Englisch-Kreol. Einige Wörter wurden aus dem Französischen übernommen, und die Inder auf Trinidad benutzen untereinander einige Wörter, die aus dem Hindi kommen.

Die folgenden Beispiele können einen Sprachführer nicht ersetzen, aber vielleicht einen kurzen Einblick in die Sprache der Trinbegonier geben.

Wer sich für Kreolsprachen interessiert, sei auf den **Sprechführer „Kreol für Trinidad & Tobago"** aus dem Reise Know-How Verlag hingewiesen.

Aussprache und Grammatik

In der englisch-kreolischen Sprache ist die Grammatik anders, als wir sie von unserem Schulenglisch gewöhnt sind, und sehr viele Wörter werden ganz anders ausgesprochen.

Das im Englischen gebräuchliche **„th"** existiert nicht in der Kreolsprache. Es wird entweder als t oder als d ausgesprochen. So wird aus:

the	**di**
them	**demm**
this	**dis**

Thank you	**tank yuh**
thinking	**tinkin**

U spricht man **o** aus.

Di boss lef mi.
Der Bus verlassen mich.
Ich habe den Bus verpasst.

Etwas tun müssen heißt *haffu.*

Mi haffu tek di nex boss.
Ich muss nehmen den nächsten Bus.
Ich nehme den nächsten Bus.

Während der Bus ausgesprochen wird wie unser Boss, wird aus Boss (Chef) *Bass.*

Hi ah di bass.	Er ist der Boss.

Auf Tobago nennt man den Bus auch *the broom* (Besen).

Di Brum swiep dong di street.
Der Besen fegt runter die Straße.
Der Bus ist vorbeigefahren.
(Die Leute am Straßenrand sind weg.)

Werden Wörter verdoppelt, bedeutet das eine **Steigerung:**

swiit-swiit	sehr süß
suun-suun	sehr schnell
taaki-taaki	zuviel reden

Aus dem häufig gebrauchten Wort *nothing* wird im Kreolischen *nuttn,* nattn gesprochen.

Mia dua nuttn	Ich tue nichts.
Mia goa nowhere	Ich gehe nirgendwohin.

Die Steigerung wird hier durch *at all* gebildet, *Nuttn at all* heißt „absolut nichts".

Um die **Mehrzahl** zu bilden, hängt man ein *dem* an: statt *girls* heißt es *girl dem, boy dem* usw.
Oft werden die Sätze durch das Weglassen von Wörtern **vereinfacht:**

My belly is hungry.	**Mi belly hongri.**
I don't know.	**Mi nah nah.**

Die Fluglinie BWIA nennt man *bee wee.*

Aus dem Wortschatz

Statt *I* für ich, benutzt man *mi* oder *ah*. Der, die, das wird zu *di*. Aus Stadt, *town,* wird *tong*. Aus *down dong*.

Mia go dong tong.
Ich gehe runter Stadt.
Ich gehe runter in die Stadt.

Break dong heißt Pause oder auch große Party. *All fall dong* heißt aber nicht unbedingt wörtlich, dass alles runtergefallen ist, sondern steht auch für eine Enttäuschung oder den totalen Zusammenbruch eines Plans.

Backside, Bati oder *Bamsi* heißt Hintern, und die Libelle ist (wahrscheinlich wegen ihres langen Hinterteils) die *Batimamselle.*

Ent wird oft ans Ende eines Fragesatzes gestellt, ähnlich wie bei uns oder?

Isn it, ent?	Ist doch so, oder?

Zahlen

Auch bei den Zahlen gibt es einige Abweichungen. So wird die drei, *three,* nicht ausgesprochen wie im Englischen, sondern *tri,* was mit *tree* wie Baum wegen derselben Aussprache verwechselt werden kann. Null, *zero,* wird oft mit nord angegeben. *nord tri nord* heißt dann nicht das Bäume im Norden stehen, sondern 030. Die Zahl zwei, *two,* wird zwar ausgesprochen wie im englischen, heißt aber oft auch einige oder mehrere, z.B. wenn jemand vom Nachbarn Früchte haben möchte.

Gi mi tuu mango.
Gib mir zwei Mangos.
Gib mir ein paar Mangos.

Besondere Begriffe

Hier einige Begriffe, die direkt oder indirekt mit dem Karneval zu tun haben:

bakkanal	Skandal
bombouzle	jemanden verwirren oder betrügen
fet	Fest oder Superparty
j'ouvert	Karnevalsmontag
jomp op	tanzen im karibischen Stil
laimin	herumhängen, süßes Nichtstun
mas	Maskerade
pan	Trommel aus einer Metalltonne
panorama	Wettstreit der Steelbands
cuul of	ausruhen
bubbies	Busen
Calypso tent	Calypso-Show
wainin	tanzen

Begriffe indischer Herkunft

Einige Wörter aus dem Sprachgebrauch der Inder:

beta	Junge oder Sohn
betl	Mädchen oder Tochter
bhai	Bruder oder respektvoller Titel
bhaji	Spinat
bhouji oder **bhabi**	Schwägerin
bodi	lange grüne Bohnen
chimta	böses Mundwerk
jhanjat	Unruhestifter
jurajama	indisches Hochzeitskleid
razzam	volle Geschwindigkeit
soorwa	Soße

Sprichwörter aus Tobago

- **Monkey know whey trii fu claim.**
Der Affe weiß, welche Bäume zum Klettern sind.
Man weiß, wem man vertrauen kann.

- **Rock stone nuh geh calling ah egg party.**
Kein Felsen wird zu einem Eierfest eingeladen.
Man weiß, wo man hingehört.

- **Nuh drink jinja ti andedda piiepl fiiva.**
Trink keinen Ingwertee, wenn andere Fieber haben.
Kümmere dich nicht um die Probleme anderer Leute.

tr_162 Foto: esm

Religionen, Geister und Kulte

Christentum, Hinduismus, Islam und andere Religionen

Auf T&T herrscht Glaubensfreiheit, und der Staat hat keinerlei Recht, sich in irgendwelche religiösen Dinge einzumischen. Dies und die Vielschichtigkeit der Bevölkerung haben zweifelsohne dazu beigetragen, dass es auf der Insel eine große Anzahl verschiedener Glaubensgemeinschaften gibt.

Trinidad

Auf Trinidad leben ca 35 % Katholiken, 28 % Hindus, 14 % Anglikaner, 6 % Moslems, 4 % Presbyterianer, 3 % Moravier, 2 % Baptisten und 1 % Methodisten. Der Rest setzt sich aus Kleinstkirchen und anderen Religionsgemeinschaften zusammen wie etwa Mormonen, Zeugen Jehovas und dem Yoruba-Kult aus Afrika. Dabei haben alle Religionen viel von ihrem Ursprung verloren und sich vermischt. Den christlichen Glauben findet man hier meistens stark mit afrikanischer Tradition vermengt.

Tobago

Auf Tobago gehören 35 % der Bevölkerung der anglikanischen Kirche an. 11 % sind Methodisten, 10 % Moravier, 10 % Adventisten, 8 % Katholiken und 0,4 % Hindus.

Gottes-dienste

Die Kirchen sind fast immer voll, man kleidet sich schick und singt viel und laut. Auch die Gottesdienste der katholischen oder anglikanischen Kirche fallen fröhlicher aus als in unseren Gefilden.

Man geht aber auch in den Gottesdienst, um den Nachbarn die neuen Kleider zu zeigen oder weil es innerhalb der Kirchengemeinschaft oft einen starken Zusammenhalt gibt; z.B. hilft man sich beim Hausbau, weil man derselben Kirche angehört.

Beerdigungen scheinen eher fröhlich und sehen oft aus wie Sonntagspartys, wenn die Männer das Grab ausgehoben, den ersten Schluck des allesbegleitenden Rums auf die Erde und den Rest in ihre Kehle gegossen haben. Nur so kann man die Zombies in den Gräbern halten, einen Unfall verhindern und vermeiden, dass sich das Grab nicht ausschachten lässt, weil sich die Erde nicht bewegt.

Baptisten

Die Baptisten unterziehen sich erst im erwachsenen Alter einer **Taufe,** nachdem sie in den wichtigsten und sehr strengen Regeln des Glaubens unterwiesen wurden, sie sollen erst bewusst glauben.

Die Baptisten gehören zur größten protestantischen Freikirche. Sie bestehen auf einer **Trennung von Kirche und Staat** und erlauben jedem Gläubigen, die Bibel persönlich für sich auszulegen.

Es gibt kein einheitliches Glaubensbekenntnis. Oft berichten die Priester nur von ihren eigenen Heilserfahrungen, und es gibt viele Laienprediger die mit Mönchsgewand, Kerze und Bibel an Straßenecken stehen und predigen. Vielleicht liegt es ja an dieser **freien Auslegung des Glaubensbekenntnisses,** dass diese Glaubensgemeinschaft so stark an die afrikanischen Bräuche erinnert. Von den Schwarzen anderer Glaubensgemeinschaften werden Baptisten oft mit Skepsis betrachtet.

Das **Thanksgiving-Fest** der Baptisten wiederum ist ein dreitägiges Spektakel mit Kerzen und Trommeln, das stark an ein afrikanisches Kultfest erinnert. Die Teilnehmer tanzen stundenlang zu Trommelrhythmus und Gebet, viele geraten in Ekstase, und einige fallen in Trance *(Catching Power)* und müssen oft festgehalten und regelrecht „zurückgeholt" werden. Die Baptisten sind von allen gefürchtet, weil sie „Voodoo betreiben und mit dem Teufel im Bunde stehen".

Die **Gottesdienste** der Baptisten sind am lautesten und buntesten. Es wird kräftig getanzt, und die Frauen tragen Kopftücher in unterschiedlichen Farben, die alle eine bestimmte Bedeutung haben: rot für das Blut Jesu, gold ist die königliche Farbe, blau die Heiligkeit, grün bedeutet Stärke, braun Fröhlichkeit und cremefarben symbolisiert Reinheit.

Inwieweit das Ganze mit **Voodoo** zu tun hat, lässt sich schwer sagen. Fest steht, dass die Baptisten nicht gern Fremde bei ihren religiösen Festen dabeihaben wollen (schon gar nicht mit Kamera), und die Einheimischen ihnen allerlei Zauberkräfte nachsagen.

Methodisten

Die Methodistenkirche ist ein Abkömmling der anglikanischen Kirche. Der Gründer des Methodismus war *John Wesley* (1703-1793). Er war zusammen mit seinem Bruder *Charles* auf der Suche nach mehr Spiritualität innerhalb der Kirche. 1729 traten die Methodisten in Oxford das erste Mal an die Öffentlichkeit. Der Prediger *Nathaniel Gilbert* brachte den Methodismus 1760 in die Karibik, als er seine Sklaven auf Antigua in ihm unterwies.

Moravische Kirche

Die Moravische Kirche oder **Herrnhuter Brudergemeinschaft** entstand durch verschiedene Einflüsse und Reformen in Böhmen und Mähren. 1722 wurde die erste Niederlassung auf dem Gut des Grafen *Zinsendorf* (1700-1760) in Herrnhut gegründet. Von hier aus breitete sich die Brudergemeinschaft in Europa und Amerika aus. 1732 kamen die ersten Missionare dieser Glaubensgemeinschaft in die Karibik, um Sklaven zu bekehren, und zwar nach St. Thomas auf die Jungferninseln.

Anders als bei den Baptisten wird man hier auch als Tourist ständig zum Gottesdienst eingeladen

Anglikaner

Die anglikanische Kirche zählt eigentlich zur protestantischen Religion, allerdings mit vielen katholischen Einflüssen. Ihr Oberhaupt ist der Erzbischof von Canterbury. Die Grundlagen der anglikanischen Kirche sind die Akzeptanz des historischen Bischofsamtes, die Würdigung der Sakramente Taufe und Abendmahl sowie die Anerkennung der Bibel als göttliche Offenbarung. Als britische Kirche ist sie in allen ehemaligen britischen Kolonien vertreten.

Presbyterianer

Die Presbyterianerkirche gilt als Urkirche. Hier wurde bereits im 2. Jh. ein „Ältester" gewählt, der über das kirchliche Handeln einer Gemeinde bestimmte. *Presbyteros* stammt aus dem Griechischen und heißt „Der Ältere". Christus ist das Oberhaupt der Gemeinde, alle anderen Kirchenmitglieder sind gleich. Dem Presbyter stehen Würdenträger zur Seite, die bei der Verwaltung der Gemeinde helfen.

Islam

Ca. 6% der Einwohner Trinidads sind Moslems. Sie leben vorwiegend **im südlichen Teil der Insel.**

Ein Moslem ist verpflichtet, fünfmal am Tag Richtung Mekka zu beten, Bedürftige zu unterstützen, einmal im Leben nach Mekka zu pilgern und im Monat Ramadan zu fasten. Am Ende des Ramadan feiern die Moslems ein dreitägiges Fest, Eid-ul-Fitri, (siehe Feste).

Der heilige Tag der Moslems ist der **Freitag,** daher ist auch die größte Moschee die Jami Masjid, die so genannte Freitagsmoschee.

Auch der moslemische Glaube unterliegt dem karibischen Einfluss, die Regeln des Koran werden hier nicht ganz so eng ausgelegt wie in der arabischen Welt.

Hinduismus

tr_166 Foto: esm

Der Hinduismus ist eine der ältesten noch existierenden Religionsgemeinschaften der Welt. Es gab sie in ihrem Ursprungsland Indien bereits 1000 Jahre vor Christus.

Zum hinduistischen Glauben kann man nicht übertreten, als Hindu wird man geboren. So sind alle auf Trinidad lebenden Hindus **Nachfahren der Lohnarbeiter,** die aus Indien in die Karibik kamen.

Der Hinduismus hat eine Unzahl von **Göttern.** Dem Gläubigen ist es selbst überlassen, welche Gottheit er am meisten verehrt.

Die drei wichtigsten Gottheiten der Hindus werden auch oft als drei verschiedene Erscheinungsformen eines Gottes bezeichnet: *Brahma*, der Schöpfer, *Vishnu*, der Erhalter, *Shiva*, der Zerstörer und Erneuerer. Alle drei werden immer mit vier Armen dargestellt. Brahma hat dazu noch vier Köpfe, womit man zeigt, dass er alles sehen kann.

Das indische Kastensystem gibt es auf Trinidad nicht, zwei andere Grundregeln des Hinduismus, die Zeremonien zur Reinigung und zum Dienen der Gottheiten und die **Leichenverbrennung** werden bei den Indern Trinidads aber weiterhin praktiziert. Die Hindus verbrennen ihre Leichen an der „Shore of Peace" südwestlich von San Fernando an der South Coast Road.

Vor den Häusern der Hindus sieht man oft *Jhandys* oder **Gebetsfahnen** stehen. Sie werden nach einer *Puja,* einem Hausgottesdienst im Garten, aufgestellt. Die Farben zeigen an, für welchen Gott die *Puja* abgehalten wurde. Rosa – Krishna, Rot – Hanuman, Gelb – Lakshmi, Schwarz – Kali. Farbige Flaggen in den Gärten der Schwarzen deuten allerdings auf Baptisten hin.

Viele moslemische, wie hinduistische Inder halten die Tradition aufrecht, dass die Eltern die Ehepartner aussuchen, und auch die Familienhierarchie ist von **alten Traditionen** geprägt.

Rastafari

Die Rastafaribewegung entstand in den 1930er Jahren in Jamaica. Ihr liegt das Alte Testament zugrunde, mit dem Unterschied, dass Gott schwarz und das gelobte Land Äthiopien ist. Dies bezieht sich auf folgende Bibelstellen:

„Prinzen werden kommen aus Ägypten, Äthiopien wird bald die Hand nach Gott ausstrecken." „Kusch, erhebe deine Hände zu Gott."

tri_167

Kusch ist der hebräische Ausdruck für schwarz, *etiop* die griechische Übersetzung der hebräischen Vokabel.

Die UNIA

1897 wurde **Marcus Garvey** in St. Ann's Bay auf Jamaica geboren. Mit 15 Jahren ging er in die Druckerlehre in Kingston und wurde Mitglied der Gewerkschaft. 1916 emigrierte er in die USA. Dort lernte *Garvey* das Leiden und die Unterdrückung

Marcus Garvey

richtig kennen. Er setzte sich für die Schwarzen ein wie kein Zweiter und führte die größte und einflussreichste Organisation von Schwarzen, die die Welt bis dahin gesehen hatte. 1918 gründete er die *UNIA (Universal Negro Improvement Association)*, deren Anliegen die Beseitigung der Rassendiskriminierung und die Gleichberechtigung der Schwarzen sowie deren Rückkehr nach Afrika war.

„Die Universal Negro Improvement Association repräsentiert die Hoffnungen und Erwartungen unserer erwachten Brüder. Unser Wunsch ist es, uns an den Ufern des Nil niederzulassen, unsere Lieder zu singen und unsere Hymnen dem Gott von Äthiopien darzubringen."

Als *Garvey* zum ersten Mal in die USA abreiste, soll er gesagt haben: „Seht nach Afrika, dort wird ein schwarzer König gekrönt werden. Er wird der Erlöser sein."

Hymne der UNIA

von *Marcus Garvey*

„Äthiopien, du Land unserer Väter,
du Land, in dem die Götter gerne sind,
wie sich Sturmwolken nachts jäh zusammenballen,
eilen unsere Armeen zu dir.
Wir müssen siegreich sein im Kampf,
wenn die Schwerter bis zum Glühen aufeinanderschlagen;
glorreich wird der Sieg für uns sein,
wenn uns das Rot, das Schwarz und das Grün anführt.
Vorwärts, vorwärts zum Sieg,
lasst Afrika frei sein,
stoßt vor gegen den Feind
mit der Kraft
von dem Rot, dem Schwarz und dem Grün.
Äthiopien, die Tyrannen fallen,
die dich an deinen Knien packten,
und deine Kinder rufen freudig
von jenseits der großen See:
Jehova, der Große, hat uns erhört,
hat unsere Seufzer und Tränen bemerkt,
mit seinem Geist der Liebe hat er uns aufgerüttelt,
eins zu sein in den Jahren, die vor uns liegen."

Im November 1930 wurde ein bis dahin unbekannter Stammesfürst in Addis Abeba zum 111. Herrscher von Äthiopien gekrönt: *Ras Tafari Makkonen, Haile Selassie I., Negus Negesti,* König der Könige, Herr der Herren, siegreicher Löwe von Juda.

Zu diesem Ereignis passte die Bibelstelle aus der Offenbarung 5, Kap. 5: „Weine nicht! Siehe, es siegte der Löwe aus dem Stamme Judah, der Wurzelspross Davids, um das Buch und seine sieben Siegel zu öffnen."

Einer der Anhänger *Garveys* auf Jamaica war **Leonard Howell.** Er sah in der Krönung die Erfüllung von *Garveys* Prophezeiung und begann nun, über die Göttlichkeit des äthiopischen Kaisers zu predigen. Er wurde die führende Figur der Bewegung.

1933 verkündete *Howell* öffentlich sechs Thesen, für die er zwei Jahre Haft bekam. Unter anderem wollte er Rache an den Weißen, predigte Hass auf sie, lehnte die Regierung von Jamaica ab, sah die schwarze Rasse als überlegen und *Haile Selassie* als höchsten Führer.

Camp Pinnacale

Nach seiner Haftentlassung zog sich *Howell* mit einer militanten Anhängerschar auf sein Landgut Pinnacale in den Bergen zurück und gründete das erste Rastacamp. Man zahlte keine Steuern, ernährte sich von der eigenen Landwirtschaft und baute Marihuana an.

Howell ernannte sich zum Stadthalter Gottes, zum „Haile Selassie von Jamaica". 1941 verhaftete die Polizei *Howell* und 28 Rastas. 1954 wurde das Camp endgültig geschlossen.

In diesem Camp Pinnacale ließen die Rastas erstmals ihre Bärte und Haare aus Protest gegen die Weißen lang wachsen, die schwarzes Kraushaar als schmutzig bezeichneten. Wegen dieser Haartracht erhielten sie in Jamaica bald den Namen **Dreadlocks.**

Nach der Zerstörung des Camps zerstreuten sich die Rastas über das ganze Land, die meisten landeten jedoch in den Slums von Kingston, und *Howell* starb in einem Heim für Geisteskranke.

Die Rastas rauchten eine Menge Ganja, einige übertraten auch andere Gesetze, was zu permanenten Auseinandersetzungen mit der Polizei führte.

Rückkehrversuche

Der nächste dunkle Punkt in der Rastabewegung war „Reverend" **Claudius Henry.** Er gründete 1959 die *African Reformed Church,* versprach seinen Anhängern die Rückkehr nach Afrika und verkaufte „Ausreisezertifikate". Am 5.10.1959 warteten Hunderte von Rastas vergeblich auf das Schiff. Er und sein Sohn kamen in den folgenden Jahren oft in die Schlagzeilen und mit ihnen die Rastas.

Während ein Teil der jamaicanischen Bevölkerung die Furcht vor den Rastas schürte, sahen die anderen, unter ihnen Ministerpräsident *Norman Manley,* dass die meisten Rastas friedliebend und bitterarm waren und nur Anerkennung und ihre Ruhe wollten. Er ließ von der westindischen Universität in Kingston die erste umfangreiche Studie über die Rastabewegung erstellen. Auf Grund dieser Studie flog eine erste Delegation nach Afrika, um sich nach **Möglichkeiten für die Rückkehr** der Rastas umzusehen. Nun zerplatzte der Rastatraum endgültig, denn *Selassie* sagte, er wolle keine Ganja rauchenden Jamaicaner in seinem Land, die keine Steuern zahlten.

Besuch Selassies

Nach weiteren Auseinandersetzungen zwischen Rastas und der Polizei holte *Norman Manleys* Sohn *Michael,* der das Amt seines Vaters übernommen hatte, *Haile Selassie,* der seiner eigenen Heiligkeit immer widersprochen hatte, nach Jamaica. Er landete am 21.4.1966 in Kingston, wo 100.000 Menschen, unter ihnen 10.000 Rastas, auf dem Rollfeld warteten. Der offizielle Teil des Empfangs fiel ins Wasser, da die Rastas einen riesigen Tumult auf der Landebahn veranstalteten. Schließlich geleitete einer der führenden Rastas, *Mortimer Plano,* den Kaiser durch die tobende Menge zum Auto. Die Rastas durften dem öffentlichen Empfang im Kings House beiwohnen und wurden vom Kaiser zu einer privaten Party eingeladen.

Nun wurden die Rastas nicht länger ignoriert: Man handelte einen Kompromiss aus, sie sollten sich erst einmal im eigenen Land verwirklichen, bevor sie nach Afrika zurückkehren konnten.

Der Besuch des Kaisers lag keine drei Monate zurück, da ließ die Regierung wegen steigender Unruhen in einer Blitzaktion drei Rastacamps in den Slums von Kingston mit Bulldozern dem Erdboden gleichmachen. Die Bewohner hatten noch nicht einmal Zeit, ihr armseliges Hab und Gut in Sicherheit zu bringen.

Rastafarian Movement

Einer der besten Rasta-Poeten, **Ras Sam Brown,** bewarb sich 1961 um einen Sitz im Parlament. Er bekam zwar nicht genügend Stimmen, aber er gründete eine einflussreiche Rastaorganisation, das *Rastafarian Movement.*

Hatten der Rastabewegung bisher nur Leute der untersten Schicht angehört, so fühlten sich jetzt immer mehr Jugendliche der mittleren Schicht den Rastas zugehörig. So konnte das Bild vom dummen, faulen Rasta nicht länger aufrechterhalten werden. Die **Rastasprache** wurde zur Umgangssprache, die Dreadlocks bekamen eigene Radiosendungen.

Rastas heute

Heute sind die Rastas eine **führende kulturelle Schicht** in Jamaica und die wichtigsten Vertreter der jamaicanischen Kunst und Musik.

Rastas findet man heute in allen Gesellschaftsschichten und **auf allen Inseln der Karibik.** Sie sind stolz auf ihre Hautfarbe, verleugnen ihre afrikanische Herkunft nicht und entwickeln erstmals so etwas wie eine eigene Kultur, die den Schwarzen durch die Versklavung weitestgehend abhanden gekommen war.

Heute hat fast jeder Rasta seine eigene, für sich geltende **Religion.** Für alle gemeinsam ist ihr Gott

der Gott des Friedens und der Liebe. Sie sind Kinder Jahewes (*Jahewe* = jüdische Bezeichnung für Gott, wird bei den Rastas zu *Jah*). Für sie gibt es keinen Tod, denn Tod ist negativ und Rastaman-Vibration positiv.

Auch Weiße können Mitglieder der Rasta-Bewegung werden. Für die Rastas spielt die Hautfarbe keine Rolle, Hauptsache ist der Wille zu Liebe und Frieden. Nur die weiße Masse wird von ihnen als Unterdrücker verurteilt, nicht die Einzelperson.

Die Waffe der Rastas ist Liebe und Verständigung. Sie verdammen Betrug, Gewalt, Diebstahl, Prostitution, Glücksspiel und Alkohol. Rastas essen *„Ital-Food"*, also natürliche Speisen, kochen ohne Salz, nur mit Kräutern, essen Fisch, aber kein Fleisch. Sie verwenden auch eine eigene Sprache.

Typisch für die Rastas sind außer ihren Dreadlocks auch die Farben Äthiopiens, Grün-Gelb-Rot. Grün steht für das Land Afrika, Gelb für den Reichtum des Landes, Rot für das vergossene Blut.

Die meisten Rastas rauchen Marihuana, **Ganja** oder auch *Weed*, oder *Herb* genannt. Es ist für sie kein Rauschgift, sondern der Weg in eine tiefere Einsicht der Dinge und damit zu Gott. *Ganja* wird auch oft in Speisen verwendet und soll, in der richtigen Weise zubereitet, bei Verstopfung, Asthma, Fieber, Erkältung und psychischen Störungen helfen. Da *Ganja* das Hinduwort für Marihuana ist, nimmt man an, dass indische Arbeiter das Kraut auf die Inseln brachten, denn in der hinduistischen Religion benutzt man es bereits seit Jahrtausenden zu religiösen Zwecken.

1913 wurden Anbau, Verkauf, Genuss und Besitz von *Ganja* unter Strafe gestellt, was der weiteren Verbreitung aber keinen Abbruch tat.

Wegen eben dieses Ganja-Genusses und ihrer Haare werden die Rastas auf den Inseln oft benachteiligt. Sie bekommen ständig Ärger mit der Polizei und dürfen nicht in allen Berufen arbeiten.

Unter den Rastas gibt es sehr viele Künstler, und vom Musiker und Poeten bis zum Verkäufer von Kunsthandwerk liegt ein großer Teil der karibischen Kultur in ihren Händen.

Der berühmteste Rasta war der Reggae-Musiker *Bob Marley*. In seinen Songs setzte er sich immer wieder für die Gleichberechtigung von Schwarz und Weiß ein. Seit dem Tod von *Bob Marley* hat die Rastabewegung keine großen Persönlichkeiten mehr hervorgebracht, und immer mehr Rastas trennen sich von ihren Dreadlocks, die ihnen nur ständigen Ärger mit der Polizei einbringen.

Voodoo

Ursprünge

Der Voodookult hat seine Hochburg auf der Karibikinsel Haiti, wird aber auch auf allen anderen Inseln praktiziert. Auf Trinidad findet man hauptsächlich im Süden der Insel Religionsgemeinschaften dieser Art. Auf Tobago stehen hauptsächlich die Baptisten in Verbindung mit den alten afrikanischen Geistern.

Die Ursprünge des Voodoo liegen in den alten Religionen und Zauberkünsten Westafrikas von Gambia bis Angola. Als die ersten Sklavenschiffe die Westindischen Inseln anliefen, waren auch Zauberer und Priester des Voodookultes an Bord.

Loas

Die Sklaven in der Neuen Welt brauchten die Hilfe dieser Zauberer. Die Zauberer arbeiten mit den Geistern, Göttern und Dämonen zusammen. Diese Wesen heißen Loas und haben die Aufgabe, Menschen zu helfen oder aber sie zu quälen. Der Voodookult beruht auf der Verehrung dieser Loas.

Es gibt eine Reihe von bekannten Loas, die den Menschen in einer bestimmten Weise beistehen, wenn sie von den Priestern dazu aufgefordert werden: *Papa Legba, Maitre Carrefour, Amelia, Bazo, Danga Mina, Gangan, Ogoun* und *Wagol.* So ist z.B. *Erzilie* der Geist der erotischen Liebe.

Andere Geister müssen von den Priestern in Schach gehalten werden, damit sie die Menschen nicht quälen.

Voodoopriester

Die Voodoopriester heißen *Honngans,* die Zauberer *Zobops.* Sie können männlich oder weiblich sein, müssen sich lange einer geheimgehaltenen Lehrzeit unterziehen und an vielen Riten teilnehmen, bevor sie im Orden akzeptiert werden. Dann besitzen sie eine ähnliche Zauberkraft wie Hexen und Magier anderer Kulte.

Sie verwenden **Zaubersprüche** und **Amulette,** können fliegen, ihre Gestalt verändern und Tote erwecken. Dabei sollen die Männer mächtiger sein als die Frauen. Sie können sich z.B. in ein Geistermoskito verwandeln, welches den Kindern das Leben aussaugt.

Die Voodoopriester sagen, dass sich auch christliche Heilige wie *Johannes der Täufer* den Loas angeschlossen haben. Selbst Engel sind dabei. Sie heißen *Zanges.* Die Engel und Heiligen sind die Vermittler, über die man sich an den Gott der Christen wendet und um Hilfe bittet.

Die Geister von Trinidad und Tobago

Die Menschen auf den Inseln verfügen über eine lebhafte Vorstellungskraft, wie sie bei uns höchstens noch in den Köpfen der Kinder vorhanden ist. Am deutlichsten spürt man diese Phantasie in den Legenden und im Karneval.

Auf T&T ist der Geisterglaube weit verbreitet. Fast jeder Bewohner ist in der Lage, Gruselgeschichten zu erzählen, die er entweder selbst erlebt oder von anderen gehört hat. Empfindlichen Reisenden können sich bei solchen Erzählungen in der entsprechenden Atmosphäre schon mal die Nackenhaare sträuben.

Am meisten verbreitet sind die Geschichten über harmlose Geister, die **Jumbies.** Es sind Geister von Toten, die nachts aus den Gräbern steigen, umherwandern und allerlei Unfug mit den Lebenden treiben.

Gestalten ohne Kopf oder mit durchsichtigem Körper erfreuen sich ebenfalls großer Beliebtheit, genauso wie Geschichten über alte **Spukhäuser,** die von weitem hell erleuchtet sind und eine große Gesellschaft beherbergen, beim Näherkommen aber dunkel und verlassen sind. Oft führten solche

Geschichten bereits zum Abriss der Häuser, damit die Geister Ruhe finden.

Es gibt Geistergeschichten, deren Urprung aus Afrika kommt, ebenso wie europäische. Wie andere kulturelle Einflüsse auf T&T vermischten sich auch die Geistergeschichten.

Auch heute sind all die folgenden und noch viel mehr Legenden auf den Inseln so lebendig, dass man überall Leute trifft, die an sich ganz modern eingestellt sind, aber schwören, dass sie La Diablesse leibhaftig begegnet sind, eine Meerjungfrau sie für drei Tage ins Wasser holte, oder ein Soucouyant ihnen Blut ausgesaugt hat.

Jumbies

Wer gerne selbst einen *Jumbie* sehen möchte, bekommt folgenden Tipp: „Man nehme etwas von dem Augenschleim eines Hundes und streiche es in sein eigenes Auge. Dann gehe man um 12 Uhr mittags oder um 6 Uhr abends zu einem Friedhof. (Um diese Zeit kommen die *Jumbies* aus ihren Gräbern.) Nun stelle man sich mit dem Rücken zum Friedhof, bücke sich und sehe zwischen seinen Beinen hindurch, und der *Jumbie* ist zu sehen." Natürlich traut sich niemand, das auszuprobieren, es könnte ja doch was Wahres dran sein.

Wenn man spazierengeht und einen kurzen Augenblick Leichengeruch wahrnimmt, ist das ebenfalls ein *Jumbie*. Man hüte sich aber, darüber zu sprechen. Wenn man nachts für kurze Zeit das Haus verlässt, sollte man sein T-Shirt mit der linken Seite nach außen anziehen und das Haus rückwärts betreten, dann können die *Jumbies* nicht folgen.

Belarivo

Einst versuchte jemand, den Geist des *Joachim Belarivo* auferstehen zu lassen, um ihn für sich arbeiten zu lassen. Leider waren seine Zauberkenntnisse nicht ausreichend. *Belarivo* stand zwar als *Jumbie* wieder auf, wollte aber nicht arbeiten, sondern erschien statt dessen auf einer Hochzeitsfeier. Bei seinem Auftritt suchten die Gäste schreiend das Weite. Einem mutigen Priester gelang es durch Zureden, *Belarivo* dazu zu bringen, in sein Grab zurückzukehren.

Allerdings erschien der danach bei allen Festlichkeiten und musste schließlich in einem Bleisarg eingeschlossen und unter einem Steinhaufen begraben werden.

Duppy Der *Duppy* ist einer der harmloseren Geister der Westindies. Die Menschen gehen an das Grab eines verstorbenen Verwandten und rufen so lange seinen Namen, bis der *Duppy* erscheint. Dann schickt man ihn zu jemandem, den man ärgern will. Wenn der *Duppy* jemanden anhaucht, muss dieser sich übergeben, wenn er jemanden berührt, windet derjenige sich in Krämpfen. Um sich vor einem *Duppy* zu schützen, streut man etwas Tabaksamen um sein Haus.

Papa Bois Der mächtigste Geist in der Mythenwelt von T&T ist *Papa Bois*, der Beschützer des Waldes und der Tiere. *Papa Bois* erscheint meistens in Gestalt eines wild aussehenden Mannes mit Bart und langen Haaren. Er hat Hörner, Fell und eine Harfe. Seine Mutter war ein Reh, sein Vater ein Jäger. Er kümmert sich liebevoll um kranke und verwundete Tiere. Jäger aber, die mehr Tiere erlegen als sie zum Leben brauchen oder ihnen unnötig Qualen bereiten, müssen *Papa Bois* fürchten. Oft führt er, in ein Tier verwandelt, solche Jäger in einen Abgrund, so dass sie sich zu Tode stürzen, oder er lässt sie tagelang durch den Wald irren, bis sie vor Erschöpfung zusammenbrechen.

Mama Dlo *Mama Dlo* oder *Mama d l'eau* ist halb Frau halb Schlange. Sie ist die Beschützerin der Flüsse und wird nur Menschen gefährlich, die Flüsse vergiften, Bäume abbrennen oder Tiere zum Spaß töten. Sie ist die Geliebte von *Papa Bois*.

Tagsüber sitzt sie an Flussläufen und kämmt mit einem goldenen Kamm ihre langen Haare, die aussehen wie kleine Schlangen.

Soucouyants

Ungeliebte, einsame Menschen können sich in *Soucouyants* (sprich: soo-soo-yah, Vampire) verwandeln. Sie ziehen ihre Haut aus und lassen sie auf der Schwelle liegen; dann verwandeln sie sich in Feuerbälle und fliegen durch die Luft. Während des Feuerballdaseins können sie jede beliebige Form annehmen. Sie fliegen zu den Menschen und saugen ihnen das Blut aus. Im Morgengrauen fliegen sie heim und ziehen ihre Haut wieder an. Hat aber jemand die Haut gefunden und Salz hineingestreut, können sie sich die Haut nicht überstülpen und müssen sterben. Allerdings muss auch immer ein Priester mit einem Kreuz und kochendem Teer in der Nähe sein, sonst wirkt das Salz nicht.

Wenn man nachts träumt, dass man von einer Kuh verfolgt wird, und morgens dunkle Flecken am Körper hat, kann man sicher sein, dass einem ein *Soucouyant* Blut ausgesaugt hat.

Man schützt sich davor, indem man Reis oder Salz um sein Bett streut. Der *Soucouyant* muss jedes Korn zählen, bevor er Blut saugen kann, und dann ist es schon wieder Morgen, und er muss unverrichteter Dinge zurückkehren.

La Diablesse

Diese Teufelin ist eine schöne Frau mit einem Kuhfuß. Sie zieht sich nach alter französischer Mode an, oder auch ganz modern. Man kann sie nachts auf der Straße, im Wald, oder bei großen Festen finden. Dort wird sie immer die schönste Frau sein und die Männer betören. Wenn ein Mann ihr folgt, führt sie ihn in die Irre. Oft hält sie auch Autos an, um mitgenommen zu werden.

Wer sich mit ihr einlässt, wird nie mehr sein wie vorher, oder kurz nach der Begegnung sterben. Oft trägt sie einen großen Hut, und wenn man ihr mit einem Streichholz ins Gesicht leuchtet, sieht man eine schreckliche Grimasse, und sie läuft grell lachend davon. Begegnet man ihr, soll man alle Kleidung ausziehen und mit der linken Seite nach außen wieder anziehen, dann kann sie einem nichts mehr anhaben.

Saga boy

Das Licht der Glühwürmchen geht an und aus. Sieht man aber ein Licht, das beständig leuchtet, so ist das *Saga boy* oder *cook with fire*. Das Licht kommt einem zwischen die Füße, um einen zu erschrecken; wenn man stehenbleibt passiert nichts, läuft man aber weg, kann man leicht zu Tode kommen.

Douens, Douennes

Douens oder *Douennes* sind die Geister kleiner Kinder, die ungetauft sterben. Sie tragen große Strohhüte, haben keine Gesichter und ihre Füße stehen rückwärts. Sie leben an Flüssen oder unter großen Bäumen und essen Mais und Krabben. Sie locken durch ihr Rufen gern Kinder tief in den Wald, so dass diese nicht mehr zurückfinden. Ein Mann soll einmal ein solches Kind mitgenommen haben. Unterwegs wurde das Kind immer größer und schwerer, dann sagte es mit Männerstimme: „Besser du bringst mich dahin zurück, wo du mich gefunden hast," was der Mann auch schnell tat. Sofort wurde es wieder ein schreiendes Baby.

Nixen und Feen

Meerjungfrauen und Feen leben ebenfalls in den Legenden der Inseln und versuchen, mit allen möglichen Zaubern Menschen in ihr Reich zu locken. Am liebsten mögen sie welche mit weicher Haut. Sie holen die Leute ins Wasser, oder stehlen ihnen die Schatten. Auch gegen diese Wesen kann man sich nur mit bestimmtem Gegenzauber wehren.

Kunst und Kultur

Architektur

Der karibische Baustil ist eine Mischung aus indianischer und afrikanischer Tradition, europäischen Einflüssen und der Anpassung an die Klimaverhältnisse.

Die größten architektonischen Sehenswürdigkeiten auf den Inseln sind Forts, Kirchen und Plantagenhäuser.

Als die europäischen Seemächte die Inseln in Besitz nahmen, errichteten sie zunächst an strategisch wichtigen Punkten **Forts,** um die Inseln gegenüber anderen Kolonialmächten zu verteidigen. Keine Siedlung durfte ohne **Kirche** gebaut werden und die Plantagenbesitzer errichteten große **Herrenhäuser.** Gebaut wurde im Stil der jeweiligen Besatzermacht. Als Baumaterial dienten europäische Ziegelsteine oder einheimisches Korallengestein. Auch Holz wurde oft verwendet.

Nach Erfindung der Holzsägemaschinen in den USA stattete man die Häuser an den Fenstern, den Giebeln und den Veranden mit **dekorativen Schnitzereien** aus, die auch der Belüftung dienten. Solche Häuser nennt man *Gingerbreadhouses* (Lebkuchenhäuser) oder (auf Barbados) *Dollhouses* (Puppenhäuser).

Als man feststellte, dass es auf den Inseln niemals Winter wurde (das war den meisten Siedlern keineswegs klar gewesen), dass man aber mit starken Stürmen und Regengüssen zu rechnen hatte, versuchte man die Bauweise anzupassen: man ging dazu über, alle Häuser mit **Galerien und Veranden** zu versehen. Fensterläden und Türen wurden luftdurchlässig gebaut, oft mit Lamellen zum öffnen und schließen.

Die **Häuser der Sklaven** waren klein und aus Flechtwerk oder Holz. Man nennt sie *Chattelhouses,* **bewegliche Häuser,** denn sie mussten bei Bedarf abgebaut und an einer anderen Stelle wieder aufgebaut werden. Diese Häuser wurden auf kurze **Steinpfeiler** gebaut, damit das Wasser besser abfließen konnte und kein Ungeziefer hineinkam. Das Dachsims war kurz, um Stürmen zu widerstehen, an den Seiten hing das Dach jedoch ein gutes Stück über, um die Wassermassen in den regenreichen Monaten abzuhalten. Auch dies ist indianischen Ursprungs.

Küche und Waschhaus brachte man meist in getrennten Häusern unter wegen Brandgefahr, Rauch und Lärmbelästigung. Um frische Kräuter zu haben, insbesondere Heilkräuter (an ärztliche Versorgung war in dieser Zeit kaum zu denken), legte man neben der Küche einen Kräutergarten an. Solche **Hausgärten** sowie der Brauch, Pflanzen in Töpfen rund um die Häuser aufzustellen, stammen ebenfalls aus der **Indianerkultur.**

tr_181 Foto: esm

Anfangs hatten die Häuser noch die natürliche Farbe des Holzes, denn erst zwischen den beiden Weltkriegen wurden die ersten **Farben** auf die Inseln importiert. Hier entwickelten sich dann in Anlehnung an die Farben der Umgebung die typischen *Candycolors:* das Blau des Himmels, das Türkis des Meeres, das Pink der Bougainvillea und das Gelb des Yellow Poui.

Die neuen Häuser wurden bald einschließlich der Veranda aus **Stein** gebaut, da es billiger war und man sich so auch nicht mehr die Mühe machen musste, verottete Holzteile auszutauschen. Anstelle der Holzschnitzereien verwendet man nun sogenannte **Ventilationssteine,** mit verschiedenen Mustern durchbrochene Steine, die für die nötige Belüftung sorgen.

Die größten architektonischen **Sehenswürdigkeiten** sind die *Seven Magnificient Buildings* am Queens Park Savannah, Port of Spain. Hier sieht man auch noch viele schöne *Gingerbreadhouses.* Das sehenswerteste Fort der beiden Inseln ist *Fort King George* auf Tobago. Die schönste alte Kirche ist die *Cathedral of Immaculate Conception* am Independence Square in Port of Spain.

Chattelhouse

Musik

Die Künste, die sich auch während der Sklavenzeit nicht unterdrücken ließen, waren Musik, Gesang und Tanz.

Hier fand ein Aufeinandertreffen afrikanischer und europäischer Musik statt. Die Sklaven lernten Walzer, Polka und Mazurka und mixten alles mit ihrer Musik zu Karneval, Festen und Beerdigungen. Gitarren, Geigen und Mandolinen kamen aus Europa und wurden zusammen mit afrikanischen Trommeln und den Rasseln der *Taino-Indianer* gespielt. Der *Limbo* stammt aus Afrika und war ursprünglich ein Tanzritual, bei dem die Seele ins Totenreich hinüberwandert.

Heute findet man auf den englischsprachigen Inseln hauptsächlich **Reggae, Calypso** und **Soca.**

1981 wurde erstmals auf Barbados das Tanz- und Musikfestival **Carifesta** abgehalten. Hier stellt jede Insel ihre Musik und ihre Tänze vor. *Carifesta* findet jedes Jahr auf einer anderen Insel statt. 1992 war es auf Trinidad und Tobago.

Aus Trinidad stammen die **Calendatänze** mit Stockkämpfen; auch die **Steelbands** sind eine Originalerfindung aus Trinidad.

Literatur und Bildende Kunst

Malerei

Verhältnismäßig spät konnte sich die Malerei entwickeln. Zwar hat beispielsweise die naive Malerei von Haiti immer noch den größten Bekanntheitsgrad, aber auch auf Trinidad gibt es Maler, die Beachtung verdienen; leider sind ihre Namen über die Landesgrenzen hinaus nicht so populär.

Der als Sohn indischer Eltern 1932 auf Trinidad geborene **Viviadhar Surajprasad Naipaul** erhielt 2001 den Nobelpreis für Literatur. Er lebt heute in England und arbeitete dort für den Rundfunk, ehe er nur noch schrieb. Er verfasste Romane über die koloniale Vergangenheit Afrikas und der karibischen Inseln. Auf Deutsch erschienen sind *„Sag mir*

Deutsche Künstlerin, Tobegonische Kunst – Das Museum Kimme

Luise Kimme studierte in Berlin, London und den USA. Später unterrichtete sie an der Kunstakademie in Düsseldorf. In den Semesterferien baute sie ihr Haus und ihr Museum in Tobago. Inzwischen lebt sie ganz auf der Insel. Von hier stammen auch die Ideen für ihre mannshohen, farbenfrohen **Holzskulpturen.** In ihrer ganz eigenen Art stellt sie Menschen, Tiere und Pflanzen dar. Hibiskus, Kolibri, Pelikan, Hai, Eidechse, Helikonie, Cocrico, Bananenstauden und vieles mehr taucht in ihren lebendigen Skulpturen wieder auf, und sie hatte schon einige erfolgreiche Ausstellungen auf Trinidad und Tobago. 1985 veröffentlichte das Überseemuseum in Bremen das von *Luise Kimme* geschriebene Buch *Chachalaca* (anderer Name für Cocrico, den ehemaligen Wappenvogel Tobagos). *Luise Kimmes* Buch, halb auf Deutsch und halb auf Englisch geschrieben, mit vielen Fotos und Abbildungen, beschreibt sehr anschaulich und lebensnah in kleinen Episoden das Leben auf Tobago.

- **Kimme, Luise:** Chachalaca, Überseemuseum Bremen, geöffnet So 10-14 Uhr, www.luisekimme.com.
- **Privatmuseum „Fairyhouse“** in Bethel/Mt. Irvine auf Tobago, Tel. 639 0257.

wer mein Feind ist“ (1973), *„Herr und Sklave“* (1974), *„Wahlkampf auf karibisch“* (1975), *„An der Biegung des großen Flusses“* (1980) und *„Ein Haus für Mr. Biswas“* (1981).

In der **Volkskunst** der Inseln findet man sehr schöne Keramikarbeiten, Holzschnitzereien, Batik- und Flechtarbeiten, aber auch sehr viel Kitsch, vor allem aus Muscheln. Weitere Hinweise finden sich unter „Souvenirs“.

Karneval

Wer die Fantasie der Trinidadianer einmal richtig sehen und erleben möchte, sollte auf keinen Fall den Karneval versäumen. Er ist das **größte Fest des Jahres** und der größte Karneval der Karibik.

Karneval wird auf anderen Inseln zu unterschiedlichen Jahreszeiten und auch nicht überall gleich gefeiert, ist aber immer ein riesiges, buntes, rauschendes Fest, das Tage oder auch Wochen dauert. Überall wird er mit Musik, Tanz, Gesang, Kostüm- und Trachtenumzügen im Rahmen von Wettbewerben begangen.

Ursprünge und Geschichte des Karnevals

Karneval der weißen Oberschicht

Einwanderer aus Frankreich brachten im 18. Jh. den Karneval aus ihrer Heimat mit in die Karibik. Im katholischen Frankreich war der Karneval ein riesiges Schlemmer- und Kostümfest vor der Zeit des Fastens. Aber bereits in der vorchristlichen Zeit trieb man mit ihm die bösen Geister des Winters aus. Die **Franzosen** feierten den Karneval natürlich unter sich, das heißt ohne Sklaven. Lediglich die freien Mulatten durften teilnehmen. Man kleidete sich elegant, maskierte sich und veranstaltete Bälle.

Karneval der Schwarzen

Nach der **Sklavenbefreiung 1834** wollten auch die Schwarzen endlich am Karneval teilhaben, denn Feste mit viel Tanz und Masken waren ihnen aus ihrer afrikanischen Heimat bekannt.

Sie verlegten ihr traditionelles **Canboulay-Fest,** das Abbrennen des Zuckerrohrfeldes vor der Ernte, auf den Dimanche Gras Day, den Karnevalssonntag, und veranstalteten wilde Straßenumzüge mit Trommeln und *Stick-fighting* (Stockkampf mit Bambusrohren). Dabei verkleideten sie sich und sangen Spottlieder auf die Weißen.

Die Schwarzen feierten den **kreolischen Karneval** und präsentierten die umgekehrte Welt. Sie kleideten sich elegant wie ihre Herren oder brachten afrikanische Elemente in den Karneval.

Verbotsversuche

Die weiße Oberschicht wollte dieses ausschweifende Fest nicht dulden. Die Weißen feierten von nun an nur noch in ihren Häusern, und die Zeitungen beschwerten sich über die Horden von „Wilden" in den Straßen. 1883 wurden die Trommeln verboten, und ab 1884 fanden die Umzüge nur noch am Karnevalsmontag unter Polizeischutz statt.

Doch die lange unterdrückten Schwarzen hatten endlich ein Ventil für ihre Lebensfreude gefunden und hatten weiterhin den starken Wunsch, sich zu maskieren. So entstanden in den Vororten von PoS die ersten **Mas Camps.**

Gemeinsamer Karneval

1894 kam dann der Kaufmann *Ingnatius Bodu* auf die Idee aus dem Karneval einen **Wettbewerb** zu machen. Da man damit Geld verdienen konnte, unterstützte der Bürgermeister die Sache, und immer mehr Kaufleute beteiligten sich. So wurde der Karneval immer mehr zu einem gemeinsamen Fest.

Als zu Beginn des 20. Jh. auch die neu entstandene Mittelschicht am Karneval teilnahm, erfuhr er eine Wende. Auf Trinidad begann man zu dieser Zeit verstärkt mit der **Darstellung historischer Themen.** Dabei blieb man nicht nur bei der eigenen Geschichte von Piraten und Indianern, sondern griff als Themen für *Mas bands* (Kostümgruppen) auch Elemente aus der römischen und griechischen Geschichte auf. Als Vorlage für die Kostüme dienten oft amerikanische Filme. Hier hatten die schwarzen Träger der Königskostüme auch einmal die Gelegenheit als große Helden aufzutreten. Diese „Historical Bands" waren bis Mitte der 1960er Jahre bei den Umzügen dominierend.

Als **Trinidad 1962 unabhängig** wurde, änderte sich das Bild. Man trug mehr einfache und farbenfrohe Kostüme und eine Standarte auf der das Motto der Band grafisch dargestellt war.

tr_185 Foto: esm

Der Karneval wird heute von allen Bevölkerungsschichten gefeiert, von Weißen und Schwarzen. Leute mit Geld einerseits tragen die aufwendigsten **Kostüme.** Für jedermann erschwinglich ist andererseits das Einschmieren von Körper und Kleidung mit Lehm oder Altöl. Man findet einfach jede Art von Kostümierung.

Einige typische heutige Karnevalscharaktere gehen zurück auf die Anfangszeiten des Karneval in der Kolonialzeit: *Jab Jabs* (Teufel), *Burrokeets* (Esel), *Midnight Robber* (Gauner), *Pierrot Grenade* (Clowns) und *Moko Jumbies* (Stelzenläufer).

Der Karneval wird immer mehr eine Zurschaustellung des eigenen Individuums. Einen speziellen **Tanz** hat der Karneval auf Trinidad nicht, er besteht nur aus zwei Schrittformen, welche die Trinbegonier *jump up* nennen oder *wine and jam.*

Man feiert ausgelassen, gibt seiner Lebensfreude Ausdruck – oder seiner Wut – maskiert sich, schlüpft in eine andere Haut und spielt **Theater.** Auch die Zuschauer machen mit, werden zu Akteuren, und die Akteure werden zu Zuschauern. Man vergleicht den Karneval inzwischen mit Straßenkunst, ja sogar mit einer Performance.

Die unzähligen kulturellen Strömungen auf Trinidad zeigen sich auch im Karneval. Man findet europäische, indische, chinesische und afrikanische Einflüsse, die zu einem großen Gesamtkunstwerk werden. Das verdanken die Trinidadier nicht zuletzt dem wohl einmaligen Karnevalsdesigner *Peter Minshall* (siehe Exkurs).

Geteilte Meinungen

Während der größte Teil der Bevölkerung begeistert mitmacht, wird der Karneval von der Kirche und vielen Menschen als **höllisches Fest** und moralischer und sittlicher Verfall gewertet, da Kostüme und Lieder von Jahr zu Jahr anzüglicher werden.

Leider nimmt auch mit zunehmender Arbeitslosigkeit die **Kriminalität** an den Karnevalstagen auf Trinidad zu, und so mancher Tourist und Einheimische wurde schon im allgemeinen Tumult ausgeraubt.

Peter Minshall - Star der Karnevalsdesigner

Peter Minshall ist der wohl bekannteste Karnevalsdesigner von Trinidad. Er hat in den letzten Jahren oft den ersten Preis für seine Band gewonnen und wurde 1992 für die Eröffnung der Olympischen Spiele nach Barcelona geholt, um seine designerischen Fähigkeiten auch auf diesem Gebiet unter Beweis zu stellen.

Das Geheimnis seines Erfolges ist nicht nur seine grenzenlose Fantasie, sondern auch, dass er oft eine regelrechtes Theaterstück aufführen lässt.

Ein glanzvoller Höhepunkt der Karnevalsgeschichte von Trinidad war 1983 Minshalls Band **„River"**. Über 3000 Bandmitglieder erschienen in dem sonst so farbenprächtigen Karneval in weißen Gewändern. Sie repräsentierten gleichzeitig die verschiedenen Flüsse und Bevölkerungsgruppen der Insel. Minschalls Königin, *Washerwoman,* verkörperte das Gute, der König, *Man Crab,* das Böse. Während *Man Crab* und *Washerwoman,* auf der Bühne kämpften, wurden alle Kostüme als Symbol für die Verschmutzung der Flüsse bunt gefärbt. Dieses erste „Theaterstück" der Karnevalsgeschichte war der Auftakt zu einer Triologie. 1984 kam *„Callaloo"* und 1985 *„The golden calabash"*. Auch bei „Callaloo" wurden im Rahmen der Handlung, wenn das Gute mit dem Bösen kämpfte, die weißen Kostüme der Band und die Zuschauer mit Farbe besprüht. Diesmal kämpfte *Man Crabs* Tochter *Madame Hiroshima* als Verkörperung des Bösen mit *Callaloo,* der das Gute repräsentierte.

1986 folgte **„Rat race"**. Die 4000 Mitglieder zählende Band zog in Rattenkostümen durch die Stadt. Jede Ratte hatte einen 2 m langen Schwanz, der mit Styropor gefüllt war. Vor den Preisrichtern tanzten alle Ratten mit den Schwänzen in der Luft. Eine unwiederholbare theatralische Glanzleistung. 1987 folgte *„Carneval is Coleur"*, die Band trug Gestelle mit bunten Bändern auf dem Rücken. Die Königsfigur, ein Skelett, war konstruiert wie eine übergroße Marionette.

1995 schockte *Peter Minshall* die ganze Nation mit seiner Band **„Halleluja"**. Die Minshallband brachte den Namen Gottes in den Karneval. Er gewann wieder einmal den Titel *Band of the Year,* und die Meinung der ganzen Nation war geteilt. Für die einen war es die Bestätigung, dass der Karneval immer ruchloser und gotteslästernder wurde, für die anderen war es die Bestätigung, dass der Karneval mehr war als bloßes *jump and wine.* 1996 zeigte Minshall nochmal sein Talent bei der Eröffnungszeremonie der olympischen Spiele in Atlanta. Im selben Jahr erweiterte er sein *Halleluja* vom Vorjahr um einen zweiten Teil *„Song of the earth"*, eine Hommage an das ganze Leben auf der Erde. *Minshalls* Band gewann erneut. Auch daraus wurde wieder eine Trilogie; 1997 folgte mit **„Tapestry"** ein neuer Höhepunkt im Schaffen *Peter Minshalls.*

Auf der anderen Seite hat sich die Bedeutung des Karnevals auch zum Positiven verändert. Er wurde zu einem **Fest für Jung und Alt,** für Menschen aller Religionen, Rassen und Hautfarben. Wenigstens einmal im Jahr sollen alle Menschen gemeinsam feiern.

Inzwischen ist die Idee des karibischen Karnevals von Trinidad **weltweit bekannt** geworden. Zuerst brachten die ausgewanderten Trinis ihren Karneval nach New York und Notting Hill (London). Langsam findet er auch im übrigen Europa immer mehr Anhänger.

Karneval heute

Die Organisatoren

In Trinidad & Tobago gibt es seit 1957 eine amtliche **Karnevalsbehörde,** die CDC, *Carneval Development Commission.* Aus ihr ging das NCC, *National Carneval Commitee,* hervor. Das NCC betreut den gesamten Karneval. Es schreibt die Wettbewerbe aus, bestimmt die Veranstaltungsorte, organisiert die Shows, stellt die Preisrichter usw.

Die Jury

Die Jury setzt sich zusammen aus Mitgliedern verschiedener Ministerien und dem Tobago House of Assembly. Weiterhin sind Vertreter des NCC und Mitglieder von Tanz-, Designer-, Steelband- und Calypsoverbänden dabei. Die Preisrichter müssen sich alle Teilnehmer der Shows ansehen, sie hören und dann die Punkte verteilen.

Die Preise

Den Gewinnern winken hohe Geldpreise. Unter anderem wird das beste **King- und Queenkostüm** der verkleideten Bands prämiert, der beste **Kostümdesigner** und die **Band of the Year.** Hierbei zählt alles bei der Bewertung mit, von der Idee über die Ausführung und das Thema bis hin zum Gesamtkonzept. Wer zum Karneval eines der Königskostüme tragen will, muss übrigens dafür mehrere tausend Dollar hinlegen. Die Jury ist streng,

tr_190 Foto: esm

und nur den Besten winken Preise. Wenn etwa von einem Königskostüm unterwegs Teile abfallen, besteht keine Gewinnchance mehr.

Von derselben Jury werden auch die Steelbands und die Calypsosänger bewertet. Das NCC schreibt kurz nach Weihnachten öffentliche Wettbewerbe aus, bei denen jeder die Möglichkeit hat, zwei Songs vorzustellen. Die besten dürfen in den Calypso-Tents auftreten, bewertet werden Text, Musik und Show, und der Beste wird **Calypsoking.**

Bei den Steelbands sieht es ähnlich aus: **Road March King** wird, wessen Song am meisten im Karneval gespielt wird, sozusagen der Hit des Jahres. Außer Geldpreisen winken hier noch heißbegehrte Plattenverträge.

Mas Camps

Als Kopf jeder Karnevalsband ist ein Designer der **Bandleader.** Er überlegt sich ein Thema und entwirft die Kostüme. Mit seinen Helfern hat er ein Mas Camp irgendwo in der Stadt.

Mas Camp

Es dauert Monate, bis die riesigen **Königskostüme** fertig sind. Oft mit Lichtern bestückt oder beweglich wie Marionetten, müssen sie so konstruiert sein, dass eine Person sich damit fortbewegen kann.

In den Showräumen der Mas Camps werden die Zeichnungen der **Kostüme für die Band** ausgestellt. Jeder, der mitmachen möchte, sucht sich ein Kostüm aus, lässt maßnehmen und holt es dann kurz vor dem Karneval ab. So können in einer Band bis zu 9000 Mitwirkende sein.

Wer in einer dieser Bands mitwirken möchte, sollte sich bereits im Oktober mit dem entsprechenden Mas Camp in Verbindung setzen.

Folgende **Internetseiten** der Karnevalsvereine bieten Informationen rund um den Karneval:

- **National Carneval Bands Association,** Tel. 628 3143, www.ncbatt.com;
- **National Carnival Commission,** Tel. 627 1357, www.ncctt.org;
- **Pan Trinbago,** Tel. 623 4486, www.pantrinbago.co.tt;
- **Trinbago Unified Calypsonians Organisation,** Tel. 623 9660, www.tuco.co.tt.

Calypso

Was der Samba für Brasilien und den dortigen Karneval bedeutet, das ist der Calypso für Trinidad. Der Ursprung des Calypso geht zurück auf die Sklavenzeit. Die **Sklaven** sangen bei ihrer harten Arbeit auf den Feldern, um sich die Qual ein wenig zu erleichtern. Außerdem war es oft die einzige Möglichkeit, sich, natürlich verschlüsselt, über ihre Herren zu beschweren oder lustig zu machen. Auch über Liebeleien und politische Ereignisse wurde gesungen, immer mit viel Humor und Anzüglichkeiten.

Das Wort Calypso kommt von dem kreolischen Wort *Kaiso*. Kaisos waren ursprünglich Ulklieder aus Nigeria. Solche Songs findet man heute im ganzen karibischen Raum. Das Wichtigste für jeden Calypsosänger ist das gekonnte **Improvisieren** von Versen.

Nach der Sklavenbefreiung von 1838 kamen diese Songs mit bissigen Texten, damals noch *Kalindas* genannt, in den Karneval. Dabei wurden haupt-

tr_192 Foto: esm

sächlich **politische Missstände** besungen. Begleitet wurden die Songs von auf den Boden geschlagenen Bambusstöcken, deren Rhythmus schon zur Sklavenzeit auf den Feldern als Geheimsprache genutzt wurden, und von afrikanischen Trommeln.

Am 1. August feierten die befreiten Sklaven nun alljährlich ihre **Unabhängigkeit.** Bei einem solchen Umzug protestierte das Volk 1881 so stark gegen die politischen Missstände und verspottete die Regierung derart in ihren Songs, dass die Umzüge und alles, was damit zu tun hatte, kurzerhand verboten wurden.

Im **Untergrund** texteten die Sänger weiter. Im Burenkrieg 1899-1902 schlugen sich die Calypsonians als freche Stimme des Volkes auf die Seite der Briten. Sie persiflierten den britischen Adel, indem sie sich gerne Titel wie Lord oder King vor den Namen setzten.

1921 richtete *Chieftain Douglas* als erster zur Karnevalszeit ein **Calypso tent** ein, in dem nonstop gesungen wurde. Diese *tents* gibt es bis heute, und sie erfreuen sich allgemeiner Beliebtheit. Da diese Zelte jährlich ihren Standort wechseln, entnimmt man ihre Adressen am besten den Tageszeitungen.

Bis heute werden **politische sowie private Ereignisse** besungen und gekonnt auf die Schippe genommen. Eine Definition des Calypso auf Trinidad lautet: Er bietet die Gelegenheit, etwas in Liedform zu sagen, was man in besserer Gesellschaft nicht aussprechen könnte.

Es gibt nur wenige **Calypsonians,** die gut verdienen, die meisten von ihnen gehen nebenher anderen Tätigkeiten nach: *Attila the Hun* war Stadtrat und Bürgermeister von Port of Spain, *Mighty Chalkdust* ist Schullehrer.

In den 1930er Jahren schrieb *Lord Invader* einen Weltklassiker des Calypso, **„Rum and Coca Cola".** Er sah dafür keinen Pfennig. Die *Andrew Sisters* brachten das Lied in den USA auf den Markt und verkauften die Platte fünfmillionenmal.

Steelbands

Die **Steeldrums** sind eine Erfindung aus Trinidad.

Nach der Jahrhundertwende wurde der Calypso im Karneval wieder zugelassen, die Trommeln und Bambusstöcke aber blieben weiterhin verboten. Um 1936 begann das Volk deshalb, auf **Benzinkanistern, Fässern und Dosen** zu trommeln. Dem Musiker *Ellie Mannette* gelang es, einem Ölfass verschiedene Töne zu entlocken, die **Steeldrum** war geboren.

1939 erklang erstmals ein Lied auf gestimmten Ölfässern. Die „John John Band" spielte das Kinderlied „Mary had a little lamb", und 1945 war die erste öffentliche **Steelbandpremiere.** Die Urform des **Pan,** so der englische Name, war ein abgeschnittenes und gestimmtes Ölfass, das von dem Spieler mit einem Riemen um den Hals getragen wurde.

Obwohl das **Herstellungsprinzip** einfach ist, wurden die Instrumente enorm verfeinert. Auf die Oberseite eines Ölfasses werden Felder aufgezeichnet, mit einem Meißel nachgezogen und markiert. Man gießt heißes Öl auf die Felder und beult die Oberfläche halbkugelförmig nach innen aus. Die Oberfläche wird je nach gewünschter Tonlage mehr oder weniger gedehnt. Zuletzt arbeitet man die Felder nach und stimmt sie.

Ölfassstimmer ist zum Beruf geworden, und es gibt Pans von 8 bis 32 Tonfeldern. Man unterscheidet eine Vielzahl von Pans in verschiedener Größe und Klangfarbe, z.B. **Melody Pans, Bass Pans, Ping Pong, Guitar Pan** und **Cello Pan.** Um beweglich zu sein, werden die Pans auf Gerüste montiert. Für den Anschlag der Tonfelder benutzt man Klöppel unterschiedlicher Größe.

Rum and Coca Cola

„If you ever go down Trinidad,
they make you feel so very glad,
Calypso sing' and make up rhyme
guarantee you one real good fine time.
Drinking rum and Coca Cola
go down Point Cumana
both mother and daughter
working for the yankee dollar.
If a Yankee comes to Trinidad,
they got the young girls all going mad,
young girls say, they treat them nice
make Trinidad like a paradise.
Drinking rum and Coca Cola ..."

tr_194 Foto: esm

In manchen Bands spielen über 100 Personen, und das **Musikspektrum** reicht von Volksliedern über Rock und Pop bis zu den Klassikern wie Bach und Beethoven. Auf Trinidad soll es über 100.000 Steeldrum-Spieler geben.

Zur Karnevalszeit hat jede Gruppe ihr eigenes **Erkennungslied,** den *March of the year.*

Während des Karnevals spielen die einzelnen Gruppen außerhalb der Wettbewerbe in ihren **Panyards.**

Zurzeit gibt es 166 **Steelbands** in Trinidad und 23 in Tobago. Hier nur eine kleine Auswahl. Die komplette Liste gibt es im Internet unter www.tntisland.com unter „panyards".

Ablauf des Karnevals

Wenn der Karneval in PoS beginnt, ist die ganze Stadt ein **Hexenkessel.** Die Geschäfte in der Innenstadt schließen und verbarrikadieren ihre Schaufenster mit Holzplatten und Metallgittern. Auch Banken und Botschaften bleiben geschlossen.

Dafür werden um den Queen's Park Savannah jede Menge **Essens- und Getränkestände** aufgebaut. Hinter dem Grand Stand kann man jetzt alle Arten von einheimischem Kunsthandwerk kaufen.

Junior Carnival Parade

Am **Samstag,** einen Tag vor dem Karneval, steigt die erste große Show, die man keineswegs verpassen sollte: Die *Junior Carnival Parade* am Queen's Park Savannah morgens um 8.00 Uhr.

Karneval ist in Trinidad ein **Schulfach.** Jede Klasse ist nach einem bestimmten Thema verkleidet und folgt tanzend ihrer Königsfigur. Der Pracht und Fantasie sind keine Grenzen gesetzt. Alle Altersstufen sind vertreten. Die Kleinsten haben ein Schild mit ihrer Adresse am Kostüm, um in diesem unglaublichen Getümmel nicht verlorenzugehen.

Da nicht alle genügend Geld haben, werden die Gruppen oft **von Firmen gesponsort.** Teuer ist die Teilnahme am Karneval allemal. Selbst ein einfaches Kinderkostüm kostet 150 TT$, viel Geld für einheimische Familien, zumal die meisten mehrere Kinder haben.

Auch den Kleinsten liegt die Musik im Blut, und so **tanzen** die Kinder genauso begeistert wie die Erwachsenen nach den heißen Calypsorhythmen. Besonders beeindruckt hat mich die Gruppe einer Schule für Blinde und stark sehbehinderte Kinder. Ein blindes Kind an der Hand eines Kindes, das noch etwas sieht, sie wiegen sich im Takt wie alle anderen und haben soviel Spaß.

Die Farbenpracht bei den Karnevalskostümen ist grenzenlos, und die **Themen** reichen von „Märchen" über „Trinidad in alten Tagen" bis hin zu den aktuellen Fernsehhelden.

Bis Sonnenuntergang ist die bunte Parade zu bewundern, und schon eine Stunde später, gegen 19.00 Uhr, kann man am Grand Stand die **Calypsonians** hören und einen ersten Blick auf die Königskostüme der Erwachsenen werfen.

Dimanche Gras Show

Am **Karnevalssonntag** findet um 19.00 Uhr abends die *Dimanche Gras Show* statt.

Hier haben die **Königskostüme** ihren großen Auftritt. Riesige, mehrere Meter hohe und breite Fabelwesen aus bunten Federn, Tüchern, Perlen und Pailletten tanzen über die Bühne, nur von einem Menschen getragen.

Am besten kann man diese Show genießen, wenn man es so macht wie die Einheimischen, sich früh einen Platz im North- oder Grand Stand sucht und eine Kühltasche mit Getränken und Essen dabei hat, denn die Show geht bis nach Mitternacht.

Danach kann man sich entscheiden, ob man noch ein bisschen Schlaf möchte oder die Stunden bis zum Sonnenaufgang durchfeiert.

Jour Ouvert

Denn bereits um 4 Uhr nachts beginnt jour ouvert, (sprich: *juhwee)* der verrückteste Teil des Karnevals: Tausende schlüpfen in ihre ältesten Klamotten, beschmieren sich mit Öl, Farbe oder Schlamm, **tanzen, trinken und feiern** in der ganzen Stadt. Diese Party verkörpert die dunkle Seite des Menschen und dementsprechend „höllenmäßig" geht es hier zu. Da jeder, der sich hier blicken lässt, miteinbezogen wird, ist es ratsam, sich dementsprechend anzuziehen, denn man bekommt garantiert Farbe oder Öl ab.

tr_197 Foto: esm

Diese Karnevalsstunden sind mit die wildesten. Manchmal arten die Trinkgelage ziemlich aus, und besonders die Touristen schätzen die Wirkung des starken karibischen Rums oft falsch ein.

Das Spektakel dauert bis Sonnenaufgang. Wer noch immer in Partystimmung ist beseitigt schnell die Spuren der Nacht von seinem Körper, denn bereits am Vormittag geht es weiter.

Karnevalsmontag

Um 10 Uhr formieren sich die ersten Kostümbands und der **Umzug** beginnt (noch nicht in der vollen Kostümierung, die man am Dienstag sehen wird, denn viele haben Angst, dass die Kostüme schon vor dem Hauptumzug kaputtgehen, aber trotzdem schon sehr bunt).

Auch hier findet man **Karnevalsbands,** die mit Farbe und Öl eingeschmiert sind und denen man nicht zu nahe treten sollte. Aber hier überwiegt im allgemeinen schon der *pretty mas,* also die bunten Kostüme. Unermüdlich tanzen die Bands in der Gluthitze bis zum Sonnenuntergang durch die staubigen Straßen.

Wer jetzt noch Puste hat, kann sich um 19.00 Uhr abends die **Pan Trinbago Steelband Explosion** anhören – erstaunlich, was die oftmals über 100 Mann starken Steelorchester aus ihren Ölfässern herausholen.

Karnevalsdienstag

Am Dienstag um 9.00 Uhr morgens beginnt der **Höhepunkt des Karnevals.** Die Bands ziehen mit Königskostümen und Musik abermals durch die Stadt, vorbei am Victoria Square, Adam Smith Square, Independence Square zum Queen's Park Savannah. Die Preise sind vergeben, die Stimmung ist gewaltig. 80.000 Menschen sind auf den Beinen, Carib Bier und Rum fließen in Strömen. Die Spannung der Preisverleihung ist gewichen, und das rauschende Fest zieht sich noch bis zum Sonnenuntergang hin.

Aschermittwoch

Der Dienstagabend klingt mit Steelbandmusik aus, und am Aschermittwoch ist alles vorbei. Sofort beginnen die **Aufräumarbeiten,** und nach einem Tag ist die Stadt wieder in ihren ursprünglichen Zustand versetzt.

Die meisten Touristen zieht es jetzt auf die Schwesterinsel Tobago. Wer hier nicht rechtzeitig einen **Flug gebucht** hat, hat oft keine Chance; das gleiche gilt für alle Flüge nach Übersee und innerhalb der Karibik.

Karneval auf Tobago

Der Karneval auf Tobago ist sehr klein und kann in keiner Weise mit dem auf Trinidad verglichen werden.

Zwar feiern die Tobegonier auch sehr gern, aber an der Maskerade scheinen sie nur halb soviel Spaß zu haben wie die Trinis. Am Karnevalssonntag und Dienstag gibt es auch eine kleine **Kostümparade** in den Straßen der Hauptstadt und anschließend Musik und Tanz rund um den Marktplatz bis in den frühen Morgen; wer aber den Umzug in Port of Spain erlebt hat, wird hier eher enttäuscht sein.

1998 fand jedoch zum ersten Mal unter dem Namen **Tobago Fest** ein tobagonischer Karneval im September statt. Inzwischen ist das Tobago Fest größer als der eigentliche Karneval, denn viele Masqueraders und Zuschauer kommen extra aus Trinidad herüber.

Auf Tobago geht natürlich alles viel ruhiger zu. Man braucht keine Angst zu haben, bestohlen zu werden.

In den Wochen vorher finden in einigen Dörfern **Calypsowettbewerbe** statt. In den Wochen vor und nach dem Karneval kommen auch viele berühmte Calypsoniens aus Trinidad nach Tobago. Die größeren Veranstaltungen mit den Stars aus Trinidad sind im Shawpark in Scarborough.

Wer **Steelbandmusik** mag, kommt auch auf Tobago auf seine Kosten.

tr_200 Foto: esm

Reiseziele auf Trinidad

Die wichtigsten Sehenswürdigkeiten

- **Port of Spain:** Hauptstadt; die sieben prächtigen Gebäude; Queen's Park Savannah; Fort George
- **Maracas Bay:** schönster Strand
- **Lupinot Complex:** Museum und Picknickplatz
- **Asa Wright Nature Centre**
- **Caroni Bird Sanctuary:** Mangrovensumpf; Heimat des *Scarlet Ibis*
- **La Brea:** größter Asphaltsee der Welt

Alle hier beschriebenen Orte können von Port of Spain aus mit Bus, Taxi oder Mietwagen erreicht werden. Zu den meisten von ihnen kann man außerdem auch Ausflüge buchen.

Port of Spain

Die **Hauptstadt Trinidads,** Port of Spain, liegt an der Westküste am Fuße der Gebirgskette Northern Ranges. Angehörige von über 40 verschiedenen Rassen und Völkern leben in der 350.000 Einwohner zählenden Stadt. Port of Spain (bei Einheimischen oft PoS abgekürzt) ist heute eine quirlige und lebendige Hafenstadt mit allen daraus resultierenden Vor- und Nachteilen.

Geschichtliches

1754 ließ der spanische Gouverneur seinen Sitz von José de Oruna an den Golf von Paria verlegen. Als der Zuckerhandel begann, ließ *Don José Maria Chacon* 1784 aus dem Arawakfischerdorf *Conquerabia* einen großen Hafen bauen, sicherte ihn durch Festungsbauten und nannte ihn **Puerto de Espania** (Hafen von Spanien).

Als *Chacon* 1797 vor der Übermacht der Briten kapitulieren mußte, änderte der britische Gouverneur *Sir Thomas Picton* den Namen in die Englische Sprache: Port of Spain. 1808 zerstörte ein **Großfeuer** fast die ganze Stadt und damit die spanische Kolonialarchitektur. 1914 bekam Port of Spain den Stadttitel.

Stadtbild

Heute ist PoS auch vom Stadtbild her eine ziemlich gemischte und unübersichtliche Stadt. Es gibt keine Strandpromenade, denn die **Hafenanlagen** versperren den Blick aufs Meer. An der Queens Wharf beginnt auch unmittelbar das **Zentrum** der Stadt. Hier sieht man besonders deutlich, wie in

tr_203 Foto: esm

den Zeiten des Ölbooms alles aus dem Boden gestampft wurde. Es gibt eine Menge Discos, Bars, Einkaufszentren und Sportmöglichkeiten. Mit dem Fall des Ölpreises sank auch der Wohlstand. So kann man heute, besonders in der Hafengegend, zahlreiche verfallene Häuser und am Stadtrand auch Slums sehen.

In der Trockenzeit macht PoS einen ziemlich heruntergekommenen Eindruck. In der Regenzeit geben die **Grünanlagen** und die riesigen blühenden Bäume der Stadt ein freundlicheres Gesicht.

Im Laufe der Jahre verschmolz PoS mit einigen **Außenbezirken**, die heute als Stadtteile ihre alten Namen tragen und ihre eigenen Merkmale haben.

Kriminalität

Leider ist in den letzten Jahren die Kriminalitätsrate in PoS stark angestiegen, denn immer mehr Jugendliche haben keine Arbeit, und aus Venezuela kommen immer mehr harte Drogen. Es ist inzwischen nicht mehr ratsam, hier durch die nächtlichen Straßen zu wandern.

Wohnhäuser in Port of Spain

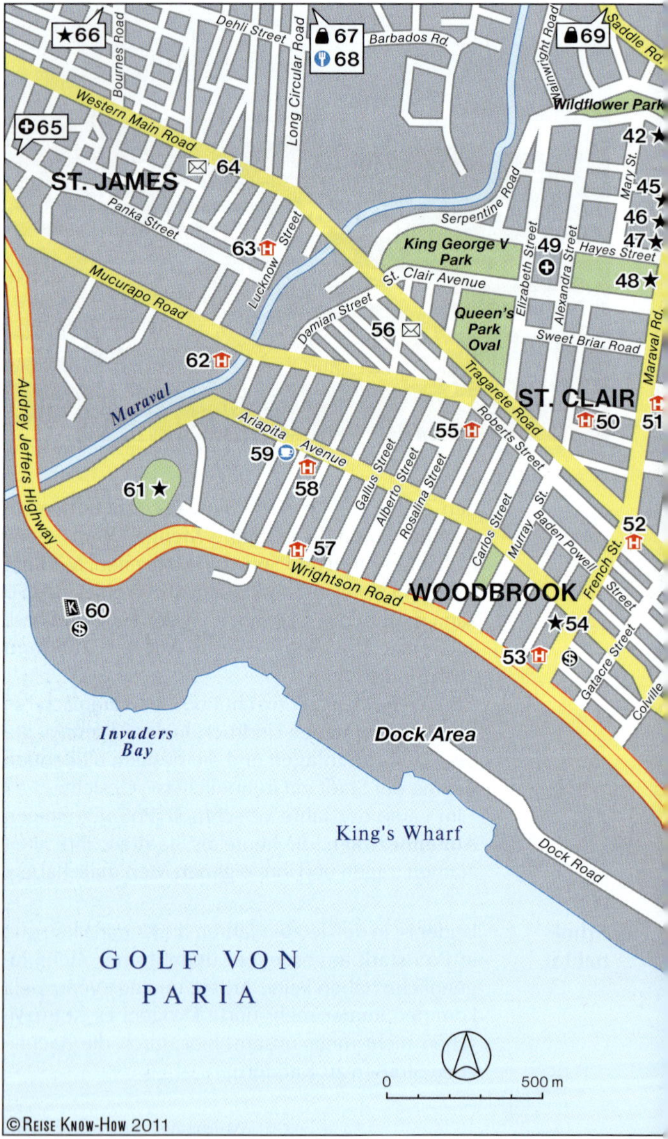

66
Bournes Road
Dehli Street
Long Circular Road
67
68
Barbados Rd.
Wainwright Road
69
Saddle Rd.
Wildflower Park
65
Western Main Road
64
ST. JAMES
Panka Street
Lucknow Street
63
Serpentine Road
King George V Park
Elizabeth Street
49
Alexandra Street
Hayes Street
42
Mary St.
45
46
47
48
St. Clair Avenue
Mucurapo Road
Damian Street
56
Queen's Park Oval
Sweet Briar Road
Maraval Rd.
62
Maraval
Tragarete Road
ST. CLAIR
50
51
Audrey Jeffers Highway
Ariapita Avenue
59
58
55
Roberts Street
61
Gallus Street
Alberto Street
Rosalina Street
Carlos Street
Murray St.
Baden Powell Street
French St.
52
57
Wrightson Road
WOODBROOK
60
54
53
Gatacre Street
Colville
Invaders Bay
Dock Area
King's Wharf
Dock Road
GOLF VON PARIA
0
500 m

Port of Spain
Cascade
ST. ANN'S
36
41
Botanischer Garten
40
38
39
37
Circular
St. Ann's Road
Coblentz Avenue
43
44
Long Circular
Belmont Circular
QUEEN'S PARK SAVANNAH
St. Ann
Queen's Park East
Norfolk Street
Queen's Park
West
Street
Marli St.
Picton
35
34
33
32
27
24
23
BELMONT
Jerningham Avenue
Belmont Circular
Warner St.
Boulevard
Woodford St.
Queen's Park West
29
28
26
25
Memorial Park
Albion Street
Chancery Lane
NEWTON
31
Keate Street
Charlotte Street
22
Cipriani
Stanmore Av.
Gordon Street
Dundonald Street
30
New Street
Street
Tragarete Road
Oxford Street
Frederick Street
Observatory Street
17
Lapeyrouse Friedhof
St. Vincent St.
Abercromby
Pembroke Street
21
Philip St.
20
18
Mahatma Ghandi Sq.
19
Park St.
P
Park Street
O
Victoria Square
DOWNTOWN
Laventille Road
Richmond Street
Edward St.
Street
Duke
Duke
N
Street
Picadilly Street
14
13
Charles Street
10
Henry Street
Charlotte Street
George Street
15
Woodford Square
Sackville Street
16
L
M
Prince St.
K
London Street
12
11
J
Queen Street
7
H
LAVENTILLE
Wrightson Road
Independence Square N.
Cruise Ship Complex
Brian Lara Promenade
4
6
8
Independence Square South
2
South Quay
C
D
E
F
G
5
Eastern Main Rd.
B
3
A
Beetham-Highway
Queen's Wharf
1
9

Trinidad

- ● 1 Fähre nach Tobago
- 2 Financial Complex/ Twin Towers/ Eric Williams Plaza
- ★ 3 Fort San Andres
- ★ 4 Statue von Arthur Cipriani
- 5 Busbahnhof City Gate
- 6 Cathedral of Immaculate Conception
- ★ 7 Kolumbusstatue
- ★ 8 Fort Chacon, Fort Picton
- ★ 9 Hauptmarkt
- ✉ 10 Post
- ● 11 Österreichische Botschaft
- 12 Cathedral of the Holy Trinity
- ● 13 Town Hall/Library
- ● 14 Hall of Justice
- ★ 15 Red House
- 16 Telefon
- ★ 17 Lapeyrouse Friedhof
- 18 Tourist Office
- ● 19 Niederländische Botschaft
- 20 Copper Cettle Hotel
- 21 Abercomby Inn
- 22 General Hospital
- 23 Le Boucan
- 24 Berdina's Place
- 25 Nationalmuseum
- ● 26 Academy for the Performing Arts
- ★ 27 National Carneval and Entertainment Centre
- ● 28 Knowsley House
- ● 29 George Brown House
- 30 Jenny's on the Boulevard
- ★ 31 Wayne Barkley Mas Camp
- 32 The Little Inn
- ● 33 Boisserie House
- 34 All Saints Church
- ● 35 Deutsche Botschaft
- 36 Alicia's Guesthouse
- 37 Samise Villa
- ★ 38 Prime Minister's Residence
- ★ 39 President's House
- ★ 40 Emperor Valley Zoo
- 41 Tiki Village (Restaurant, Bar und Café)

Seven Magnificent Buildings:

- ★ 42 Stollmeyer's Castle
- ★ 43 White Hall
- ★ 44 Archbishop's Palace
- ★ 45 Mille Fleur
- ★ 46 Roomar/Ambaids House
- ★ 47 Hayes Court
- ★ 48 Queen's Royal College

- 49 St. Clair Medical Centre
- 50 La Maison Rustique
- 51 Par-May-La's Inn
- 52 La Calypso
- 53 Five Star Guest House/ Melbourne Inn
- ★ 54 Minshall Mas Camp
- 55 Williams' Villa
- ✉ 56 Post
- 57 Ana's Place
- 58 Rita's Host Home
- 59 House of Jaipur
- 60 Movie Town
- ★ 61 Hasely Crawford Stadium
- 62 Fabienne's Guest House
- 63 Trini House
- ✉ 64 Post
- 65 St. James Medical Complex
- ★ 66 Fort King George
- 67 Long Circular Mall
- 68 Likkle Likkle Jamaica
- 69 Ellerslie Plaza

Taxis nach:

- A POS General Hospital
- B Chaguaramas
- C Diego Martin/Petit Valley
- D Wrightson Road/ Long Circular
- E Chaguanas/ San Fernando
- F Curepe/Tunapuna/ Arima/Sande Grande
- G San Juan
- H Chaguanas (Caroni Swamps)
- J Belmont
- K St. Ann's/St. James/ Queens Park Savannah
- L Cocorite
- M Maracas/Blanchisseuse
- N Maraval
- O Cascade
- P Ariapita/Chaguaramas/ Carenge

Geldautomaten

tr_208A Foto: esm

tr_208B Foto: esm

Das Zentrum

Das Zentrum erstreckt sich vom Cruise Ship Complex im Südosten über Independence und Woodford Square bis hin zum Queens Park im Norden.

Independence Square

Der Independence Square ist die größte und breiteste **Geschäftsstraße** der Stadt. Im ehemaligen Puerto de Espana war der Unabhängigkeitsplatz nur eine breite Straße mit Grünstreifen in der Mitte. Heute ist dieser verkehrsberuhigte Platz der quirlige Mittelpunkt des südlichen Teiles von PoS.

Der mittlere Teil des Independence Square wurde inzwischen zu Ehren des berühmtesten Cricketspielers der Karibik in **Brian Lara Promenade** umbenannt. Hier wurde auch eine **Bronzestatue** zu Ehren des Politikers *Artur Cipriani* aufgestellt.

Um den Platz herum findet man viele Restaurants, und auf der Straße bieten fliegende Händler ihre Waren feil. Hier fahren die Taxis ab, und an kleinen Ständen wird Kunsthandwerk hergestellt.

Cathedral of the Immaculate Conception und Mahnmal für die Opfer der beiden Weltkriege im Memorial Park

Trinidad

Hier beginnen auch die **Karnevalsumzüge.** Dann werden alle Geschäfte verrammelt und hölzerne Zuschauertribühnen aufgebaut. Am Aschermittwoch wird alles wieder abgebaut und weil die Trinis darin Übung haben, sieht es schon Mittwoch abend so aus, als wenn nichts gewesen wäre.

Am Platz liegt die **Cathedral of the Immaculate Conception.** Sie wurde 1815-1832 im neugotischen Stil aus Kalksteinquadern gebaut. Das Hauptportal der römisch-katholischen Kathedrale ist flankiert von dreistöckigen Zwillingstürmen. Sie ist bis auf die von *Christoph Bartholomeus* bemalten Glasfenster schmucklos. Eine Steinplatte erinnert an den Besuch von *Papst Johannes Paul II.* am 5.2.1985.

Im Südwesten wird der Platz begrenzt durch die beiden höchsten Gebäude der Stadt, die 92 m hohen **Twin Towers** (Zwillingstürme) des *Eric Williams Financial Complexes.* Im Erdgeschoss befindet sich das **Central Bank Money Museum.** Geöffnet von Di bis Fr. Kostenlose, geführte Touren finden um 9.30 und um 14.00 Uhr statt. Infos unter: Tel. 625 2601, www.centralbank.org.tt.

Ein Stückchen hinter der Kathedrale in Richtung Lavantille findet man eine **Statue von Kolumbus,** der die Insel 1498 entdeckte. Geht man von der Kolumbusstatue aus in Richtung Hafen, erreicht man den South Quay Bus Terminal, im Volksmund **City Gate.** Das Gebäude wurde 1924 im viktorianischen Stil erbaut und war früher der Bahnhof. Als die Bahn in den 1960er Jahren stillgelegt wurde, übernahm die *Public Transport Services Corporation (PTSC)* das Gebäude.

Hinter dem Busbahnhof konnte man bis vor Kurzem noch einen alten **Leuchtturm** aus dem Jahre 1880 bewundern. Durch eine Veränderung der Küstenlinie steht er nun jedoch an der Wrighston Road. Er wurde vollständig restauriert und in den Nationalfarben der Insel gestrichen.

Hält man sich vom City Gate westlich, kommt man zu **Fort San Andres,** 1787 unter dem Gouverneur *Don José Maria Chacon* zum Schutz des

Hafens erbaut. Hier befindet sich heute eine kleine **Außenstelle des Nationalmuseums.** Geöffnet von Di bis Fr 9.00-17.00 Uhr.

Da die Stadt Anfang des 19. Jh. nahezu vollständig abbrannte, findet man kaum Kolonialgebäude aus dem 17. und 18. Jahrhundert. Das älteste erhaltene Gebäude ist Fort San Andres.

Frederik Street

Die beliebteste und bekannteste **Einkaufstraße** der Stadt ist die Frederik Street. Sie zieht sich quer durch die Stadt von South Quay bis zum Queen's Park. Hier reihen sich Geschäfte und Einkaufszentren aneinander. Auf den Bürgersteigen bieten fliegende Händler ihre Waren an.

Woodford Square

Wenn man vom Independence Square über die Frederik Street in Richtung Norden geht, erreicht man einen kleinen Park mit alten Bäumen, den Woodford Square. Er wurde nach dem **Gouverneur Sir Ralph Woodford** benannt, der sich während seiner Amtszeit (1813-1828) sehr verdient um die Hauptstadt machte. Er ließ Straßen pflastern, Bäume pflanzen, verbesserte die Kanalisation, vergrößerte den Hafen, ließ den Grundstein für die anglikanische und die katholische Kathedrale legen und den Queenspark und die botanischen Gärten anlegen. In der Holy Trinity Kathedrale steht eine lebensgroße Statue von ihm.

Am **Speaker's Corner** finden oft politische Diskussionen statt.

In der Abercromby Street (der britische Kommandeur *Sir Raph Abercromby* befreite die Insel 1797 von der spanischen Herrschaft) steht die anglikanische **Holy Trinity Cathedral.** Sie wurde 1816-1826 im neugotischen Stil erbaut. Das schöne Dach ist eine Kopie der Westminster Hall in London. Die Kirche hat viele Chorschnitzereien und einen schönen Altar. Hier kann man auch Grabdenkmäler berühmter Persönlichkeiten sehen.

Ebenfalls am Woodford Square liegt **Greyfriar's Church** aus dem frühen 19. Jahrhundert.

Das **Red House (Parlamentsgebäude)** an der Westseite des Platzes wurde 1906 im Neorenaissancestil erbaut. Das alte Regierungsgebäude an derselben Stelle fiel 1903 bei einer gewalttätigen Demonstration einem Brand zum Opfer.

Das dahinterliegende **Polizeihauptquartier** im Stil venezianischer Gotik ist von 1884.

An der Nordseite des Woodford Square befinden sich der **Magistrates Court/Hall of Justice** (Oberstes Gericht) im viktorianischen Stil, die **Town Hall** (Rathaus) und die **Public Library** (Bibliothek). Die erste Bücherei wurde 1851 von einigen engagierten Bürgern eröffnet. Seit 1951 gibt es eine öffentliche Bücherei. Das heutige Gebäude stammt von 1901.

Kunstinteressierte sollten dem **Nationalmuseum (Royal Victoria Institute)** am nördlichen Ende der Frederick Street, gegenüber dem Memorial Park, einen Besuch abstatten. Hier findet man Gegenstände aus vorspanischer Zeit, Dokumente aus der Kolonialzeit, eine kleine Galerie mit einheimischem Kunsthandwerk und alte Karnevalskostüme. Auf dem Außengelände befindet sich das Boot in dem *Harold* und *Kwailan La Borde* zwischen 1969 und 1973 die Welt umsegelten. Es gibt eine Abteilung für Artefakte der Indianer, eine für Calypso- und Pan-Musik sowie eine Galerie mit Gemälden von **Michel-Jean Cazabon,** dem bekanntesten Maler Trinidads.

Cazabon war ein freier Schwarzer und wurde im Jahre 1813 auf dem Corynth Estate bei Naparima geboren. Seine Eltern waren als freie Schwarze aus Martinique eingewandert. Mit dreizehn Jahren wurde er zum studieren nach Europa geschickt. 1848 kam er zurück nach Trinidad und begann auf der Insel zu malen – Landschaften, Plantagen, Häuser und Menschen. Ihm ist es zu verdanken, dass man heute noch sehen kann, wie die Insel damals aussah.

- Täglich außer montags geöffnet, Di-Sa von 11.00 bis 18.00 Uhr und So von 14.00 bis 18.00 Uhr; Eintritt frei.

Rund um den Queen's Park Savannah

Queen's Park

Die Frederik Street endet im Norden an dem wohl berühmtesten Ort von PoS, dem Queen's Park Savannah. Einst lag hier das Brachland (Savanne) der Zuckerrohrplantage Paradise Estate; heute finden hier alle wichtigen Ereignisse des **Karnevals** statt (siehe Kapitel Karneval).

1823 kaufte der Gouverneur *Sir Ralph Woodford* das Gelände von der damaligen Plantagenbesitzerin *Perschier*. Sie gab ihm das Gelände mit der Auflage, hier die Gräber ihrer Nachkommen anlegen zu dürfen. So befindet sich noch heute ein kleiner **Privatfriedhof** auf dem Gelände.

Woodford kaufte noch ein Stück einer holländischen Plantage dazu, und bald fanden hier die ersten Pferderennen statt. 1854 erbaute man hier die Karnevalstribühne **Grand Stand.**

1913 landete auf dem knapp 1 qkm großen Gelände das erste **Flugzeug** der Insel. Der Amerikaner *Frank Boland* war nach Trinidad gekommen, um dort seine Flugkünste vorzuführen, wie er es zuvor schon in Amerika getan hatte. Der Queen's Park war voller Schaulustiger, Regierungsmitglieder eingeschlossen. Als das Flugzeug startete, jubelte die Menge begeistert, *Boland* verlor aber kurz vor Stockmeyer's Castle die Kontrolle über die Maschine, stürzte ab und war auf der Stelle tot. Die Bestürzung dauerte nicht lange; bereits einen Monat später zeigte *Georges Smith* in seinem Flugzeug *Red Devil* eine Flugschau an der selben Stelle.

Bis 1950 führte eine Straßenbahnlinie um den Park, heute eine 5 km lange Einbahnstrasse. Der Kreisverkehr um den Park soll der größte der Welt sein. Als der englische Schriftsteller Charles Kingsley 1870 den Queen's Park besuchte, war er hellauf begeistert von den riesigen schattenspendenden Bäumen unter denen Schafe weideten, Kindermädchen Babys spazierenführten und Liebespaare händchenhaltend auf den Bänken saßen. Ganz so romantisch geht es heute nicht mehr zu. Morgens

tr_211 Foto: esm

sieht man viele Jogger, tagsüber Ausflügler, und nachts sollte man den Park lieber meiden.

Biegt man von der Frederik Street links in die Straße Queen's Park West, fallen zwei mit Holzschnitzereien verzierte Gebäude ins Auge. Das 1940 errichtete **Knowsley House,** in dem heute das Ministerium für Foreign Affairs untergebracht ist, und das **George Brown House.** Der Straße weiter folgend erreicht man das **Boissiere House,** ein weiteres kunstvoll verschnörkeltes Gebäude, und etwas weiter nördlich die anglikanische **All Saints Church,** 1845 erbaut und somit das älteste Gebäude am Queen's Park.

Seven Magnificent Buildings

Im Westen führt die Maraval Rd. am Queen's Park vorbei, hier liegen die Seven Magnificent Buildings, die Sieben Prächtigen Gebäude. Sie werden im Folgenden von Süden nach Norden beschrieben:

Das **Queen's Royal College** liegt zwischen der St. Clair Avenue und der Hayes Street. Es wurde

White Hall

von dem deutschen Architekten *Hahn* erbaut. Auffällig ist der Turm mit der King George Memorial Clock.

Diese älteste und angesehenste Schule der Stadt wurde 1890 gegründet, wird heute von ca. 1200 Schülern besucht und ist das einzige der sieben Gebäude, das der Öffentlichkeit zugänglich ist.

Daneben liegt im Stil der italienischen Renaissance **Hayes Court,** Residenz des anglikanischen Erzbischofs von Trinidad. Es wurde als letztes in die Reihe der prächtigen Gebäude aufgenommen, sieht aber heute etwas verwahrlost aus.

Das nächste ist **Roomar** oder **Ambards House.** 1904 baute es der Architekt *Georges Brown* für den Kaufmann *Ambard* im französischen Empirestil – ein Traum aus Kuppeln, Erkern, Balkonen, umgeben von verschnörkelten schmiedeeisernen Geländern. 1940 wurde es von dem Inder *Timothy Roodal* gekauft und heißt seitdem auch **Roodal's Palace.**

Mille Fleur, die tausend Blumen, gehörte einst *Dr. Prada,* der in den 1920ern Bürgermeister von PoS war. Er erfüllte sich einen Traum und baute das verspielte Haus. Heute ist es im Besitz der Regierung.

The **Archbishop's Palace** wurde von einem irischen Architekten im neoromanischen Stil aus Marmor und rotem Granit erbaut; das Material kam per Schiff aus Irland, der Palast erinnert an eine Festung. Seit 1904 ist es der Sitz des römisch-katholischen Bischofs von Trinidad und Tobago.

White Hall wurde 1903 im italienischen Palazzistil im Auftrag des Plantagenbesitzers *J. L. Agostini* erbaut: ein vierstöckiger Traum aus weißem Korallenstein, der oft mit einer überdimensionalen Hochzeitstorte verglichen wird. White Hall war bis vor kurzem Sitz des Premierministers; heute befindet sich hier das Entwicklungsministerium.

Das letzte der sieben Gebäude ist **Stollmeyer's Castle.** Es liegt an der Einmündung zur Serpentine Road. Der englische Architekt *Robert Giles* erbaute 1904 diese Burg in Anlehnung an das schotti-

tr_213 Foto: esm

sche Balmoral Castle im Auftrag der deutschen Familie *Stollmeyer*. Das Haus erhielt den irischen Namen *Killarney*. Deutsche Touristen sehen heute allerdings eher die Ähnlichkeit mit einer rheinischen Ritterburg. Heute ist es renoviert, gehört der Regierung, wird ab und zu mal für Ausstellungen benutzt, steht aber meistens leer.

Außerdem gibt es noch eine ganze Reihe weiterer schöner Häuser mit Schnitzereien aus der Zeit um die Jahrhundertwende, die nicht so berühmt aber nicht weniger sehenswert sind.

Botanischer Garten

Einen Besuch wert ist der 1820 angelegte Botanische Garten. Kanonenkugelbäume, ägyptische Lotosblumen, Goldregen, indische und chinesische Banyan- bzw. Feigenbäume, ceylonesische Weidenbäume, ein Orchideenhaus und ein Kakteengarten zeugen von der Vielfalt der karibischen Pflanzenwelt. Vom nördlichsten Ende hat man einen schönen Blick auf Port of Spain und die Bucht.

Das Haus des Präsidenten

Vogelbeobachter kommen auch voll auf ihre Kosten. Außerdem gibt es hier einen Friedhof, auf dem berühmte Persönlichkeiten begraben liegen, z.B. der letzte Gouverneur *Sir Solomon Hochoy*.

• Täglich geöffnet 6.00-18.30 Uhr.

Emperor Valley Zoo

Der Zoo eröffnete 1952 seine Pforten mit zehn Käfigen und 127 Tieren. Mehrfach umgebaut und erweitert beherbergt er heute die größte Anzahl von Tierarten in der Karibik; mit Gartencafé.

• Geöffnet 9.30-18.00 Uhr; Eintritt: Erwachsene 4 TT$, Kinder (3-12 Jahre) 2 TT$.

Regierungsvillen

Neben dem botanischen Garten beginnt die St. Ann's Road. Hier befinden sich in einem weitläufigen Garten das 1875 im viktorianischen Stil errichtete **President's House** und, etwas nördlich davon, **Prime Minister's Residence.** Hier residiert bis heute zeitweise der Premierminister.

Judenfriedhof Bet Olane

Folgt man der Tragarete Road westlich in Richtung St. Clair, passiert man den **Lapeyrouse Friedhof.** An einer Seite dieses Friedhofs befinden sich gut gepflegte Gräber aus der Zeit zwischen 1930 und 1950, in denen Menschen aus Deutschland, Polen, Russland, Israel, der Tschecheslowakei, Kroatien und Österreich ruhen. Was kaum jemand weiß, in der Zeit zwischen 1938 und 1940 flohen 585 Juden vor Hitler aus Europa nach Trinidad. Sie siedelten sich dort an und nannten sich Calypso-Juden. Es lebt heute nur noch ein einziger Jude aus dieser Zeit, der damals als Kind auf die Insel kam. Er pflegt die Gräber seiner Vorfahren.

Die äußeren Stadtviertel

Woodbrook

Woodbrook liegt im Westen der Stadt, zieht sich bis ins Stadtzentrum und zum Queen's Park. Es gehörte bis zum 19. Jh. zur Zuckerrohrplantage der Familie *Siegert*. (*J.G.B. Siegert* stellte 1824 zum ersten Mal den inzwischen weltberühmten *Angostura Bitter* her.) Später wurden Straßen angelegt und Häuser gebaut. Noch heute tragen die Straßen Vornamen der *Siegert*-Familie.

Woodbrook ist ein Zentrum des Karnevals. Hier sind etliche **Mascamps** und **Pan Yards** angesiedelt und auch eine Menge Gästehäuser, denn hier ist man in der Karnevalszeit mitten im Geschehen.

St. Clair

Das im Westen an den Queen's Park angrenzende **Villenviertel** St. Clair gehört zu den besten Adressen der Stadt und ist bewacht wie eine Festung. Der wohl schönste und mit Sicherheit größte Cricket Ground der Karibik, das **Queen's Park Oval,** gehört zum *Queen's Park Cricket Club* und liegt zwischen Tragarete Rd. und St. Clair Av. Er ist der älteste Sportplatz der Karibik, einer der größten Kricketplätze der West Indies und wurde 1897 gebaut. Er fasst 25.000 Zuschauer. Ein Besuch lohnt sich auch für Nicht-Cricket Fans, denn seine Außenmauern wurden von Trinidads Künstlern in eine riesige Freiluft-Galerie verwandelt. Die großen Bilder sind beleuchtet – also lohnt sich ein Besuch zu jeder Zeit.

● Kartenverkauf: Stadioneingang Tragarete Rd. 94, Tel. 622 3787.

St. James

Wenn man die Tragarete Road weiter in westliche Richtung fährt, erreicht man St. James. Hier siedelten sich 1938 indische Familien an und gaben den Straßen vielfach indische Namen. Die Western Main Rd. führt mitten durch diesen quirligen und lebendigen Bezirk. Hier reihen sich Geschäfte, Bars, Restaurants und Imbisstände aneinander, die bis 2 Uhr nachts geöffnet haben.

An **Divali,** dem heiligen Lichterfest der Hindus, ist der ganze Stadtteil abends von Tausenden von Kerzen erleuchtet, und am **Hosay-Fest** der Moslems findet eine große Prozession statt (siehe „Feste und Feiertage").

Fort George

Das bekannteste Fort Trinidads ist Fort George, 10 km von Port of Spain entfernt. Man verlässt die Stadt auf der Western Main Road und biegt an der Tankstelle im Stadtteil St. James nach Norden in die Bournes Road ab.

Das Fort wurde 1777-79 von den Franzosen auf einem 350 m hohen Berg errichtet. In den folgenden Jahren wechselte es zwischen den Briten und Franzosen häufiger den Besitzer. Nachdem es bei einem dieser Besitzwechsel niedergebrannt war, ließ es Gouverneur *Sir James Hislop* neu aufbauen. Von der Festung stehen heute noch die Mauern und viele Kanonen.

Im Zentrum befindet sich ein **Signalturm,** der von 1802 bis immerhin 1964 zur militärischen Nachrichtenübermittlung diente. Seit 1968 ist das Fort als historische Anlage für die Besucher freigegeben, seit 1988 führt eine schmale Straße hinauf.

Von dem Fort hat man einen herrlichen **Ausblick** über die Stadt und nach Diego Martin, und an klaren Tagen kann man die Berge in Venezuela sehen.

- Geöffnet täglich 10.00-18.00 Uhr; Eintritt frei.

Belmont

Belmont grenzt im Osten an den Queen's Park und zieht sich an den Hängen der Northern Ranges hinauf. Hier siedelten sich freigelassene Sklaven auf dem Gebiet einer Zuckerrohrplantage an.

Im Laufe der Zeit vergrößerte sich das Viertel und ist nun ein wahres **Labyrinth aus schmalen Gassen.** Belmont beginnt hinter dem Hilton Hotel, und es ist für Touristen nicht ratsam, sich in der Dunkelheit in dem oberen Viertel in den Bergen aufzuhalten. Hier in Belmont gibt es mehr Schulen und Kirchen als in anderen Stadtteilen, leider auch mehr aktive Jugendbanden, was Belmonts Ruf erheblich geschadet hat.

Von der Ostseite des Queen's Park an Belmont vorbei führt die Charlotte Street zurück zum Independence Square. Sie hieß ursprünglich Rue Saint Anne und gehört zu den ältesten Straßen der Stadt. Hier liegt der **Memorial Park** mit einem Denkmal

tr_215 Foto: esm

für die gefallenen Soldaten der beiden Weltkriege. Schräg gegenüber liegt das 1858 im viktorianischen Stil erbaute **General Hospital.**

St. Ann's

Fährt man auf der anderen Seite am Hilton vorbei, gelangt man nach St. Ann's, nördlich von Belmont. Dieser Stadtteil ist eine vornehme **Villengegend,** in der auch der Premierminister seine Residenz hat. Hier wiederum sind alle Grundstücke mit hohen Mauern, Zäunen und Hunden gesichert.

Blick über Belmont

Laventille

Laventille liegt im Osten an den Hügeln. Man kann es sehen, wenn man von Südosten auf der Hauptstraße in die Stadt kommt. Wer aus Laventille kommt, hat so gut wie keine Chance. Hier entstanden die ersten Steelbands, und nur als Musiker oder Sportler kann man vielleicht den Ausstieg schaffen. Als Ausländer sollte man Lavantille, wenn überhaupt, nur tagsüber und in Begleitung von Trinis besuchen. Hier stellte in den 1940er Jahren *Winston Spree Simon* die erste Steeldrum her, auf der man zusammenhängende Melodien spielen konnte. Ebenso den ersten Ping Pong oder Tenor Pan.

Auf dem höchsten Punkt des Laventille Hills steht die Kirche **Our Lady of Fatima** und die beiden Festungen Fort Chacon und Fort Picton sowie ein Observatorium, das der Spanier *Don Cosmo Damien Churruca* von 1792 bis 1793 erbauen ließ.

Fort Chacon ist keine besondere Sehenswürdigkeit. Erbaut wurde es 1784 vom damaligen Gouverneur *Don Maria José Chacon*. Heute ist hier die Polizeifunkstation untergebracht.

Fort Picton liegt ganz in der Nähe. Sehenswert ist hier ein 13 m hoher Rundturm mit einem Durchmesser von 10 m und Schießscharten ringsum. Der Erbauer war der zweite Gouverneur Trinidads, *Sir Thomas Picton*. Das 1797 erbaute Fort trägt auch den Beinamen **Picton's Folly** (Pictons Torheit), denn das Fort eignete sich nicht als Verteidigungsanlage: Ein unterirdischer Geheimgang (von dem jedoch bald alle wussten) führte von hier zum Hafen. Den Tunnel gibt es heute nicht mehr. 1990 wurde das Fort restauriert. Von der Plattform auf dem Turm hat man einen wunderbaren Panoramablick.

An der Eastern Main Road liegt die **Angostura Distillery** auf dem Fernandez Estate. Hier wird nicht nur der weltberühmte *Angostura Bitter* hergestellt (unverzichtbare Zutat eines Rumpunschs), sondern auch etliche Sorten Rum (z.B. *VAT 19, Angostura 1919* oder *Old Oak*), Soßen, Getränke ohne Alkohol und vieles mehr.

Die Erfolgsgeschichte der Firma begann, als der deutsche Arzt **Johann Gottlieb Benjamin Siegert** im Jahre 1820 nach Venezuela ging, um *Simon Bolivar* bei seinem Kampf gegen die Spanische Krone zu helfen. *Bolivar* machte *Siegert* zum Chirurg General des Militärhospitals in der venezolanischen Stadt Angostura. *Siegert* versuchte aus einheimischen Kräutern eine Medizin herzustellen, welche die Soldaten von ihren Leiden kurieren sollte. Im Jahre 1824 hatte er die erste **Kräutermischung** angefertigt und nannte sie „Amargo Aromatico".

Da Angostura ein Handelshafen war, wurde *Siegerts* Kräutermischung bald in vielen Ländern bekannt. 1850 verließ *Siegert* die Armee und widmete sich nur noch seiner Firma. 1867 gründete er mit seinem Sohn *Carlos* die *„Dr. J. G. B. Siegert & Hijo Company"*. Als Siegert 1870 starb, war der Erfolg der Firma nicht mehr aufzuhalten.

Seine Söhne *Carlos* und *Alfredo* verließen Venezuela wegen der schlechten politischen Lage und gingen nach Trinidad. Um die Jahrhundertwende begannen sie Rum zu destillieren. Die Firma bekam den Namen, den sie bis heute trägt: **Angostura Bitter (Dr. J. G. B. Siegert and Sons) Ltd.** Die Fabrik kann besichtigt werden.

Angegliedert ist ein sehenswertes **Museum** über die Geschichte der *Distillery*. Tel. 623 1841/5.

- Führungen Mo-Fr 9.00-13.00 Uhr, Einheimische zahlen 20 TT$, Ausländer 6 US$, www.angostura.com.

Maraval

Verlässt man Port of Spain am Queen's Park vorbei auf der Saddle Road, erreicht man Maraval, ein fruchtbares Tal, in dem einst vorwiegend französische Siedler ihre Plantagen betrieben. 1841 wurden die Gebiete der Plantagen Champs Elysée, de Boissier, Val de Oro, Haleland Park, Moka und Paramin zum Bezirk Maraval zusammengefasst. Heute sind hier schöne, teils sehr geschäftige Wohngebiete. In **Paramin** werden noch viele Gemüsesorten und Gewürze angebaut. Die Kirchen **Our**

Lady of Fatima and **Our Lady of Guadeloupe** zeigen den französischen Einfluss.

Carmel Valley Cacao Estate

Wenn man über den Golf Course in Maraval fährt, erreicht man über eine kleine Brücke das sehr versteckt in üppiger Vegetation liegende Carmel Valley Cacao Estate. Es werden Touren angeboten, auf denen die gesamte Kakaoproduktion erklärt wird, anschließend wird eine kostenlose Tasse frischer Kakao ausgeschenkt. Man sollte sich den Weg von Einheimischen genau erklären lassen, denn die Plantage liegt sehr versteckt. Hier werden auch Bienen gezüchtet und erstklassiger **Honig** verkauft. Die Saddle Road führt durch das Santa Cruz Valley.

Cantaro

Rund um Cantaro befindet sich eines der großen Agraranbaugebiete Trinidads. Sehenswert im Ort sind die **Church of the Holy Cross** und einige alte Häuser. Wer gern wandert, kann von hier aus in ca. 3 Stunden über den **La Sagesse Trail** zur Maracas Bay wandern. Landschaftlich wunderschön, aber schweißtreibend – das kühle Bad anschließend hat man sich redlich verdient. Entweder man bucht die Tour über einen Veranstalter oder man sucht sich einen Führer im Ort. In Cantaro wuchs auch der größte Cricket Star Trinidads, *Brian Lara,* auf.

Unterkunft

Da Port of Spain außerhalb des Karnevals für einen längeren Aufenthalt nicht so interessant ist, gibt es auch nicht viele Unterkünfte. Daher sind einige Vermieter (nicht nur in Port of Spain) auf die Idee gekommen, sich ihren Jahresverdienst im Karneval zu sichern: die **Zimmerpreise** gehen unverschämt in die Höhe. So kann es sein, dass ein 30 US$ Zimmer zur Karnevalszeit plötzlich 250-300 US$ kostet. Man sollte spätestens 6 Monate vorher buchen.

Hier ein paar Tipps für die Karnevalszeit:

Wenn es Ihnen gelingt, eine Unterkunft zu einem normalen Preis (d.h. höchstens 100 % mehr) zu finden, buchen Sie und lassen sich den Preis schriftlich bestätigen!

Einige Veranstalter bieten Karnevalspakete an, die meist Flug, Unterkunft, Reiseleitung und Eintritt für einige Veranstaltungen beinhalten. Damit kommt man meist besser weg.

Wenn Sie wirklich so viel Geld ausgeben wollen oder können, erkundigen Sie sich vorher bei den renommierten Hotels. Dort bekommen Sie wenigstens ein angemessenes Preis-Leistungs-Verhältnis.

Bed & Breakfast

Am preiswertesten, ab 25 US$, wohnt man in den Zimmern der *Bed & Breakfast Association.* Es sind meist einfache Zimmer mit Bad in schönen, kleinen Privathäusern, oft mit Familienanschluss.
- **Bed & Breakfast Association of T & T,** A. Wrightson Rd., Tel. 627 2337, Fax 663 4913.

Listen mit Adressen und Preisen sind erhältlich im **Tourist Information Office** am Piarco Airport und im Hauptbüro, 10-14, Philipps St., Tel. 623 1932, Fax 623 3848.

Hostels, Guesthouses

Im Zentrum:
- **Abercomby Inn***-**, 101, Abercomby St., Tel. 623 5259, Fax 627 6658, www.monalyndersaydigital.com, 17 Zi. Es gibt ein Restaurant und eine Karaoke Bar. Im Karneval ist man mitten im Geschehen.
- **Par-May-La's Inn****, 53, Picton St., Tel. 628 4707, 12 Zi., www.trinidad.net/parmaylas.
- **ML's Gingerbread House****, Mona Lyndersay, 25, Stone St., Tel. 625 3663, Fax 622 4415, 3 Zi., www.monalyndersaydigital.com.

Woodbrook:
- **Williams' Villa****, 69, Luis St., Tel. 628 0824, Fax 623 8370, 6 Zi., Küche und TV-Raum.
- **Ana's Place***, 5, Ana St., 2 Zi., B & B, Tel. 627 2563, Fax 628 0971, www.anas-place.com.

Belmont, Newton:
- **The Little Inn****, Karen Hospendales, 41, Picton St. Newton, Tel. 628 4034, 4 Zi.
- **Berdina's Place***-**, 56, Norfolk St., 4 Zi., für Selbstverpfleger, Tel. 662 7122, berdinasplace@gmail.com.

St. Ann's:
- **Alicias Guest House***-***, 7, Coblens Gardens, Tel. 623 2802, Fax 623 8560; 17 Zi., schönes Haus mit Pool in der Nähe der Präsidentenvilla, www.aliciashouse.com.
- **Samise Villa***-**, 47, Ann's Rd., B & B, Tel. 369 3836, www.samisevilla.com. Zentral gelegen, preiswert und ruhig.

St. Clair/St. James:
- **Trini House** *, 5 A, Lucknow Street, St. James, Tel. 638 75550, 4 Zi., auch Dreibettzimmer, Besitzer sprechen deutsch.

Cascade:

- **Halyconia Inn***, First Avenue, Tel. 623 0008, Fax 624 6481, Pool, www.halyconiainn.com.
- **Cascade Cottage****, *Paul Gabbadon,* 16, Second Av., Tel. 623 4481, Gemeinschaftsbad.
- **Hillcrest Haven Guest House****, 7 A, Hillcrest Rd., Cascade, Tel. 624 1344, in der Karnevalszeit muss man für mindestens 6 Tage buchen.

Essen und Trinken

Die Karibik ist ja für ihre gute Küche berühmt. Zweifellos aber hat Trinidads Hauptstadt, bedingt durch die unterschiedlichen Völker, die alle ihre eigene Küche mitgebracht haben, das vielfältigste Angebot. In Port of Spain kann der Besucher alles finden, was einem so an Gaumenfreuden vorschwebt: kreolisch, französisch, italienisch, spanisch, indisch, arabisch, karibisch, seafood und local, also trinidadisch – nur ein vegetarisches Restaurant gibt es leider nicht.

Imbiss

Da das Essen in den Restaurants nicht ganz billig ist, zuerst einige Tipps für den schmalen Geldbeutel.

Ein preiswertes, vollständiges Menü ist das **Roti,** praktisch an jeder Straßenecke für 5 TT$ zu haben. Roti ist ein großer Teigfladen, der wahlweise mit einer Kartoffel-Gemüse-Mischung, Linsen oder einem Fleischcurry gefüllt wird. Diese Spezialität, die aus Indien in die Karibik kam, macht garantiert satt und ist einfach lecker.

Kentucky Fried Chicken und **Pizzaservices** gibt es auf der ganzen Insel, und in jeder **Shopping Mall** findet man verschiedene Restaurants.

Restaurants

- **Le Boucan** im *Trinidad Hilton,* Lady Young Rd., Tel. 624 3211. Hier findet man gute internationale und karibische Küche. Der Name kommt von den französischen Boucaniers, die in früheren Jahrhunderten ihre Fleischgerichte durch Räuchern in Backstein- und Kupferöfen haltbar machten. Hier steht der Nachbau eines solchen Ofens. Außerdem gibt es kleine Mahlzeiten und Snacks an der Poolbar für 8-22 US$.
- **Tiki Village,** *Kapok Hotel,* 16-18 Cotton Hill, St. Clair, Tel. 622 6441, Mo-Fr 11.45-22.30, Sa-So 11.00-15.00 Uhr; Tiki Village ist ein polynesisches Restaurant mit kleiner Bar und romantischer Atmosphäre. Im selben Hotel ist auch das *Café Bois Cano* untergebracht. Mo-Fr 11.45-22.30, Sa ab 18.00 Uhr; Fisch- und Meeresfrüchtespezialitäten.
- **Veni Mange Restaurant,** 67a, Aripa Av., Woodbrock, Tel. 624 4597, www.venimange.com. Typisch karibische Gerichte, Mo-Fr Lunch 11.30-15.00 Uhr.

- **Jenny's on the Boulevard,** 6, Cipriani Boulevard, Tel. 625 1807, Mo-Do 11-22 Uhr, Fr-Sa 11-23.00 Uhr. Die Bar ist bis Mitternacht geöffnet. Hier lohnt sich ein Besuch schon wegen dem im viktorianischen Stil gebauten und eingerichteten Gebäude. Internationale Küche.
- **House of Jaipur,** 14, O'Connor St., Tel. 624 7465, www.houseofjaipur.com. Boutique und Tearoom. Boutique Mo-Sa 10.00-18.00 Uhr, Tearoom Di-Sa 10.00-18.00 Uhr geöffnet. Ein Muss für Fans von Tee und kleinen indischen Köstlichkeiten.
- **Likkle Likkle Jamaica,** 3, Patna St., St. James, Tel. 221 6131, www.likklelikklejamaica.com, jamaikanische Küche in jamaikanischer Atmosphäre.

Einkaufen

Die **Haupteinkaufsstraßen** in Port of Spain liegen im Bereich Independence Square und Frederick Street. Die größten **Kaufhäuser** sind *Stephans, J.T. Johnson* und *Kirpalani.* Außerdem findet der Einkaufslustige hier jede Menge **kleiner Läden** und Straßenstände. Dort gibt es alles, was das Herz begehrt: karibische CDs, Rum, Keramik, Batik, Schmuck, Kleidung, Holzschnitzereien und eine große Auswahl an Schuhen und Stoffen.

Am Independence Square befindet sich in der Mitte ein großer **Markt** für Kleidung und Lederwaren. Hier kann man sich Schuhe nach Maß anfertigen lassen.

Große **Einkaufszentren** sind die *Colsort Mall* und *Town Centre Mall,* beide in der Frederick und Edward Street, die *Uptown Mall,* Edward Street und der *Galleria Shopping Complex,* Western Main Road, St. James. Ebenfalls in St. James in der Long Circular Road liegt die *Long Circular Mall.*

Souvenirs und **Kunstgewerbe** findet man in *The Market* (im Hotel *Normandie*) und am Hafen im *Cruise Ship Complex,* sowie im *rainy days, Shop #60, Ellerslie Plaza* und *Maraval.*

Bücher

Das beste Sortiment an ausländischen Büchern und an Literatur über die Insel führt:

- **RIK Services/Trinidad Book World,** 87, Queen Street, Port of Spain; Tel. 623 4316, 102-104 High Street, San Fernando; Tel. 652 4824, Fax 657 6793. Shop Nr. 2, Grand Bazaar; Tel. 645 2842.
- **Paper Based,** The Market at the Normandie, 10, Nook Avenue, St. Ann's, Port of Spain; Tel. 625 3197 (ext. 4343).

Musik

Gute karibische Musik bekommt man in den Musikläden der Shoppingmalls sowie bei:

- **Rhyner's Records,** 54, Prine St., www.rhyners.com.
- **De music store,** Piarco International Airport, im Flughafengebäude, Tel. 669 3064, www.trinidadmusicstore.com.

Galerien

Galerien mit ständig wechselnden, teilweise interessanten Ausstellungen einheimischer Künstler:

- **Art Creators,** Suite 402, Aldegona Park, St. Ann's Road, St. Ann's, Tel. 624 4369.
- **Gallery At Fine Art,** Ecke Rosalino und Warren St., Woodbrook, Tel. 628 4669.

Unterhaltung

Theater, Kinos

Neben vielen Sportveranstaltungen gibt es auch eine Reihe von Theatern mit sehenswerten Darbietungen:

- **The Little Carib Theatre,** White and Roberts Street, Woodbrook, Tel. 622 4644.
- **Naparima Bowl,** 19, Paradise Pasture, San Fernando, Tel. 652 4704.
- **Queens Hall,** 1-3, St. Ann's Road, Tel. 624 1284.
- **Under the Trees,** The Normandie, 10, Nook Avenue, St. Ann's, Tel. 624 1181.

Die größten Kinos sind **Movie Town Entertainment Complex,** Invaders Bay und **Caribbean Cinemas 8 Trinity.** Programme stehen in der Tageszeitung.

Nachtleben

Den Stadtteil St. James nennt man auch die **„City that never sleeps“,** denn besonders an der Western Main Rd. befinden sich eine Menge Clubs, Bars und Kneipen. Besonders bekannt ist das *Smokey & Bunty's.* Hier findet man sehr viele einheimische „Typen“, und das Hauptmotto ist „Thank god it's friday!“. Ein ähnlich lohnendes Ziel für „Party ohne Ende“ ist die Ariapita Avenue, von einheimischen **The Strip** genannt.

- **Carnival Bar,** Trinidad Hilton, Lady Young Road.
- **Mas Camp Pub,** Ecke Ariapita Ave. & French Street, viele Shows und Calypso Veranstaltungen.
- **Trotters,** Ecke Maraval & Sweet Briar Rd., beliebter Freitagabendtreffpunkt.

Casinos

- **Island Club Casino,** City of Grand Bazaar, Valsayn, Tel. 645 333.
- **Ma Pau,** Ecke French St. und Aripa Av., Woodbrook, Tel. 627 6214.

Der Nordwesten

Halbinsel Chaguaramas und die vorgelagerten Inseln, Chaguaramas Bay, Westmoorings, Diego Martin, Blue Bassin, St. Peter's Bay, Carenage, Edith Falls, Tucker Valley Road, Macqueripe, „Down the Islands"

Um in den Nordwesten der Insel zu gelangen, verlässt man Port of Spain über die Western Main Road, die unmittelbar hinter der Stadt in den Audrey Jeffers Highway übergeht. Hier befindet sich das elegante Wohngebiet **Westmoorings.**

Zurück auf der Western Main Road Richtung Westen erreicht man **Carenage.** Gegenüber der Schoolstreet in Carenage ist ein Strand, der durch die Kapelle **Notre Dame de lar Mer** geteilt wird. Der Hauptstrand heißt **St. Peter's Bay.** Die Kapelle wurde 1876 von Fischern gebaut, die nicht auf Gottes Schutz verzichten wollten. An der Meerseite steht eine Statue von *St. Peter,* dem Schutzheiligen der Fischer. 2007 wurde die Kapelle restauriert. Hier findet alljährlich im Juli das **Fischerfest St. Peter's Day** statt. Die Baptisten sehen in der Kapelle einen spirituellen Ort und stellen zum Fest rund um die Kapelle Kerzen auf.

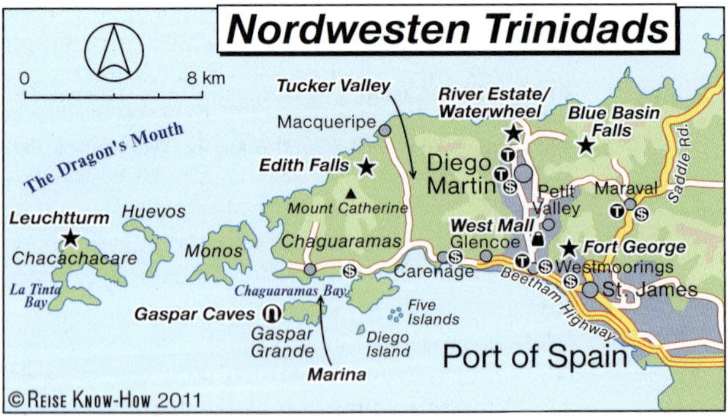

William's Bay nennt sich der lange Strand an der Hauptstraße bevor man Chaguaramas erreicht. An den Wochenenden gibt es hier Picknick mit lauter Musik beidseitig der Straße. Das Wasser ist flach und ruhig, man kann Kajaks, Wasserski und Fahrräder mieten oder den Fischern beim Einholen der Netze zusehen. **Chagville Beach** gehört eigentlich genau wie William's Bay zur Chaguaramas Bay, ist aber durch The Moorings von ihr getrennt. An ihrem westlichen Ende liegt das **Militärmuseum**. Diese Bucht ähnelt in allem der William's Bay, nur das hier nicht ganz so viel los ist – da sie größer ist, verteilt sich alles besser. Man kann diesen Strand problemlos von Port of Spain aus mit dem Bus erreichen.

Diego Martin und Blue Basin

Wenn man bei der *Chaguaramas Policestation* die Tucker Valley Road nach Norden nimmt, gelangt man bei **Macqueripe** an einen schönen **Badestrand.** Parkgebühren 2 TT$ pro Stunde oder 10 TT$ am Tag. Nur für Schwimmer geeignet, da das Wasser tief, wenn auch ruhig ist. Zwischen November und April kann die See durchaus rau sein. Es gibt weder *lifeguards* noch *facilities.* Biegt man von der Hauptstraße ab und folgt den Schildern zum Golf Course, erreicht man einen Parkplatz. Von der Straße auf der anderen Seite des Golfplatzes biegt rechts ein kleiner Weg ab. Von hier kommt man nach einem ca. halbstündigen Fußmarsch zum **Edith Wasserfall.** In der Trockenzeit ist dieser Wasserfall ziemlich schwach, dafür besteht auf dem Weg dorthin eine gute Möglichkeit Brüllaffen in den Wipfeln der Bambuswälder zu sehen. Überhaupt führt die Tucker Valley Road durch eine herrliche Landschaft und lädt überall zum spazierengehen ein.

Verlässt man den Highway und folgt der Diego Martin Road Richtung Norden, kommt man durch die Orte **Petit Valley** und **Diego Martin.** Sie entstanden auf dem Grundstück des ehemaligen Green Hill Estates und liegen wunderschön in den Tälern der Northern Ranges. Unmittelbar oberhalb von Diego Martin befindet sich die **North Post Marine Radiostation.** Von hier hat man einen traumhaften Ausblick auf die Nordküste. Während des jährlichen Schnellbootrennens im August, dem **„Great Race"** zwischen Trinidad und Tobago, versammeln sich hier viele Zuschauer, da man die Boote von hier aus am besten sehen kann.

Diego Martin River Estate

Die Hauptstraße führt im Norden bis zum Diego Martin River Estate. Hier steht noch das 12 m hohe und **150 Jahre alte Wasserrad** der ehemaligen River-Estate-Zuckerplantage. Es ist das einzige vollständig erhaltene Wasserrad Trinidads. In dem wiederaufgebauten Plantagenhaus ist ein kleines Museum untergebracht, in dem man Einblicke in das Plantagenleben erhalten kann. Täglich 10.00 bis 18.00 Uhr geöffnet, Eintritt frei. Ringsherum ist ein schöner Park mit Picknickplätzen.

Blue Basin Falls

Biegt man hinter dem River Estate rechts in die Blue Basin Road ein und folgt der Straße den Berg hinauf, erreicht man **einen der schönsten Wasserfälle Trinidads.** Vom Hinweisschild noch ein fünfminütiger, allerdings sehr schweißtreibender Fußmarsch, dann wird man mit einem erfrischendem Bad im Urwaldpool belohnt. Hier ist die Kriminalitätsrate sehr hoch. Daher sollte man den Wasserfall nur in größeren Gruppen besuchen.

Chaguaramas

Chaguaramas nennt sich die gesamte **Halbinsel** im Nordwesten Trinidads, dazu gehören der gleichnamige Ort, das Fischerdorf Carenage und die vorgelagerten Inseln Gaspar Grande, Gasparillo, Monos, Huevos und Chacachacare. In Chaguaramas gibt es einige schöne Strände, einen Golfplatz, einen vor Hurrikanen geschützten Yachthafen und ein mit unberührtem Regenwald bewachsenes bergiges Hinterland, dessen höchste Erhebung der **Mount St. Catherine** mit 539 Metern ist.

Vom zweiten Weltkrieg bis 1961 war das Gebiet ein amerikanischer **Militätstützpunkt.** Zuerst waren die Trinidadier davon sehr begeistert, denn man konnte hier gutes Geld verdienen. Aber bald bekam das ganze Gelände einen schlechten Ruf, als „Freudenhaus Amerikas".

1961 zogen die Amerikaner ab und Chaguaramas wurde zum **Nationalpark.** 1972 wurde die CDA gegründet *(Chaguaramas Development Authority).* Diese verwaltet nun das ganze Gebiet und arrangiert Touren mit ausgebildeten Führern in den Regenwald oder auf die vorgelagerten Inseln. Im Norden befindet sich ein militärisches Sperrgebiet das man nur mit Genehmigung betreten darf.

In der Chaguaramas Bay befindet sich ein **Yachthafen.** Hier sind Liegeplätze für 3000 Boote, stark frequentiert von Amerikanern, die während der Hurricanesaison ihre Yachten in Sicherheit bringen. Jedes Jahr finden hier berühmte Bootsrennen statt, z.B. um den *Long John Silver Cup.*

An der Macqueripe Road in Chaguaramas Village befindet sich die Ruine der **St. Chad's Anglican Church.** 1850 gab *Daniel Cave,* der Besitzer des Mt. Pleasent Estates ein Stück seines Landes der anglikanischen Kirche, die darauf eine kleine Holzkirche errichtete. 25 Jahre später wurde an dieser Stelle eine Steinkirche errichtet. Sie wurde genutzt bis die Amerikaner hier ihren Militärstützpunkt errichteten. Auf dem Friedhof der Kirche befinden sich noch einige schöne alte Gräber.

Military- and Aviation-Museum

In einem der alten amerikanischen Militärgebäude steht auch das erste **Militärmuseum** der Karibik. Es werden viele militärische Objekte von 1498 bis heute gezeigt.

- **Chaguaramas Military History & Aviation Museum,** Tel. 634 4391, geöffnet täglich 9.00-17.00 Uhr, Eintritt: Erwachsene 10 TT$, Kinder 7 TT$.

Gleich um die Ecke bei der **Development Authority** kann man sich über das Tierleben der Insel informieren, Wanderausflüge in die Umgebung buchen sowie Bootstouren organisieren, z. B. einen Ausflug in die **Scotlandbay** im äußersten Westen von Chaguaramas, an der Boca de Monos. Das **Institute of Marine Affairs** verschafft Einblicke in das Leben der Unterwasserwelt. An der Western Main Road liegen die Büros der *Island Property Owner's Association.* Hier kann man Bootstouren zu den Bocas buchen. Weitere Informationen: CDA, *Chaguaramas Development Authority,* Tel. 634 4364 oder www.ichaguaramas.com, www.chagdev.com.

Für **Karnevalsfans** ein Muss: im Building C an der Western Main Road befindet sich das Mas Camp des berühmtesten Karnevalsdesigners der Insel, *Peter Minshall.* Geöffnet Mo-Sa 10.00-18.00 Uhr.

Das **Cove Beach Resort** ist ein schöner Badestrand mit Duschen und Toiletten. Geöffnet täglich 7.30-18.30 Uhr, Eintritt 5 TT$ (Erwachsene) bzw. 2 TT$ (Kinder). Wenn man von Chaguaramas direkt nach Port of Spain zurückfährt, braucht man normalerweise ca. eine halbe Stunde.

Vorgelagerte Inseln „Down the Islands“

Im Nordwesten Trinidads gibt es einige Inseln die dem Festland vorgelagert sind, die **Five Islands, Caledonia Island, Craig Island, Lenagan Island, Nelson Island** und **Pelikan Island.**

Zwischen 1866 und 1917 war Nelson Island eine Quarantänestation für Einwanderer. Leute mit ansteckenden Krankheiten wurden nach Lenagan Island gebracht. Um 1930 war Nelson Island eine Gefängnisinsel. Im zweiten Weltkrieg kamen hauptsächlich Juden mit deutscher oder österreichischer Staatsangehörigkeit auf die Inseln. Die Männer kamen nach Nelson Island, die Frauen nach Caledonia. 1970 bei der Black Power Revolution versteckten sich hier 50 Aktivisten.

Caledonia ist eigentlich eine **Hochzeitsinsel.** 1840 heiratete hier Lord *Harris* und 1957 *Dr. Eric Williams,* der erste Premierminister von T&T.

Diego Islands

Diego Islands sind die beiden Inseln **Carrera** und **Cronstadt.** Carrera Island ist eine Gefängnisinsel. Auf Cronstadt wird Barit abgebaut, ein Produkt für die Ölindustrie.

Gaspar Grande

Gaspar Grande ist eine Kalksteininsel und eine **Urlaubsparadies** für die Trinidadier. 1,5 km lang und einen halben Kilometer breit. Die höchste Erhebung ist 103 Meter hoch. 1783 bekam der Franzose *Gaspar de Percin la Roque* die Insel von Governeur *Chacon,* daher hat die Insel ihren Namen. Zwischen 1826 und 1864 gab es am westlichen Ende der Insel eine Walfangstation, Pointe Baleine. Auf dem Bombshell Hill sind noch die Überreste eines spanischen Forts von 1796. Von hier hat man einen herrlichen Ausblick.

Oberhalb von Pointe Baleine stehen noch **alte Kanonen** aus dem ersten und zweiten Weltkrieg. Flora und Fauna ist sehr interessant. Man sieht viele Vögel, Lizzards und Fledermäuse.

Die große Attraktion sind die Gaspar Caves, **Tropfsteinhöhlen.** Die bekannteste von ihnen ist *Blue Grotto.* Vom Bootsanleger in Point Baleine läuft man ca. 20 Minuten bergauf zum Eingang der Höhlen. Diese darf man aber nur mit einem Führer betreten.

Einer **Legende** nach soll sich auf der Insel eine weitere mysteriöse dunkle Höhle mit dem Namen „William Dampiers Tunnel", befinden, in der sich eine Truhe mit einem Piratenschatz verbergen soll, welcher sich angeblich an bestimmten Tagen im Jahr ganz leicht finden läßt. Weiterhin gibt es viele **Picknickplätze** und sechs schöne **Badestrände.**

Vom Yachthafen erreicht man die Insel mit dem Boot in einer 10-Min.-Fahrt. Die Boote fahren hinter den Carib Docks ab, sobald mehrere Leute hinüberwollen. Pro Person kostet es 40 TT$ zur

Südseite und 30 TT$ zur Ostseite. **Bootsfahrten mit Höhlenbesichtigungen** kosten wochentags 85 TT$, am Wochenende 100 bis 125 TT$.

Neben Gaspar Grande liegt die nur von Vögeln bewohnte Insel Gasparillo oder Little Gaspare.

Monos

Die Insel hat öffentliche Strände und ist außerdem ein Paradies für **Tiefseefischer.** Auf Monos kann man in der Turtle's Bay noch den alten Kupferkessel bewundern, in dem das Walfett gekocht wurde, als auf der Insel eine Walfangstation war.

Huevos

Auf der kleinsten der drei Inseln brüten nur einige Seevögel.

Chacachacare

Der Name stammt noch von den Indianern. *Columbus* nannte die Insel El Caracol, Schlangeninsel, denn die Form der Insel erinnerte ihn an eine Schlange. Die Insel war früher Bananenplantage und Walfangstation. Die Überfahrt dauert 20 Min. und wird von der CDA (s. Gaspar Grande) organisiert. Ab 1877 war die Insel lange Zeit eine **Kolonie für Leprakranke.** Die Ruinen des ehemaligen Krankenhauses, der Kapelle und der Residenz des Arztes sind noch zu sehen. Auf der einzig existierenden Straße kann man eine Wanderung zum Leuchtturm machen.

Auf Chacachacare befinden sich **acht Strände:** Bulmers Bay, Sanders Bay, Rust's Bay, La Chapelle Bay und Cocos Bay.

Zwischen Chacachacare und dem Festland von Venezuela gibt es eine gefürchtete Strömung, **Dragon's Mouth.**

An der Westküste liegt eine schwarze Sandbucht, **La Tinta** genannt. Hier legen die Hawksbill Schildkröten ihre Eier ab.

1813 nutzte der venezolanische Revolutionär *Santiago Marino* die Insel als Basis für seine Invasion von Venezuela. Heute nennt man die Insel meistens kurz Chaca und sie ist ein **beliebtes Urlaubsziel.** Die Insel hat acht Badestrände, einen

Salzwasserpool und einen Berg mit einem hölzernen Leuchtturm von 1896, der noch in Betrieb ist. Damit ist er **einer der ältesten Leuchttürme der Welt.** Touren zu den Inseln kann man buchen. Informationen bei *Chaguaramas Development Authority,* Airway Rd. Tel. 634 4227, www.ichaguaramas.com.

Unterkunft

- **Brahma Bhuta Guest House***-**, Waterbridge Rd., Blue Range Diego Martin, 5 Zi., netter, hilfsbereiter Besitzer, für Selbstverpfleger, Tel./Fax 632 0751.
- **Sapphire House****, 1, Sapphire Drive, Diamond Vale, Diego Martin, 4 Zi., liegt in einem großen Garten, www.sapphire-house-bed-and-breakfast.com.
- **The Blue Cottage***-**, 114, Emerald Drive, Diamond Vale, Diego Martin, Tel. 681 0758, www.thebluecottagett.com. 5 Zi. für Selbstverpfleger.
- **Tony's Papnis Drive***, Sierra Leone Rd., Petit Valley, Tel. 632 044, tone_other@yahoo.com, 5 Zi., AC, Kabelfernsehen. Für Selbstverpfleger. Die Besitzer bieten auch einen Nachtausflug nach Chaguaramas an.
- **Morgan's Home***-**, 2, Mountain View Drive, Morne Coco Road, Petit Valley, Tel./Fax 633 1188, 7 Zi. B & B.

Unterhaltung

Chaguaramas bietet, ebenfalls, wie Port of Spain, eine große **Partymeile** in Trinidad. Jede Menge Lokale laden zum Feiern ein, teilweise Live-Musik unter freiem Himmel. Besonders beliebt sind *Pier One, MOBS2, Crews Inn* und *The Anchorage.* Hier ist garantiert für jeden Geschmack etwas dabei.

Der Norden

St. Joseph, San Juan, Maracas Falls, Loago, University of the Westindies, St. Benedikt, Caura Valley, Arouca, Lopinot, Arima, Heights of Guanapo, Aripo Caves, Asa Wright Nature Centre, Brasso Seco, Calvary Hill, Avocat Falls, Marianne Falls, La Filette, Blanchisseuse, Las Cuevas, Fort Abercromby, Rincon Falls, Habio Fall, Maracas Bay, Saddle Road

Ost-West-Route entlang der Eastern Main Road

Wenige Kilometer hinter PoS, in Champs Fleurs direkt an der Eastern Main Road, kann man die **Carib Brewery Ltd.** besichtigen, wo das inselweit bekannteste Bier hergestellt wird. Telefonische Voranmeldung erbeten unter 645-BEER. Mehr Infos im Internet unter www.carib.co.tt. Der Werbeslogan lautet: „A Beer is a Carib." Na dann: Prost!

San Juan

Die Stadt wurde im Jahre 1709 als kleine Siedlung vom damaligen Governeur *Jose Maria Chacon* gegründet. Wenige Weiße, viele freie Schwarze und einige Sklaven, daraus entstand im Laufe der Zeit die heutige Geschäftsstadt.

Auf der Santa Cruz Old Road am nördlichen Ende von San Juan befindet sich eine große **Indianerstatue,** deren Sockel die Aufschrift „La Venezuela" trägt. Vor einiger Zeit wurde hier eine Neubausiedlung, die „La Venezuela Gardens" errichtet, und man fand bei den Bauarbeiten zahlreiche Artefakte der Spanier und der Indianer. Die genaue Geschichte und das Alter der Statue sind bis heute unbekannt. Die Gegend war früher von Indianern und Spaniern besiedelt, die einen freundschaftlichen Umgang miteinander pflegten. Aber eines Tages planten die Indianer einen Überfall auf die spanische Siedlung. Einer der Indianer soll die

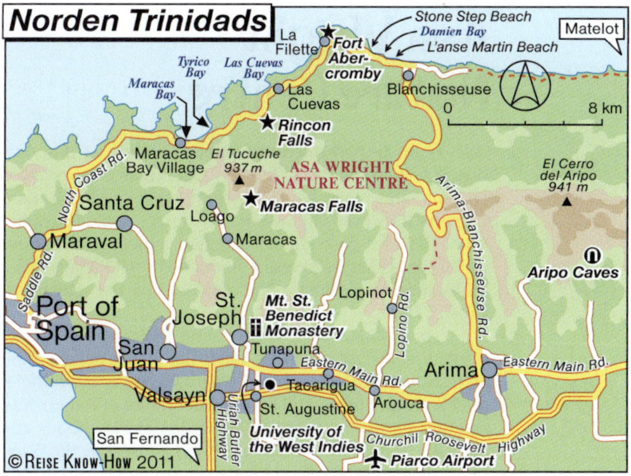

Spanier gewarnt haben. Zum Dank errichteten diese dem Indianer ein Denkmal. Zwei weitere alte **Steinskulpturen** in La Venezuela Gardens geben bis heute Rätsel auf.

St. Joseph

Dieser Ort hieß in der Sprache der Indianer **Caroni.** Er ist die älteste Stadt Trinidads und die ehemalige Hauptstadt, gegründet 1592 unter dem Namen **San José de Oruna**.

Es gibt hier noch viele kleine Häuser im spanischen Stil, die älteste Polizeistation Trinidads sowie die 1947 von reichen Kaufleuten gebaute, prächtige grün-weiße **Jinnah Memorial Moschee.** Sie beherbergt auch drei islamische Privatschulen.

Da zu Zeiten der Inselbesiedelung kein Ort ohne Kirche gebaut werden durfte, steht hier auch die älteste Kirche von Trinidad, die **St. Joseph Catholic Church** von 1593.

Auf dem Friedhof der Kirche liegt *Domingo de Vera* begraben. Er ließ zusammen mit *José de Oruna* ein zehn Meter hohes Holzkreuz errichten, zum Zeichen, daß die Insel nun im Besitz der spani-

Asa Wright Nature Centre

Das schönste **Naturschutzgebiet** Trinidads ist das *Asa Wright Nature Centre,* 15 km von *Arima* entfernt. Von *Port of Spain* fährt man über die Eastern Main Road oder den Churchill Roosevelt Highway nach Arima, von dort über die Arima-Blanchisseuse Road zum Schutzgebiet. Mit dem Bus: vom Central Gate in PoS nach Arima 4 TT$ mit Klimaanlage, 3 TT$ ohne. Von Arima weiter mit dem Taxi, einfache Fahrt ca. 40 TT$.

Um die Jahrhundertwende kaufte der ausgewanderte Frankfurter *Friedrich Wilhelm Mayer* das im fruchtbaren Arimatal 400 m über dem Meer gelegene Land und gründete die **Plantage Spring Hill Estate.** Hier baute er Kaffee, Kakao und Zitrusfrüchte an. 1908 wurde das Haupthaus gebaut. Bis 1925 bewirtschaftete Sohn *Charles Mayer* die Plantage mit wenig Gewinn, dann gab er Spring Hill Estate auf.

1932 kaufte der amerikanische Geologe *Joseph Holmes* das Gelände. Er ließ das Haupthaus renovieren, einen mit Wasser betriebenen Generator installieren und einen Pool bauen.

1947 kauften *Dr. Newcome Wright* und seine Frau *Asa* das 74 ha große Gebiet mit seinen bis zu 40 m hohen Baumriesen.

1949 richtete die New Yorker Zoologische Gesellschaft unter Leitung von *William Beebe* eine **Forschungsstation** ein. Hierher kamen viele Forscher, besonders aus Amerika, um sich dem Studium der tropischen Tiere und Pflanzen zu widmen. Sie lebten während ihres Aufenthaltes auf Spring Hill. 1955 verstarb Mrs. *Asa Wright,* ihr Mann verkaufte 1967 das Gelände, und es verschmolz mit der Forschungsstation.

1967 wurde das alte Plantagenhaus zum **Guesthouse** umgebaut. Im selben Jahr wurde dieser Naturschutzpark mit dem Namen *Asa Wrights* von Forschern, Tierfreunden und der Bank *Nova Scotia Trust Co.* gegründet; er arbeitet auf nichtkommerzieller Basis, das erwirtschaftete Geld wird wieder in das Projekt gesteckt.

Heute kommen Vogelbeobachter und Naturfreunde aus aller Welt ins *Asa Wright Nature Centre.* Es gibt ausgeschilderte Wanderwege mit beschrifteten Pflanzen, die auch Laien einen Einblick in die Pflanzenwelt geben.

Über **100 Vogelarten** kann man hier sehen, unter ihnen: *Squirrel Cuckoo* (Cayenne Fuchskuckuck), *Gon* (Regenbogentukan), *Hummingbird* (Kolibri), *Honey Creeper* (Purpurhonigsauger), *Black-Tailed tityra* (Schwarzschwanztityra), *Bat Hawk* (Fledermausgleiter) und *Lilac-Tailed Parrolett* (lila Schwanzsperlingspapagei).

Besonders sehenswert und selten ist der **Oilbird** auch *Guacharo* oder *Fettschwalm.* Er lebt in den *Dunston Caves.* Die *Oilbirds* gehören zur Familie der Schwalben und sind die einzigen Vögel der Welt, die zwar nachts auf Futtersuche gehen, sich aber ausschließlich von Früchten ernähren. Die Jungen bleiben vier Monate im Nest. Sie wiegen im Alter von 70 Tagen eineinhalbmal soviel wie ein ausgewachsener Vogel, der bei einer Flügelspanne von 90 cm ca. 45 cm lang wird. Die Indianer fingen die Jungvögel und stellten aus ihrem Fett ein Lampenöl her, das nie ranzig wurde.

Wenn die Fettschwalme gestört werden, geben sie laute Geräusche von sich, die sich wie Schreien, Schnattern oder Schnarchen anhören. Deswegen gaben ihnen die Indianer den Namen *Guacharo* (Schreihals). Die Vögel haben so ein ausgeprägtes Gehör, dass sie sich in der Dunkelheit damit orientieren können.

Das Naturschutzgebiet ist immer einen Besuch wert, sei es nur für einige Stunden oder auch für mehrere Tage.

- **Geöffnet** ist das *Asa Wright Nature Centre* täglich von 9.00-17.00 Uhr.
- Außer den täglichen Vogelbeobachtungen morgens und abends finden noch fünf **geführte Touren,** jeweils von 10.30 bis 13.30 Uhr statt. Eintritt mit Tour 20 TT$
- Außerdem kann man sich hier ein sehr schönes Buch kaufen, in dem alle **Wanderwege Trinidads** aufgezeichnet sind und sich dann selbst auf den Weg machen.
- Das **Gästehaus** hat schöne Zimmer, und die Mahlzeiten werden gemeinsam auf der Terasse eingenommen. Es gibt 22 Zimmer, telefonische Anmeldung ist erforderlich, die Übernachtung mit Vollpension kostet 81 US$ p.P., in der Hauptsaison zw. 16.12. und 15.04. 105 US$ p.P., Essen muss 48 Std. vorher telefonisch bestellt werden.
- Zwischen 6.00 und 7.00 Uhr gibt es den ersten Kaffee (und die ersten Vögel zu beobachten), 7.30-8.30 Uhr Frühstück, 12.00-12.30 Mittag, 16.00-17.00 traditioneller englischer Tee, 18.00-19.00 Uhr Rumpunsch und 19.00-20.30 Uhr Dinner.
- Die aus Island stammende *Asa Wright* hat den **Tropengarten** so angelegt, dass er von der Terrasse nahtlos in den Wald übergeht; die Futterstellen sind so nahe, dass man viele Vögel beim Kaffeetrinken von der Terasse aus sehen kann.
- *Asa Wright Nature Centre,* P.O. Box 4710, Port of Spain, Tel. 667 4655, Fax 667 0493, www.asawright.org.

schen Krone war. An dieser Stelle in der Albert Street steht heute ein **Eisenkreuz.**

Im **George Earl Park** wurde 1837 der Sklavenführer *Daaga* exekutiert.

Maracas Falls

Um zu diesem Wasserfall zu gelangen, biegt man in St. Joseph von der Eastern Main Road nach Norden ab. Dann fährt man durch das **Maracas Valley** und im gleichnamigen Dorf links. Vom Parkplatz an der Acono Road ist der Aufstiegspfad beschildert. In der Trockenzeit kann man auch zum oberen Ende des Wasserfalls hochklettern. Allerdings nur mit ortskundigem Führer.

Der mit fast 100 m höchste Wasserfall Trinidads liegt am zweithöchsten Berg der Insel, dem 937 m hohen **El Tocuche.** Besonders in der Regenzeit ein imposanter Anblick. Man kann am Fuße des Wasserfalls in einem herrlichen Becken baden, man kann picknicken, Vögel beobachten oder wandern. Der Aufstieg zum Gipfel des Tocuche dauert drei bis vier Stunden.

In den nahegelegenen **El Naranjo Tropical Gardens** findet man eine große Zahl von Tropenpflanzen, darunter herrliche Anturien.

Loago

Wenn man den richtigen **Regenwald** erleben will, steigt man vom Dorf Loago am Ende des Maracas Valley durch dichten Nebelwald auf. Die Pfade werden schmal, steigen steil an, die Bäume sind 20 m hoch, an den Stämmen hängt Moos. Solche Wanderungen sollten nur mit Führer unternommen werden, denn hier gibt es Giftschlangen. Entweder erkundigt man sich im Tourist Office in PoS nach einem Führer, oder man vertraut sich ortskundigen Einheimischen aus der Umgebung an.

University of the Westindies

1948 wurde in Kingstown, Jamaica die erste Hochschule der Karibik gegründet. 1960 taten sich Jamaica, Barbados und Trinidad zusammen und gründeten die *University of the Westindies.* Auf Trinidad gibt es inzwischen acht Fakultäten, unter anderem die erste **Forschungsstelle für tropische Landwirtschaft** in der Welt.

Die Universität liegt auf dem Gelände einer ehemaligen Zuckerrohrplantage am Südrand von **Tunapuna,** dem Nachbarort von St. Joseph; das Hauptbüro ist in einem ehemaligen Herrenhaus untergebracht. Die Uni verfügt über eine ausgezeichnete Diasammlung der einheimischen Flora und Fauna. Viele Agrartechniker und Ingenieure aus aller Welt studieren inzwischen hier. Nähere Informationen: Tel. 662 2002 oder www.uwi.com.

Mount St. Benedikt

Wenn man das Unigelände in Tunapuna rechts über die Eastern Main Rd. verlässt und links in die St. Johns Rd. einbiegt, erreicht man das älteste **Kloster** der Karibik. Auf einem 300 m hohen Gebirgszug liegt in völliger Abgeschiedenheit das mächtige *Mount St. Benedikt Monastery.*

1912 wurde das Kloster von dem Benediktiner *Don Mayeul de Caigny* gegründet. Es dient zur Priesterausbildung und hat den Status einer theologischen Universität. 1986 wurde die Schule geschlossen. Die Mönche unterhalten das Kloster aus eigener Kraft und stellen Honig und Joghurt her, den man in vielen Supermärkten kaufen kann.

Das **Pax Guesthouse** wurde 1916 eröffnet und ist damit das älteste Guesthouse von T&T. Extra für Einheimische und ausländische Künstler ist die „Upper Room Galery und Artists Retreat". Einfache Unterkünfte, Studios und Gemeinschaftsräume. Täglich 8.30-17.00 Uhr geöffnet. Tel. 645 1905 oder 622 4992. Es gibt ein Gästehaus, eine Privatschule, kleine Handwerksbetriebe und eine Buchbinderei. Die Mönche bauen Obst und Gemüse an und stellen Naturjoghurt her.

Rund um das Kloster gibt es herrliche **Wanderwege,** die auch ideal für Vogelbeobachtungen sind. So führt z.B. ein steiler Weg auf den Mt. Tabor. Hier kann man nach ca. 45 Minuten Aufstieg die Überreste der ersten Kirche besichtigen und eine herrliche Aussicht genießen.

Durch diese schöne Landschaft führt die **Karfreitagsprozession** rund um den Mt. St. Benedikt.

Im **Teeladen** des Pax Guesthouse wird täglich von 15.00 bis 18.00 Uhr Tee serviert.

Caura Valley

Biegt man kurz vor Tacarigua von der Hauptstraße in die Caura Royal Road ein, führt die Straße am Tacarigua Fluss vorbei in das Caura Tal. Hier findet man herrliche Wanderwege, lauschige Bade- und Picknickplätze sowie jede Menge Natur. Seit hier in den fünfziger Jahren ein Staudammprojekt scheiterte ist die Gegend weitgehend unberührt. Echte Trecking-Fans kommen hier voll auf ihre Kosten, z.B. bei dem mehrstündigen Aufstieg zum **El Tocuche.** *Caura* ist ein Name, der noch von den Arawak-Indianern stammt, den ersten Einwohnern dieses Tales, er bedeutet „dicht bewachsenes Tal".

Arouca

Weiter auf der Eastern Main Road gelangt man in die Stadt Arouca, eine ehemalige Indianersiedlung. Man kann hier die **Ajoupa-Hütte** besichtigen, die Nachbildung eines indianischen Hauses, sowie eine Ausstellung indianischer Gebrauchsgegenstände.

Lopinot

In Arouca zweigt nach Norden die Lopinot Road ab, die in den gleichnamigen Ort führt. Um 1800 legte der Franzose *Charles Joseph Comte de Lopinot* hier eine **Kakaoplantage** an. Der *Comte* war ein Offizier der königlichen Armee Frankreichs. Er kam mit 100 Sklaven von Haiti nach Trinidad, da in Haiti mit der Unabhängigkeitserklärung auch die Sklaverei abgeschafft wurde. Er nannte das Land „La Reconnaissance" und ließ ein **Herrenhaus, Ställe, Sklavenbaracken** und ein **Gefängnis** bauen. Die Gebäude sind zur Besichtigung freigegeben.

In dem ehemaligen Plantagenhaus ist ein kleines **Museum** untergebracht und eines der Zentren für Trinidads traditionelle Weihnachtsmusik, **Parang.** Ringsherum findet man einige gute Picknickmöglichkeiten.

- Täglich 6.00-18.00 Uhr geöffnet, Eintritt frei.

tr_230 Foto: esm

Trinidad

Arima

Die Eastern Main Road führt weiter nach Arima, der drittgrößten Stadt der Insel (25 km östlich von Port of Spain) mit 26.000 Einwohnern.

Auch hier war früher eine **Siedlung der Kariben-Indianer.** Der Name Arima bedeutete in der Sprache der Kariben „Wasser" und ist erhalten geblieben. Heute leben hier noch ca. 300 Nachfahren der Indianer, die Santa Rosa Caribs.

Die heutige Stadt wurde zum Beginn des 19. Jh. gegründet, sie liegt auf halber Strecke zwischen der West- und der Ostküste und ist der Ausgangspunkt für den Weg durch die Northern Ranges zur Nordküste. Früher eine sehr beschwerliche Reise.

Arima ist noch heute stolz darauf, dass ihm als einzigem Ort der **Royal Borough** zugesprochen wurde, der Status einer königlichen Gemeinde.

Heute hat die Stadt viele Vororte, ein bisschen Industrie und ein geschäftiges Zentrum mit vielen kleinen Läden. Während an der Hauptkreuzung ständiger Verkehrsstau herrscht, sind die Seiten-

Das Haus des Grafen Lopinot

straßen ruhiger. Hier stehen auch noch einige schöne **Häuser aus der Kolonialzeit.** Im Ortskern steht **The Arima Dial,** eine alte Uhr von 1898. Damals wurde die Uhr mit Wasserkraft betrieben, 1985 ersetzte man das alte Uhrwerk durch ein elektrisches.

Im August wird alljährlich beim **Santa Rosa Festival** von den Indianernachfahren eine „Königin der Kariben" gekürt.

Cleaver Woods Recreation Centre

1937 verkaufte der Plantagenbesitzer *Charles Cleaver* einen Teil seiner Plantage an die Stadt Arima. Die Stadt errichtete hier den **Naturpark Cleaver Woods.** Ein Erholungspark in einem beeindruckenden Pinienwald. In vielen Museen Trinidad und Tobagos sind Artefakte der Indianer ausgestellt, das Cleaver Woods Museum ist jedoch ein **Freilichtmuseum,** in welchem in nachgebauten Indianerhütten (Ajoupas) historische Fundstücke ausgestellt werden. Der Pinienwald, in dem sich das Museum befindet, bietet wunderschöne Spazierwege. Täglich geöffnet 7.00-18.00 Uhr.

Der Santa Rosa Park ist die einzige **Pferderennstrecke.** Die meisten Rennen finden im September statt. Nähere Infos: www.santarosapark.com.

Von Arima kann man einen Abstecher zum **Caroni Area Dam und Reservoir** machen: dies ist der größte Trinkwasserstausee von Trinidad. Die Staumauer ist 780 m lang. Der See wird von den beiden Flüssen Caroni und Arena gespeist, und versorgt 75 % der Insel mit Wasser. Natürlich herrscht hier Badeverbot, aber dafür wird man durch eine wunderschöne Tier- und Pflanzenwelt entschädigt. Eintritt Erwachsene 5 TT$, Kinder 2 TT$.

Calvary Hill

Die **Missionsstation** wurde nach alter spanischer Sitte rund um die Santa Rosa Kirche gebaut, mit einem freien Platz davor. 1846, als die Briten Trinidad übernahmen, wurde *Lord George Francis Robert Harris* Governeur der Insel. Er war ein Freund der Indianer und Patron des Santa Rosa Festivals. Er gab den Indianern mehr Land und ließ vor der Kirche Bäume pflanzen. Nach ihm wurde der Lord Harris Square in Arima benannt, genau wie der Lord Harris Square in Port of Spain und die Harris Promenade in San Fernando. Die **Santa Rosa Kirche** steht auf dem Calvary Hill. Die Kanone auf dem Berg war ebenfalls ein Geschenk von *Lord Harris* an die Indianer, und ihre Salve am 1. August jedes Jahr, ist der Start des **Santa Rosa Festivals,** welches mit indianischen Zeremonien hier auf dem Berg gefeiert wird. Ein Schuss wird noch heute abgefeuert, allerdings wurde die Kanone zwischendurch ausgetauscht.

Heights of Guanapo

Zurück auf der Eastern Main Road: Ca. 3 km hinter Arima biegt man in die Guanapo Road. Sie führt durch Berge und Schluchten mitten in den **Regenwald** der Northern Ranges. Ein Highlight für echte Trecking-Profis. Unvergessliche Bergwanderungen und Ausflüge zu den traumhaften Wasserfällen **La Laja** und **Sombasson.** Alle Wanderungen sind sehr anstrengend und können nur mit Führer unternommen werden!

Arima Forest

In der Nähe von Arima liegt der Arima Forest. Hier kann man Tropfsteinhöhlen besichtigen oder in den **Bergwald** wandern, wo u.a. drei seltene Vögel beheimatet sind, die Gelbfußdrossel, die Nachtigalldrossel (orangener Schnabel) und der Tanager (blauer Kopf).

Aripo Caves

Die Aripo Caves sind das größte **Tropfsteinhöhlensystem** der Insel. Man erreicht die Höhlen über die von der Eastern Main Road noch hinter Arima abzweigende Aripo Road. Die Höhlen liegen am Fuße des **Cerro del Aripo,** dem mit knapp 950 m höchsten Berg von Trinidad. Die sehr anstrengende Tour zu den Höhlen dauert ca. 3 Std. und kann nur mit einem Führer gemacht werden.

Auch wer sich die nahegelegenen **Limestone Caves** ansehen möchte, braucht einen Führer.

Täglich ab 10.00 Uhr im Museum oder *Community Centre* nachfragen; die Führungen sind kostenlos.

Aripo Savannas Scientific Reserve and Wallerfield

Fährt man die Aripo Road zurück in südlicher Richtung und folgt von da der Cumuto Road, erreicht man die 1800 Hektar große Aripo Savanne. Da es hier kaum Schatten gibt, sollte man sich durch entsprechende Kleidung und Sonnenmilch schützen. Hier findet man **200 verschiedene Pflanzen,** viele **Orchideen** und **250 Vogelarten.** Wallerfield war im zweiten Weltkrieg eine US-Airbase. Der stillgelegte Flughafen wird für Motorsport benutzt.

Infos bei der *Forestry Division,* Tel. 645 1203.

Arima-Blanchisseuse Road

Von Arima führt eine der landschaftlich schönsten Straßen der Insel ins 37 km entfernte Blanchisseuse. Die kurvenreiche und schmale Straße windet sich die Berge hinauf, durch Felder, Dörfer und den Regenwald. Hier wachsen exotische Früchte und riesige Bäume. Zwischendurch hat man spektakuläre Ausblicke. Vorsichtig fahren! Die Straße hat viele Löcher und Kurven. 15 km nach Arima erreicht man das *Asa Wright Nature Centre* (s. Exkurs).

Brasso Seco

Einige Kilometer hinter dem *Asa Wright Nature Center* liegt eingebettet in die Northern Ranges das verschlafene Dorf Brasso Seco, Ausgangspunkt für unvergessliche Regenwaldwanderungen. In der Nähe von Brasso Seco befinden sich viele **Höhlen** und 11 **Wasserfälle,** einer davon ist der Sobo Fall, unter dem es sich wunderbar duschen lässt. Er ist vom Dorf aus zu Fuß zu erreichen. Auf der Arima - Blanchisseuse Road zwischen Blanchisseuse und La Croix, nahe der Mamoral Road, liegt der **Johnston Fall** mit einem sehr tiefen Pool.

Avocat oder Marianne Falls und Three Pools

Etwa 5 km vor der Küste, ca. eine halbe Stunde Fußmarsch von der Arima - Blanchisseuse Road, liegen die Avocat oder Marianne Falls. Man kann sie allein erkunden, sollte sich aber vorher von den Einheimischen den Weg erklären lassen, da er nicht ausgeschildert ist.

Der **Marianne River** fließt durch den tiefsten Regenwald und hat einige atemberaubende Pools und Wasserfälle. Einige Abschnitte sind zum Kanufahren geeignet. Auch hier sind ortskundige Führer angebracht, lediglich den ca. einstündigen Weg von der Flussmündung bis zu den Three Pools kann man auf eigene Faust unternehmen.

- Alle **Touren** zu buchen bei *Carribean Discover Tours* in Port of Spain, s. Kapitel „Reisetipps/Naturtourismus".

Die Nordküste

Saddle Road

Weiter geht es auf der Saddle Road durch das Santa-Cruz-Tal, in dem man Trinidads herrliche Vegetation erleben kann: Bambus, Palmen, Immortellenbäume, die **Pflanzenwelt der Northern Range** ähnelt dem Dschungel Südamerikas.

Unterwegs sind kleine **Obststände** am Straßenrand, hier kann man oft auch **Bergkristalle** kaufen.

Es ist eine der **landschaftlich schönsten Strecken** Trinidads.

Maracas Bay

Maracas Bay ist eine große Bucht mit dem bekanntesten und breitesten Strand der Insel, ca. 60 Autominuten von Port of Spain entfernt. An der linken Seite der Bucht liegt das kleine **Fischerdorf Maracas.** Hier sitzen oft Geier am Strand. Die Fischer von Maracas fahren in ihren kleinen Booten nachts weit aufs Meer hinaus. Wem das nicht zu abenteuerlich ist, der kann sie begleiten.

Der andere Teil der Bucht ist mit seinem breiten **Strand** ein beliebtes Ausflugsziel der Trinidadier, die hier besonders am Wochenende gern ein Picknick mit der ganzen Familie veranstalten.

Normalerweise ist das Wasser ruhig, aber wenn rote Fahnen im Sand stecken, ist Vorsicht geboten, denn es gibt starke **Unterwasserströmungen.**

Im Februar und März sind die Wellen hier so hoch, dass man wellenreiten kann. *Lifeguard service* täglich 10.00-18.00 Uhr.

tr_236 Foto: esm

●Toiletten, Umkleidekabinen, Duschen, kleine Imbissbuden. Hier gibt es das traditionelle Maracas Essen: *Bake and Shark*. Parkplatzgebühren: 3 TT$ pro Std., 10 TT$ am Tag.
●Man kann von der Stadt mit dem **Bus** zum Maracas Beach fahren. Abfahrt an der George Street ist um 8.00, 10.00 und 12.00 Uhr, Preis 8 TT$.
●**Tyrico Bay,** direkt neben der Maracas Bay ist ein geschützter Badestrand mit Toiletten und *lifeguard service* 11.00-17.00 Uhr.

Von der Maracas Bay zurück nach PoS fährt man ca. 45 Minuten. Vorbei an dem kleinen Strand der Maraval Bay geht es zuerst auf der North Coast Road durch das fruchtbare **Maraval Valley** in den gleichnamigen Ort. Von einigen Stellen hat man einen herrlichen Ausblick.

Nicht zu überbieten ist aber die Aussicht vom **Maracas Lookout** oberhalb von La Vache Bay, dem höchsten Punkt der Nordküste.

Maracas Bay

Habio Fall

Von der North Coast Road biegt man kurz vor Las Cuevas Beach in die Rincon Road und kann von dort aus zum Habio Fall wandern. Er ist der zweithöchste **Wasserfall** Trinidads. Allerdings ist der Weg dorthin ziemlich anstrengend, besonders in der Regenzeit, wenn der Wasserfall am schönsten ist. Die Wanderung dauert zwei Stunden, ein Führer ist sehr empfehlenswert. Belohnt wird man mit der herrlichen Natur.

Las Cuevas

Von Blanchisseuse geht es nun zurück in westlicher Richtung über die North Coast Road. Bei Las Cuevas gibt es leicht zugängliche **Badestrände** und einige Restaurants. Die Straße führt am Strand vorbei, und viele Trinidadier kommen hierher zum Strandpicknick, es ist also immer etwas los, von Ruhe keine Spur. Las Cuevas bekam seinen Namen von den vielen **Höhlen,** die das Meer hier aus den Klippen gewaschen hat. Am Nordende der Bucht liegen Boote, mit denen man sich für 10 TT$ zu diesen Höhlen fahren lassen kann. Am **Strand** von Las Cuevas gibt es Picknickplätze, eine kleine Snack Bar, Duschen und Toiletten sowie *lifeguard service* täglich 10.00-18.00 Uhr. Hier kann man auch jeden Tag direkt am Strand frischen Fisch kaufen.

Maracas Bay Agri Tourism Park

Der Park befindet sich unmittelbar gegenüber vom Maracas Beach. Er verfügt über Campingfacilities, einen Spielplatz mit Badesee, einen Angelteich in dem jeder sein Glück versuchen kann und einen Minigolfplatz. Die reichhaltige Vegetation bietet die Möglichkeit die **exotische Fauna** kennenzulernen, z.B. verschiedene Bambusarten, Cashews, Sternenfrucht, Karibische Kirsche, Pomerac, Rambutan, Zuckerrohr usw. Es werden verschiedene Touren und andere Aktivitäten angeboten. Samstags findet zwischen 16.30 und 19.30 Uhr eine Party mit Barbecue statt – „Bonfire Lime". Reservierung erforderlich.

● **Maracas Bay Agri Tourism Park,** Grand Fond Rd., Tel. 305 0409, www.maracasbayagritourism.com, geöffnet Mi-

Sa 10.30-18.30 Uhr, Einheimische 30 TT$, Touristen 20 US$, Kinder unter 5 Jahren frei.

Fort Abercromby

Auf einem Berg östlich von Las Cuevas findet man einige Kanonen als Überreste von Fort Abercromby, einen schönen Ausblick und an dem Strand unterhalb des Berges gute Schnorchelmöglichkeiten.

Rincon Falls

Kurz hinter Las Cuevas befinden sich die 80 m hohen Rincon Falls. Wenn man vom Las Cuevas Beach kommt, fährt man etwa 2 km hinter dem Ort Las Cuevas beim Restaurant *Big J* befindet sich links in den Rincon Trace. Fast am Ende biegt man wieder links in die Texas Road. Am Ende der Straße ist ein Privatgrundstück. Von hier kann man mit dem Jeep noch 2 km weiter fahren. Dann muss man spätestens laufen, zunächst ca. 1 km über einen schmalen Pfad. Wenn man den Wasserfall durch das Gebüsch sieht, geht es links steil zu ihm hinunter. Wer sich den Weg nicht allein zutraut, sucht sich in der Strandbar von Las Cuevas einen ortskundigen Führer.

Tyrico Bay

Einen Kilometer hinter Maracas Bay liegt eine weitere Bucht, die Tyrico Bay, welche ebenfalls sehr beliebt ist, da man sein Auto direkt am Strand parken kann.

Strände bei La Filette

Wer einen einsamen, typisch karibischen Strand für ein Picknick sucht, sollte dem **Yarra Beach** unmittelbar hinter La Filette einen Besuch abstatten. Kurz nach der Brücke, die über den Yarra River führt, fährt man bergauf. Oben auf dem Hügel führt links ein Weg hinunter zum Strand, der wunderschön in tiefem Grün gelegen und meistens menschenleer ist. Ebenfalls nahe La Fillette liegt der **Hundred Steps Beach.** Man fährt den Mitchell Trace bis zum Parkplatz. Von da aus führt der Weg ca. 5 Minuten durch tropische Vegetation. Dann beginnen Treppen, deren untere Stufen z.Zt. allerdings abgebrochen sind.

Blanchisseuse

Das kleine Fischerdorf Blanchisseuse (Waschfrau) wurde im 18. Jh. von französischen Einwanderern gegründet und liegt in der Mitte der Nordküste in einer kleinen, teils felsigen Bucht. Am Strand liegen immer kleine Fischerboote. In diesem Ort mit viel Atmosphäre haben viele reiche Städter ihre Ferienhäuser.

Vor dem Bau der Arima Road war der Ort nahezu unzugänglich. Nach Osten gibt es von hier aus keine befahrbare Straße, man muss sich Richtung Westen halten. Wegen seiner abgeschiedenen Idylle ist Blanchisseuse bei Naturfans sehr beliebt, und es gibt auch einige Übernachtungsmöglichkeiten. Man kann von hier aus zwei herrliche Wanderungen entlang der Küste unternehmen.

Für Leute mit normaler Kondition empfiehlt sich ein Tagesausflug zur **Paria Bay** und den **Paria Wasserfällen.** Hierzu überquert man den Marianne River am Ortsausgang über die 100 Jahre alte Hängebrücke Silver Suspension Bridge und folgt einem alten Maultierpfad in Richtung Osten. Über diesen Pfad wurde zu Plantagenzeiten der Kakao transportiert. Die Paria Bay erreicht man nach ca. 3 Std. Zu den Wasserfällen folgt man einfach dem Paria Fluss 20 Minuten landeinwärts. Da der Maultierpfad sehr holprig ist (Verletzungsgefahr), sollte man die Tour nicht allein unternehmen. Die Wanderung dauert nur eine knappe Stunde, ist aber sehr anstrengend, weil sie meist bergauf führt. Informationen und Führer: *Brasso Seco Tourist Action Committee,* Tel. 669 6218.

Hartgesottene Wanderfreunde können auf dem selben Pfad 30 km bis **nach Matelot wandern** (nur mit Führer). Man sollte eine Zwischenübernachtung in Tacaribe einplanen, da der Weg sehr anstrengend ist. Dafür wird man mit geradezu atemberaubenden Naturschönheiten belohnt. Im 19. Jahrhundert gab es an der Nordküste viele Kakaoplantagen. Diese waren durch einen Eselspfad direkt an der Küste miteinander verbunden. Dieser ca. 30 Kilometer lange Pfad besteht noch immer und man kann auf diesem Pfad **von Matelot bis Blanchisseuse wandern,** oder mit dem Mountain Bike befahren. Herrlicher Wald, atemberaubende Ausblicke und kleine Buchten erwarten die Ausflügler unterwegs, sowie die Dobble Ribbon und Limon Wasserfälle. Wer sich zu Fuß auf den Weg macht, sollte eine Übernachtung einplanen. Entweder man bucht bei einem Reiseveranstalter, oder man sucht sich einen ortskundigen Führer.

Als Tagesausflug bietet sich ein Ausflug **von Matelot bis zur Paria Bay** an. Eine Strecke dauert ca. 3 Stunden. Der Paria Beach ist eine wunderbare palmengesäumte Bucht. Flussaufwärts am gleichnamigen Fluss kommt man nach 20 Minuten zum Paria Wasserfall. Hier kann man ein erfrischendes Bad nehmen.

Von den Paria Falls weiter etwa 30 Minuten flussaufwärts, erreicht man den **Lacatang Fall.** Auch hier sollte man sich nicht allein auf den Weg machen. Wer nur einen kurzen Spaziergang machen möchte, parkt ca. 400 Meter hinter der Silver Suspension Bridge, folgt ca. 20 Minuten dem Trail. In der Rechtskurve geradeaus und in der nächsten Linkskurve markiert von zwei Eisenpfosten, geht ein kleiner Pfad zum **Di Delma Beach.** Folgt man dem Weg weitere 30 Minuten, erreicht man den **Laspor Beach.** Beide Strände mit dunklem Sand sind nicht zum Baden geeignet, aber Naturfreunde und Vogelbeobachter kommen voll auf ihre Kosten und bekommen einen Eindruck davon, was einen auf der Wanderung von Blanchisseuse nach Matelot erwartet.

Strände bei Blanchisseuse

Um Blanchisseuse herum gibt es mehrere Strände. Am populärsten ist der ca. 1,5 Kilometer lange **Blanchisseuse Beach,** welcher mehrere Eingänge hat. Wenn man den Eingang neben dem Restaurant des *Laguna Mar Beachclubs* benutzt, erreicht man den Strand direkt an der Mündung des Marianne River. Hier befinden sich die besten Bademöglichkeiten.

Der **L'anse Martin Beach** ist ein palmengesäumter weißer Strand, der besonders bei Surfern beliebt ist. An beiden Seiten befinden sich kleine Naturpools zwischen den Felsen. Man kann direkt an der Straße parken und nimmt dann den kleinen Fußweg der gegenüber vom *Surfside Inn* an den Strand führt.

Bevor man in den Ort kommt, direkt vor der *Wasa Pumpstation,* in einer Linkskurve, führt ein Pfad zur **Damien Bay.** Man kann mit dem Auto hinfahren und dort parken. Ein kurzer Fußweg und man erreicht eine sandige baumbestandene Bucht.

Wenn man in Blanchisseuse beim Ministry of Works in die kleine Sackgasse fährt, kann man direkt hinter dem Gebäude über eine Treppe hinunter zum **Stone Step Beach** gehen. Zum Baden nicht so geeignet, am Ende gibt es Picknickplätze.

Unterkunft

St. Joseh, St. Augustine, Valsayn, Tunapuna:

- **Maracas Bay Hotel******, Bay Rd., Tel. 669 1914, www.maracasbay.com, Restaurant. Das einzige Strandhotel der Insel.
- **Valsayn Guesthouse****, 34, Gilwell Road, Valsayn North, Tel. 645 1193, groß und modern, in der vornehmsten Gegend der Stadt. 20 Min. Busfahrt zum Zentrum.
- **La Belle Maison****, 108A, Valley View, Maracas, St. Joseph, Tel./Fax 663 4413, www.la-bellemaison-tt.com, 3 Zi.
- **Pax Guest House******, Mount St. Benedikt, Tunapuna, Tel./Fax 662 4084; 14 Zi., Naturwanderwege.

Arima:

- **AK House****, Alford Kennedy, 16, Bertho St., Tel. 667 7148, Fax 667 2507, 3 Zi., auch Drei- und Vierbettzimmer, Gemeinschaftsbad.
- **Asa Wright Nature Centre******, Blanchisseuse Rd., Arima, Tel./Fax 667 4655.

Blanchisseuse:

- **Second Spring****, Genitte Holder, 67 3/4 Mile Post, Paria Main Rd., Tel. 669 3909, Fax 638 7393, secondspring@trinidad.net.
- **Surfside Inn****, Andrew Hernandez, Pole 197, Lower Village, North Coast Rd., Tel. 669 2475.
- **Laguna Mar******, Paria Main Rd., Tel. 628 3731, Fax 628 3737, www.lagunamar.com, 16 Zi., mit Restaurant.

Essen und Trinken

- **Pax Tea Gardens,** Mt. St. Benedikt, St. Augustine, Tel. 622 7026, Tee und Snacks.
- **Cocos Hut,** 661/2, Paria Main Rd., Blanchisseusse, Tel. 628 3731, einheimische Küche und Meeresfrüchte.

Der Nordosten

Valencia, Hollis Reservoir, Cumaca Caves, Matura Bay, Salybia Bay, Balandra Bay, Galera Point, Toco, Grande Riviere, Matelot

Um an die Nordostküste zu gelangen, muss man von Arima aus auf der Eastern Main Road weiter bis **Valencia** fahren, dort auf die Valencia Road nach **Matura** einbiegen und dann auf der Toco Main Road in Richtung Norden fahren. Von Port of Spain bis nach Toco an der Nordostspitze fährt man ca. 2 Stunden.

Valencia

Valencia ist eine der ältesten Siedlungen Trinidads. Früher gehörte das Land dem spanischen Plantagenbesitzer *Valentina.* Von ihm wurde der Name abgeleitet. Zwischenzeitlich war hier ein Camp der US Army, heute sind nur kleine Holzhäuser an der Hauptstraße geblieben. Wenn man zu den Stränden der Ostküste oder den Nordosten der Insel will, kommt man immer durch Valencia.

In der Nähe befindet sich das 1934 gegründete **Valencia Wildlife Sanctuary.** Hier leben 50 Vogelarten, Rehe und Agoutis. Ein Besuch ist nur mit Erlaubnis der *Wildlife Division* möglich (siehe auch Matura Bay).

Am südlichen Ende der Valencia Road wurde ein neuer **Park** mit einem Paddelsee, Picknickplätzen und schönen Spazierwegen am Fluss angelegt. Der Weg dorthin ist ausgeschildert und der Park täglich geöffnet.

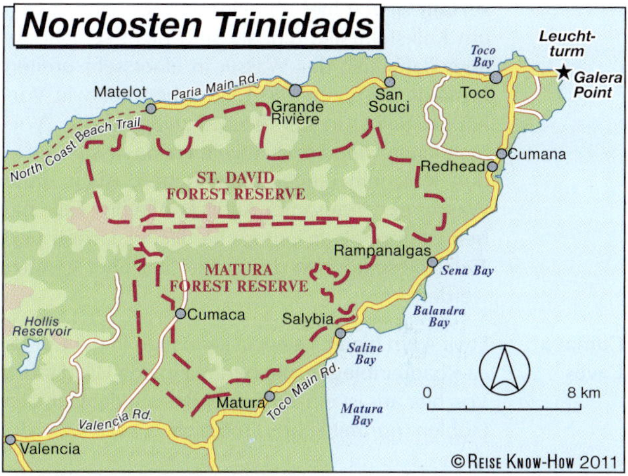

Hollis Reservoir

Wenn man in Valencia auf die Quere Road fährt, erreicht man ein Gelände der WASA *(Water and Serwerage Authority)*, auf dem sich auch Hollis Dam befindet. Wie alle Staudämme in TT ist auch Hollis Dam eine **Trinkwassertalsperre.** Man muss beim Betreten des Geländes eine Genehmigung vorlegen, die man bei der WASA in der Farm Road in St. Joseph erhält, Tel. 662 2602.

Baden ist natürlich verboten, aber es gibt schöne Wanderwege und Picknickplätze. Ideal für **Vogelbeobachtungen.**

Turure Wasserfälle

Man fährt auf der Eastern Main Road bis Valencia. An der Kreuzung in Valencia fährt man links auf die Valencia Road Richtung Toco. Nach 2 km biegt man hinter der Brücke links in die Cumaca Road. Nach 4,5 km erreicht man eine weitere Brücke. Der Trail beginnt an der linken Seite direkt vor der Brücke. Der Fußmarsch dauert 35-45 Min. und ist nicht anstrengend. Ein paarmal muss man durchs Wasser, ansonsten sollte man auf dem Pfad bleiben, da es hier giftige Schlangen gibt. **Drei Was-**

serfälle liegen hier übereinander. Es handelt sich um Kalksteinfälle, d.h. sie sind nicht sehr hoch, aber dafür fällt das Wasser in einer sehr breiten Kaskade herunter. Die Fälle sehen aus wie Vorhänge. Selbst in der Trockenzeit sind die „Vorhangfalten" deutlich zu erkennen, da sie sich tief in den Kalkstein eingegraben haben. Auch ohne Wasser ein imposanter Anblick. Alle drei Fälle haben Badepools in unterschiedlicher Größe und Tiefe, diese können das ganze Jahr über genutzt werden.

Cumaca Caves

Etwa 4 km hinter Valencia kann man in die Cumaca Road einbiegen, die bergauf in den Wald führt. Von hier aus ist ein eintägiger Besuch der Cumaca Höhlen (nur mit Führer) möglich.

Matura Bay

Durch das kleine Dorf Matura erreicht man die Matura Bay, ein Naturschutzgebiet, in dem jedes Jahr die **Lederschildkröten** zur Eiablage an den Strand kommen (s. Kapitel Tiere und Pflanzen). Man braucht eine Genehmigung von der *Wildlife Division of the Forrestry Department* (Tel. 622 7476), um hierher zu fahren. Die Bucht ist ca. 13 Kilometer lang. Hier liegt der **Matura Beach.** Der Strand ist noch im gleichen Zustand wie zu Zeiten der ersten Siedler und das Meer ist sehr wild. In Matura Village biegt man in der Nähe der Polizeistation in die Orosco Road und fährt ca. 10 Minuten bis zum Strand. Es ist eine sehr schlechte Straße und sie ist je nach Jahreszeit nur mit dem Jeep befahrbar.

Rincon Beach

Folgt man der Straße nun 4 km in nördliche Richtung, weist ein ausgeblichenes Schild den Weg zum Strand. Man parkt sein Auto neben der Straße und benutzt den kleinen Pfad runter zum Strand. Zwischen den Bäumen findet man gute Möglichkeiten zum Picknicken und Relaxen. Vom Baden ist ebenso wie in Matura wegen zu starker Unterwasserströmungen abzuraten. Auch hierher kommen Schildkröten zur Eiablage.

Saline oder Sally Bay

Der Valencia Road weiter folgend erreicht man das verschlafene Dorf Salybia mit dem **Strand** Saline Bay. Der Eingang zum Strand ist direkt vor der Brücke über den Rio Seco River. Im Meer sind oft starke Unterwasserströmungen, aber in der Mündung des Rio Seco kann man gut baden. Hier sind *lifeguards* und *beachfacilities,* die am Wochenende und an Feiertagen geöffnet haben. Dann werden hier auch Snacks verkauft.

Wer möchte, kann einen Ausflug zu den 5 km oberhalb von Salybia gelegenen **Rio Seco/Salybia Falls** machen. Der Weg zum Wasserfall beginnt an der Toco Main Road, kurz hinter der Brücke über den Rio Seco, nahe der Saline Bay. Die ersten 2 km kann man noch mit dem Auto fahren. Der Wasserfall ist nicht sehr hoch, dafür gibt es einen tiefen Badepool. Folgt man dem Fluß oberhalb des Wasserfalls gelangt man zu den Rio Seco Sulfhur Springs.

Balandra Bay

Hinter Salybia liegt die Balandra Bay, eine schöne Badebucht, an der Wochenendhäuser stehen.

Sena Beach

Folgt man an der Nordseite der Balandra Bay dem kleinen Fußweg, kommt man zu der 1 km langen Sena Bay. Wegen der hohen Wellen ist dieser Strand nur zum Spazierengehen geeignet. Am südlichen Ende findet man immer einige Surfer, doch auch das Surfen ist hier nicht ungefährlich.

Rampanalgas

Rampanalgas ist das nächste Örtchen an der Hauptstraße. Ebenfalls ein beliebtes Feriengebiet. Hier ist ein bei Einheimischen sehr **beliebter Naturstrand,** und in der Nähe gibt es viele Flüsse mit Badepools. Hier liegt auch der **Cirra Wasserfall.** Man erreicht ihn von dem Ort aus in 25 Minuten zu Fuß. Er hat zwei Badepools und wird am Wochenende stark von Einheimischen frequentiert.

Cobra Bay

So heißt der kleine geschützte Strand in der ersten Kurve hinter Rampanalgas. Man kann ihn von der Straße aus sehen.

Cumana Bay

Wenn man den Ort Cumana erreicht hat, biegt man bei der katholischen Kirche in die Cumana Depot Road ein, die direkt zum Strand führt. Baden kann man am Besten am südlichen Ende, da hier ein Korallenriff vorgelagert ist.

Galera Point

Galera Point, der **Nordostzipfel** der Insel, ist steil und felsig; hier treffen sich der Atlantik und die karibische See. Dort, wo die riesigen Wellen an die Felsen schlagen, steht ein **Leuchtturm** von 1897.

Es gibt Picknickplätze. Wenn man das Glück hat, dass der Leuchtturmwärter da ist, kann man den Leuchtturm manchmal auch besuchen.

Patience Bay

An der Straße zum Toco Leuchtturm liegt die kleine wunderschöne Bucht. Ein kleiner Weg führt zum Strand. Durch das vorgelagerte **Riff** kann man hier gut baden und am nordöstlichen Ende formen Felsen einen kleinen **Naturpool.**

Salybia Bay

Salybia Bay ist ein weiterer guter Badestrand in einer traumhaften Bucht.

La Fouray

Biegt man direkt hinter der Salybia Bay an der Holzbrücke rechts ab in einen Feldweg (nur mit dem Jeep) und fährt diesen dann ca. 1,8 km und biegt dann links ein, erreicht man nach weiteren 1,5 km den Strand. Bei niedrigem Wellengang kann man hier gut schwimmen.

Toco

Ende des 19. Jahrhunderts gab es in der Gegend um Toco 64 Kakao- und Kaffeeplantagen. Heute bietet Toco den Menschen nur wenig Perspektive, deshalb sind viele der Bewohner nach Tobago übergesiedelt. Bei dem 33-Miles-Stein auf der Toco Main Road kann man an der Straße parken und erreicht einen schönen Strand mit einer Höhle, an deren Ausgang ein Fluss einen herrlichen **Badepool** gebildet hat. Am Wochenende und Ostern campen viele Trinis hier. Beim 21-Miles-Stein an der Toco Main Road ist eine kleine Brücke. Direkt dahinter führt ein Weg zu zwei versteckten, schönen Badestränden.

Guyamara Beach Dieser Strand liegt ebenfalls an der Toco Main Road zwischen Rampalnagas und Cumana. Hier legen Lederschildkröten ihre Eier ab. Der Strand ist schön zum Picknicken und Fischen – zum Schwimmen ist er weniger geeignet.

Misson Beach Der Strand liegt direkt an der Toco Main Road kurz hinter dem Toco Fisch Depot. Ein sehr beliebter Picknickplatz mit vielen, schattenspendenden Mandelbäumen. Den Namen bekam der Strand als hier 1738 spanische Kapuzinermönche eine Missionsstation errichteten. Auf einem kleinen Hügel erbauten sie eine Kirche. Die **Our Lady of Fatima Church.** Diese steht bis heute.

Trois Roche Beach Der nächste kleine Ort an der Hauptstraße ist Trois Roche, direkt an der Straße liegt der gleichnamige Strand, der einige kleine Badepools zwischen den Felsen bildet, die sich für eine kurze Abkühlung anbieten.

San Souci Die Straße führt nun an der zerklüfteten Felsküste weiter bis nach San Souci. Der kleine Ort hat zwei Strände, die Big Bay und Reef Break. Hier ist ein Paradies für **Surfer.** Baden kann man hier nur von Mai bis September, wenn die Unterwasserströmung nicht so stark ist.

Grande Riviere An dieser Küstenstraße lebten früher französische Siedler, was man unschwer an den Namen der Dörfer **San Souci** und Grande Riviere erkennen kann. Oberhalb des Ortes Grande Riviere liegen die wunderschönen **Paria Falls.** Man kann sie zu Fuß auf einer langen Wanderung entdecken, allerdings nur mit einem ortskundigen Führer.

Überhaupt ist Grande Riviere ein traumhaftes Örtchen in einer grandiosen Landschaft.

Der Strand von Grande Reviere ist der zweitgrößte **Eiablageplatz der Lederschildkröten** weltweit. Um die Schildkröten so wenig wie möglich zu stören, wird nur einer limitierten Anzahl von Leuten erlaubt, nachts an den Strand zu gehen. Diese Genehmigung kann man über die Hotels oder Gästehäuser im Ort erhalten und bei den *Grande Riviere Visitor Facilities,* Tel. 670 4256 oder der *Wildlifesection of the Forestry Division,* Tel. 662 5114.

Das Wasser ist hier direkt am Strand schon sehr tief. Baden kann man nur am östlichen Ende in der Mündung des Grande Riviere River.

Für Naturfreunde gibt es ein reiches Angebot an **Dschungeltouren, Kanu-** und **Bootsausflügen.**

Matelot

Nach weiteren ca. acht Kilometern auf der Hauptstraße durch einen herrlichen **Regenwald** erreicht man das malerische Fischerdorf Matelot. Es hat ebenfalls einen schönen Strand. Hier endet die Straße.

Wenn man den Matelot River eine Stunde flussaufwärts geht, erreicht man den **Matelot Wasserfall** mit Badepool. Alle Ausflüge in die Umgebung kann man auch direkt in dem am Strand von Matelot liegenden *Mt. Plaisir Estate* buchen.

Natürlich kann man auch von Matelot die **Wanderung** an der Küste entlang nach Blanchisseuse machen, siehe dort.

Unterkunft

Grande Riviere:

- **Mt. Plaisir Estate & SPA****, Grande Riviere, Tel. 670 8381, Fax 670 0057, www.mtplaisir.com.
- **Le Grande Almandier****, Grande Riviere, direkt am Strand, Tel./Fax 670 1013, www.legrandealmandier.com.
- **Mc Eachnie's Heaver****, Ecke Thomas/Bristol St., Grande Riviere, 6 Suiten, Tel. 670 1014, www.mchaventt. com.

Maraval:

- **Monique's Guesthouse****, 114, Saddle Road, Maraval Tel. 628 3334, Fax 622 3232, info@moniquestrinidad.com, 20 Zi., behindertengerecht, Restaurant.

●**Carnettas House****, 99, Saddle Road, Maraval, Tel. 628 27 32, Fax 628 7717, carnetta@trinidad.net.

Arima:
●**Chateau Guillaumme****, 3, Rawle Circular, Arima, 6 Zi., Tel. 667 6670, Fax 667 4339, www.cguillaumme.caribsurf.net.
●**Elizabeth Place****, 9, William Street, Boissiere, Maraval, Tel. 770 3855, epmorris@mowt.gov.tt. 1 Zi. B & B.
●**Carolyn's View***-**, 10, Valiere Rd, Boissiere, Maraval, Tel. 622 3813, Fax 622 3813, keerandching@yahoo.com, 4 Zi.

St. Joseph:
●**The Oasis Inn****-***, Maracas Gardens, St. Joseph, Tel. 696 2454, randy.almarales@gmail.com, 1 Zi.

Toco:
●**Jammev Beach Resort****, 114, Humbug Crown Trace, Toco, Tel. 670 258, Fax 625 4347, jammevresorts@gmail.com, 10 Zi. Selbstverpflegung, Pool.

Salybia:
●**Salybia Nature Resort*****, Toco Main Rd. Salybia, Tel. 668 7767, Fax 668 5959, www.salybiaresort.com, 28 Zi.

Upper Santa Cruz:
●**Waterville Estate***-**, Perico Rd. La Sagesse, Upper Santa Cruz, Tel. 676 7057, Fax 628 9049, info@watervilleestate.com. Cottages für Selbstverpfleger auf einer Zitrusfruchtplantage.

Essen und Trinken

●**Adam's Bagels & Specialty Breads,** 15A, Saddle Rd., Maraval. Leckerer Kuchen, Brot, Sandwiches usw.
●**Ali Baba Restaurant,** Royal Palm Plaza, 7, Saddle Rd., Maraval, Tel. 622 5557, Orientalische Küche.

Ostküste Trinidads
Eastern Main Rd.
Valencia Rd.
Valencia
Eastern Main Rd.
Matura Bay
Sangre Grande
Oropuche
Cumuto
Upper Fishing Pond
Lower Fishing Pond
Tamana Bat Caves
Manzanilla Point
Upper Manzanilla
Lower Manzanilla
Mount Harris
Coryal
Four Roads
Manzanilla Bay
oder
Cocos Bay
Mamon
Brigand Hill
Poole
Nariva Swamp
Manzanilla Beach
Manzanilla-Mayaro Road
Cunapo Southern Road
Charuma
BUSH-BUSH WILDLIFE SANCTUARY
Guatuaro Point
Indian Bay
Point Radix
Rio Claro
Mayara Road
Naparima Road
Poole
Plaisance Beach
Mayaro (Plaisance)
Radix Beach
Church Road Beach
St. Ann's Beach
Bourmont Beach
Derose Beach
Mayaro Bay
Rio Claro - Guayaguayara Rd.
Cats Hill Rd.
Rabitta Beach
0
8 km
Guayaguayare
Galeota Point
Guayaguayare Bay
Rushville
Trinity Hills
©Reise Know-How 2011

Die Ostküste

Sangre Grande, Manzanilla, Nariva Swamp, Mayaro Bay, Galeota Point, Guayaguayare

Um in den Südosten Trinidads zu gelangen, verlässt man PoS auf der Eastern Main Road und folgt dieser in Valencia in Richtung Sangre Grande. Der Name „Sangre Grande" tauchte erstmals 1770 auf spanischen Karten auf, und bezeichnete den Fluss (Sangre = Fluss, Grande = groß). Später wurden in der Region große Kakaoplantagen aufgebaut.

Wenn man kurz vor der Stadt Sangre Grande, bei Guaico, rechts in die Tamana Road einbiegt und Richtung Süden fährt, kann man die **Tamana Bat Caves** (Fledermaushöhlen) besuchen. Da die Wanderung vom Parkplatz bis zu den Höhlen ca. 1 Stunde dauert und in den späten Nachmittagsstunden unternommen werden sollte, empfiehlt sich unbedingt ein ortskundiger Führer. In den Höhlen sollen über eine Million Fledermäuse von zwölf verschiedenen Arten leben. Bei Einbruch der Dunkelheit verlassen sie ihre Höhlen, was ungefähr 1½ Stunden dauert. Ein Anblick, der durchaus in einem Horrorfilm vorkommen könnte.

• Entweder bucht man die Tour bei einem der Natur Tour Veranstalter, oder man wendet sich an: **Ivan Charles,** Tel. 667 5636, Handy 685 6206, charlo74@hotmail.com oder ierinatureadventures@hotmail.co.uk.

Sangre Grande

Sangre Grande ist eine größere Stadt mit hektischem Geschäftsleben, Kaufhäusern, Supermärkten, kleinen Shops, Busbahnhof und Markt. Viele Leute kommen aus den kleinen Dörfern hierher, um sich mit Lebensmitteln zu versorgen. Sehenswert ist die **Polizeistation** in einem kleinen Holzhaus an der Hauptstraße.

Fishing Pond

Von Sangre Grande führt die Toco Main Road nach Matura und in den Norden. Über die Eastern Main Rod gelangt man nach Manzanilla. Folgt man der Sangre Grande Oropuche Road erreicht man den Fishing Pond. Der Eingang in dieses **Feuchtgebiet** führt über einen hölzernen Steg. Sehr gut geeignet für ein Picknick oder Spaziergänge, da hier immer ein frischer Wind weht. Zum Baden ist es allerdings zu gefährlich. Auch hierher kommen die Schildkröten zur Eiablage.

Manzanilla

Manzanilla ist heute ein kleines Dorf inmitten von Kokoshainen. Südlich des Ortes ließen sich 1783 französische Siedler nieder und gründeten zwölf aneinandergrenzende **Kokosplantagen.** Deswegen ist auch heute noch fast die gesamte Ostküstenstraße von endlosen Kokoswäldern gesäumt und hat den Beinamen **Cocos Bay.** Einige Leute behaupten, die Kokosnüsse seien mit Wind und Wellen aus Afrika herübergeschwemmt worden, andere sind davon überzeugt, dass hier 1760 ein portugiesisches Schiff mit Kokosnüssen beladen unterging und die Nüsse an Land gespült wurden. Fest steht jedoch, dass die Spanier der Bucht den Namen gaben, denn die Früchte des Machineelbaumes erinnerten sie an kleine Äpfel.

Brigand Hill Leuchtturm

Brigand Hill ist ein Teil von Trinidads Central Ranges, die sich quer über die ganze Insel ziehen. Die höchsten Erhebungen sind außer dem **Brigand Hill,** Mount Harris und Mount Tamana. Auf dem Brigand Hill steht einer der drei noch funktionierenden Leuchttürme Trinidads – der Brigand Hill Leuchtturm, gebaut im Jahre 1958. Außerdem gibt es auf dem Brigand Hill Radio- und Fernsehtürme. Von hier hat man einen imposanten Ausblick auf die Narivasümpfe. Der **Mount Tamana** war ein heiliger Berg der Indianer und kommt in vielen Indianermärchen vor. Von der Eastern Main Road in Upper Manzanilla aus ist der Weg beschildert. Direkt an der Manzanilla Mayaro Road kann man einen kurzen Abstecher zu einem „mud vulcano", einem **Schlammvulkan** machen. Von Norden kommend nimmt man den Cascadoux Trace – er be-

tr_243 Foto: esm

findet sich direkt an der Mündung des Nariva Rivers. Man folgt ihm ca. einen Kilometer, bis er nach einer Brücke ansteigt. Hier parkt man den Wagen. Der Fußweg dauert 3 Minuten. Da der Schlammvulkan auf einem Privatgelände liegt, sollte man um Erlaubnis fragen.

Manzilla Beach

Baden kann man an der 20 km langen Bucht allerdings nur am nördlichen Ende bei den *facilities*. Dies ist dann auch einer der beliebtesten Badestrände Trinidads. Am Wochenende ist es hier voll, unter der Woche ist nicht viel los. Zwischen 10.00 und 17.30 Uhr stecken Strandwächter mit ihren Fahnen auf dem 20 m breiten Strand einzelne Abschnitte zum Baden ab. Das Baden ist hier, wie an der gesamten Atlantikküste, nicht ungefährlich – die Wellen sind hoch, und es gibt starke Unterwasserströmungen.

Mayaro

Am Point Radix beginnt die 9 km lange Mayaro Bay. Der Ort Mayaro war früher ein Indianerdorf. Das **Mayaro Post Office** ist ein historisches Gebäude. Bei einem Spaziergang am frühen Morgen

Palmenhain in der Mayaro Bay

kann man hier viele Vögel beobachten. Am Strand findet man Chip Chips *(Donax striatus),* kleine bläulich-weiß-rosafarbene Muscheln. Sie werden gern von den Einheimischen gesammelt, denn sie sind eine **Delikatesse.**

Am Ortoire River, ganz in der Nähe des Städtchens ist **Kayaking** möglich.

• **The Sand Dollar*****, 3, Sand Sucker Road, Mayaro, Tel. 630 8705, Fax 630 7171, harmon@tstt.net.tt, 6 Zi. Für Selbstverpfleger. Nur eine Minute vom Mayaro Beach entfernt. Swimmingpool.

Am gesamten **Mayaro Beach** kann man nur an den Stränden baden, an denen *Lifeguards* patroullieren, also täglich von 10.30-17.30 Uhr. Die Gebiete sind Indian Bay, Radix Beach, Church Road Beach, St. Ann's Beach, Bourmont Beach, Plaisance Beach, Derose Beach und Rabitta Beach.

Nariva Swamp

Die Manzanilla Mayaro Road führt weiter an der Küste entlang zwischen Meer und Palmenhainen, deren Bäume bis zu 30 Meter hoch sind. Die Straße führt direkt am Strand entlang durch die Palmenhaine. Leider reißt die starke Strömung des Atlantischen Ozeans Jahr für Jahr mehr Strand und Palmen mit sich fort, so dass das Meer an manchen Stellen schon fast bis zur Straße reicht.

Nach ungefähr 15 km erreicht man einen **Mangrovensumpf,** den Nariva Swamp. Er erstreckt sich über ein fast zehn Quadratkilometer großes Gebiet. Unten sieht man die riesigen Luftwurzeln, und oben bilden die Blätter ein dichtes Dach. Hier leben zahlreiche Vogelarten, einige Affen, Kaimane und Manatees.

• **Anmeldung erforderlich:**
Wildlife Division of the Forestry Department, Tel. 662 5114.

Mayaro Bay

Hinter dem Ort Plaisance beginnt die Mayaro Bay. **Plaisance** ist ein kleines Fischerdorf. Boote und Netze liegen am Strand. Weiter oben ist das „Ortszentrum“ mit Kirche, Bank, Läden und Sportplatz.

Wer **ohne eigenes Auto** nach Mayaro kommen möchte, kann das per Maxi-Taxi tun. Es ist allerdings eine beschwerliche Anreise mit mehrmaligem Umsteigen:

- PoS – San Fernando – Princes Town – Rio Claro – Mayaro
- **Oder:** PoS – Arima – Sangre Grande – Mayaro

Galeota Point

Am Ende der Mayaro Bay ragt der Felsvorsprung Galeota Point ins Meer. Am 31.7.1498 fuhr *Kolumbus* auf seiner dritten Reise an dieser Küste entlang. Er gab diesem Landvorsprung den Namen Cape Galea. Heute heißt er Point Galeota. Seit 1902 wird hier vor der Küste nach Erdöl gebohrt, und auf der Landspitze befindet sich eine riesengroße **Erdölraffinerie.**

Guayaguayare Beach

Der Strand ist 5 km lang. Am besten schwimmen kann man im mittleren Bereich.

Guayaguayare

Ca. 5 km westlich von Galeota Point liegt Guayaguayare; hier endet die Ostküstenstraße. In der Ortsmitte stand früher ein kleines Denkmal für den Kartographen *Angus Watson,* der als Sohn schottischer Einwanderer hier geboren wurde und später Landkarten von allen Weltgegenden im Auftrag europäischer Verlagshäuser schuf.

Der Bereich um den Ort ist mit dichtem **Regenwald** bewachsen und befindet sich im Besitz einer Erdölfirma, die hier ihre Ölfelder hat. Die Durchfahrt ist nur mit Genehmigung möglich, aber sehr interessant.

Trinity Hills Wildlife Sanctuary and Reserve

Westlich des Ortes befindet sich das Naturschutzgebiet der **Trinity Hills** (330 m). Das 65 Quadratkilometer große Gebiet umfasst auch die drei Berge, die *Kolumbus* bei seiner Ankunft sah und nach denen er die Insel benannte. Immergrüner Wald mit Bächen und Wasserfällen, bewohnt von Kapuzineraffen, Ozelots, Opossums und Gürteltieren ist was für Naturliebhaber. Hier befindet sich auch

einer von Trinidads größten Schlammvulkanen, der Lagoon Bouffe, mit einem Durchmesser von 100 Metern. Da man die Besucherzahlen gering halten möchte, ist telefonische Anmeldung erforderlich. Mo-Fr bis 16.00 Uhr, Tel. 649 5539, 649 5500/5501 an Feiertagen oder *Petrochin's Switchboard,* Tel. 658 4200.

Die Westküste

Caroni, Chaguanas, Siewdass Saddhu Mandir, La Vega Estate, Point Lisas Point-à-Pierre, San Fernando, La Brea, Vessigny, Icacos

Trinidads Westküste ist der industrialisierte Teil der Insel. Hier findet man keine einsamen Badestrände, sondern die beiden größten Städte Trinidads, PoS und San Fernando, die durch Schnellstraßen miteinander verbunden sind. Sehenswert sind jedoch zwei Naturwunder, die Caroni-Sümpfe und der Asphaltsee von La Brea.

Caroni Swamp National Park

Das **Vogelschutzgebiet** Caroni befindet sich in einer Lagune, die in ein 80 km^2 großes Mangrovengebiet übergeht, an der Mündung des Caroni- Flusses. Man kann es beim Landeanflug auf Piarco Airport gut vom Flugzeug aus sehen, denn die Maschinen überfliegen die Sümpfe in einer Höhe von nur 350 Metern. Hier sind die Nistplätze von Tausenden von **Scharlachroten Ibissen** (Scarlet Ibis), dem Nationalvogel von Trinidad.

Das Vogelschutzgebiet wurde 1953 gegründet, seit 1965 sind die Sümpfe ein Touristengebiet.

Man verlässt Port of Spain auf dem Uriah Butler Highway Richtung Süden und folgt bei der Ausfahrt Caroni Swamp den Hinweisschildern. Man kann auch von PoS mit dem Sammeltaxi fahren: ab dem südlichen Independence Square, 5 TT$.

Flache Boote fahren durch die Swamps, und mit etwas Glück kann man sogar Alligatoren sehen.

Die besten Zeiten für **Bootsausflüge** sind entweder 4.30 Uhr morgens oder 16.00 Uhr am Nachmittag (Fernglas und Mückenschutz nicht vergessen). Die Bootstrips dauern 2½ Std., es werden etwa 7 km Flussläufe und Kanäle befahren, die Fahrt kostet 60 TT$.

Boote können im Voraus gemietet werden bei:

- **Nana,** Tel. 645 1305
- **Ramsahai,** Tel. 663 2207

Man kann das Gebiet auch zu Fuß erkunden. Es gibt **Wanderwege** und **Vogelbeobachtungsplätze.** Am Visitorcenter gibt es eine Cafeteria und eine kleine Bar. Täglich von 7.00-17.00 Uhr geöffnet. Hier bekommt man auch die erforderliche Genehmigung um den Park zu betreten. Tel. 622 3217.

Chaguanas

Südlich der Swamps liegt Chaguanas. Hier wohnen hauptsächlich Inder, und der Ort ist der am schnellsten wachsende der Insel. Rund um den Ort ist das **Hauptanbaugebiet für Zuckerrohr.**

Der Schriftsteller *V.S. Naipaul* wuchs in dieser Gegend auf (siehe Kunst und Kultur, Literatur); seine Familie lebt noch heute dort im „Lion House".

Empfehlenswert ist in Chaguanas auch der quirlig bunte **Wochenmarkt** und die 12 m hohe **Statue** des indischen Heiligen *Swami Virekananda.* Hier findet jedes Jahr das **Divali Lichterfest** statt (siehe „Reisetipps A–Z, Feste und Feiertage"). Nähere Informationen: *National Council of Indian Culture,* Tel. 656 6733.

Von Chaguamas kann man einen Ausflug ins Landesinnere unternehmen. **Tabaquite** liegt mitten in den Ausläufern des Waldgebietes der Central Ranges. Hier kann **Knolly's Tunnel** besichtigt werden, der längste Eisenbahntunnel der Karibik - inzwischen stillgelegt. Erst 1991 besann man sich seiner historischen Bedeutung, immerhin ist er der einzige Tunnel Trinidads. Man restaurierte ihn und legte einen Park an. Um ihn zu besichtigen nimmt man in Tabaquite den John William Trace. Auf dieser Straße angekommen, nimmt man die erste Linksabbiegung. Dann fährt man direkt auf die Anlage zu.

Weiter auf der Carry-Nariva Road erreicht man nach ca. 6 km den **Navet Dam,** welcher den Süden

Trinidads mit Wasser versorgt. Landschaftlich sehr schön und täglich von 9.00 bis 14.00 Uhr geöffnet. Man braucht eine Genehmigung von WASA, Farm Road in St. Joseph, Tel. 662 2302.

Direkt an dem Uriah Butler Highway etwas außerhalb von Chaguamas steht die **Charlieville Highway Moschee.**

- **Azees Guest House****, Guayaguayare Rd., Grand Lagoon, Mayaro, Tel. 630 4619, Fax 630 9140, 5 Zi., 3 Minuten zum Strand.
- **Jasmine's Ocean Resort****-***, Simmond Drive, Rampanalgas, Tel. 670 4567, Fax 670 1074, 17 Zi., Pool und Restaurant, www.jasmines.net.

Maha Sabha Indian Caribbean Museum

Kurz hinter dem Uriah Butler Highway, Richtung Longdenville erreicht man das Museum, in dem die ehemaligen Kontraktarbeiter aus Indien ihre einmalige Kultur präsentieren. Ausgestellt sind Instrumente, Werkzeuge, Kochutensilien aus der Zeit ab 1845, als die ersten Arbeiter aus Indien nach Trinidad kamen. Geöffnet Mi-So 10.00-17.00 Uhr, Eintritt frei.

Chase Village

Wer sich für **Töpferei** interessiert, und den Töpfern bei der Arbeit zusehen möchte, sollte einen Zwischenstop in Chase Village einlegen. Es liegt einige Kilometer weiter südlich an der Southern Main Road liegt. Im 18. Jh. ließen sich hier indische Arbeiter nieder, um auf den Zuckerrohrplantagen zu arbeiten. Als die Zuckerindustrie kollabierte, begannen viele von ihnen das Töpferhandwerk. Da es hier in der Gegend Tonvorkommen gibt, war dies sehr naheliegend. Die indische Familie *Seecharan* war die ersten Töpfergeneration in Chase Village. Noch heute stammen einige der Töpfer im Ort von dieser Familie ab. In verschiedenen Läden und Töpfereien z.B. *Radika's* und *Math's Pottery,* kann man nach alter Tradition gefertigte Tontöpfe, Vasen, Schalen, Wasserkrüge und auch hinduistische Opfergefäße kaufen.

Dattatreya Yoga Centre

Im Volksmund *Hanuman Temple* genannt, weil er von einer 80 Fuß hohen Statue des hinduistischen Gottes Hanuman überragt wird. Es ist die größte **Hanuman-Statue** außerhalb Indiens. Der angeschlossene Sri Ganapati Sachchidananda Ashram ist in leuchtendem Pink gestrichen. Besucher müssen, wie in indischen Heiligtümern üblich, die Schuhe ausziehen. Geöffnet Mo-Fr 6.00-12.00 Uhr, 17.00 bis 20.00 Uhr, Sa und So 6.00-12.00 Uhr und 16.00-20.00 Uhr. Eintritt frei.

Carapichaima

Wer sich für Töpferarbeiten interessiert, sollte einen Ausflug zu den **Ajoupa Potteries** machen. Die Töpfereien befinden sich in einem alten Plantagenhaus.

- **Ajoupa Potteries,** 32b Chickland Rd., Upper Carapichaima, Tel. 673 0604, www.ajoupapottery.com.
- **Geöffnet** werktags von 8.00 bis 16.00 Uhr.

Siewdass Saddhu Mandir

Dieser bei **Waterloo** auf einem Felsen gelegene, sehenswerte **Hindu-Tempel** wurde 1930 an der selben Stelle wieder aufgebaut, an der früher schon mal ein Tempel stand. Er ist komplett renoviert und zieht viele Pilger an. Er ist Samstag und Sonntag geöffnet von 7.00 bis 19.00 Uhr.

La Vega Estate

Weiter südlich im Landesinnern liegt bei **Gran Couva** das 1988 eröffnete La Vega Estate: ein **großer Picknickplatz** in einem Bambuswald mit einer Vielfalt tropischer Bäume und Pflanzen. In einem künstlich angelegten See kann man angeln und Tretboot fahren. Täglich 9.00-15.00 Uhr geöffnet. Mehr Infos unter Tel. 679 9522. Der Eintritt kostet 15 TT$, Kinder 8 TT$.

Couva

In der Gegend um Gran Couva und Preysal veranstaltet der *T&T Ralley Club* **Motorsportrennen.**

Point Lisas

Wenn man von Couva weiter südlich in Richtung San Fernando fährt, kommt man am **Industriegebiet** Point Lisas vorbei. Hier findet man Naturgas im Meer. Die Abbaugesellschaft ist einer der weltweit größten Exporteure von Methanol und Ammonsalzen (Kunstdünger).

Das hiesige **Elektrizitätswerk** ist das größte seiner Art in den karibischen Commonwealthstaaten.

Pointe-à-Pierre

In den Zeiten des Ölbooms baute die *Texaco* in Pointe-à-Pierre die größte **Erdölraffinerie** Trinidads und eine der größten der Welt. Heute gehört das Gebiet der *Trintoc (T&T Oil Companie)*. Hier kann man Relikte aus der Zeit des Ölbooms besichtigen sowie den alten **Bahnhof** von Point-à-Pierre, der 1882 gebaut und 1965 geschlossen wurde.

Wild Fowl Trust & Oropouche Lagoon

Mitten auf dem Gelände der Raffinerie befindet sich ein 26 ha großes **Wildvogelschutzgebiet,** ein Feuchtgebiet, in dem ca. 90 Vogelarten leben. Das Gelände des *Wildfowl Trust* lässt erahnen wie Trinidads Westküste vor dem Ölboom aussah. Hier stehen riesige alte Bäume, und es gibt zwei Seerosenteiche. Der Spazierweg um den Teich dauert ca. 20 Min., und man sieht viele Vogelarten.

Der **Wildfowl Trust** besteht seit 1966 und ist als private Non-Profit-Organisation ein Zentrum für die Aufzucht gefährdeter Vogelarten; außerdem organisiert sie Bildungsprogramme zum Thema Umwelt. Den Menschen die Tierwelt näherzubringen, ist das Ziel der Organisation. Im Lernzentrum des Haupthauses gibt es eine kleine Ausstellung und eine Muschelsammlung, es werden Vorträge gehalten und Videos gezeigt. Es gibt einen kleinen Souvenirshop und gute Tierbücher.

Wer das Schutzgebiet besuchen möchte, muss sich vorher **anmelden,** da man die Besucherzahl gering halten möchte.

Für Leute, die **übernachten** möchten, gibt es das kleine *Guesthouse Petrea Place*. Ebenfalls zum *Wild-Fowl Trust* gehört die 6 km südlich von San Fernando gelegene Oropouche Lagoon.

Von PoS empfiehlt sich folgende **Anfahrt:** über den Uriah Butler Highway in Richtung San Fernan-

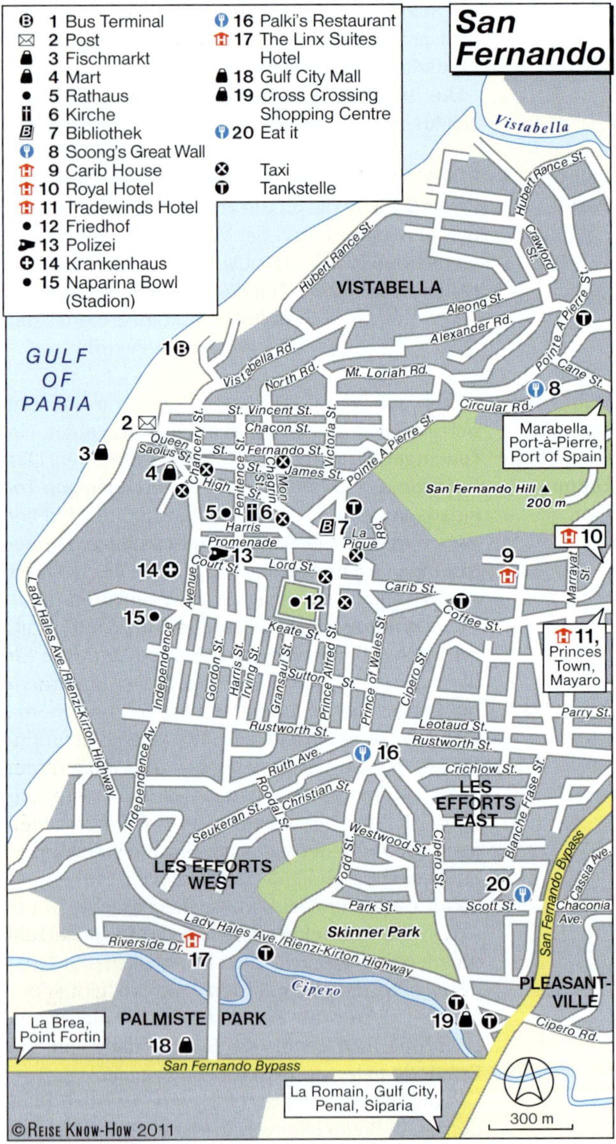
San Fernando
1 Bus Terminal
2 Post
3 Fischmarkt
4 Mart
5 Rathaus
6 Kirche
7 Bibliothek
8 Soong's Great Wall
9 Carib House
10 Royal Hotel
11 Tradewinds Hotel
12 Friedhof
13 Polizei
14 Krankenhaus
15 Naparina Bowl (Stadion)
16 Palki's Restaurant
17 The Linx Suites Hotel
18 Gulf City Mall
19 Cross Crossing Shopping Centre
20 Eat it
Taxi
Tankstelle
GULF OF PARIA
Vistabella
VISTABELLA
LES EFFORTS EAST
LES EFFORTS WEST
PALMISTE PARK
PLEASANTVILLE
Skinner Park
San Fernando Hill 200 m
Cipero
Marabella, Port-à-Pierre, Port of Spain
11, Princes Town, Mayaro
La Brea, Point Fortin
La Romain, Gulf City, Penal, Siparia
San Fernando Bypass
Lady Hales Ave./Rienzi-Kirton Highway
300 m
©Reise Know-How 2011

do. Nach etwa 45 Min. biegt man bei der Ausfahrt Pointe-à-Pierre rechts ab und fährt zum Osteingang der *Trintoc Oil.* Von hier sind es dann 2 Kilometer bis zum Schutzgebiet, der Weg ist ausgeschildert.

- **Pointe-à-Pierre Wild Fowl Trust,** Molly Gaskin, Tel. 628 4145, Fax 658 2519; oder Tel. 658 4200, Fax 658 2512. Kontakt über *Mrs. Molly Gaskin,* c/o 42, Sandown Rd., Point Cumana/Trinidad, www.trinwetlands.org.
- **Geöffnet:** Mo-Fr 8.00-17.00 Uhr, Sa-So 10.00-17.00 Uhr.
- **Preise:** Erwachsene 8 TT$, Teens 5 TT$, Kinder 3 TT$.
- **Vogelbeobachtung:** von 7.00 bis 18.00 Uhr.

Von Pointe-à-Pierre weiter nach San Fernando sind es 12 km.

San Fernando

San Fernando ist mit rund 60.000 Einwohnern die zweitgrößte Stadt der Insel. Heute wohnen hier viele Inder, früher war die Stadt eine Siedlung der *Karib-Indianer,* später eine Missionsstation.

In der Indianersprache hieß die Siedlung Naparima, was soviel wie Hügel bedeutete. Und tatsächlich kann man schon von weitem den **Naparima (oder San Fernando) Hill** erkennen, der hoch über die Stadt herausragt. Oben auf der Spitze ist ein öffentlicher Park mit grandiosem Ausblick. Von 9 bis 16 Uhr geöffnet.

Hier findet jedes Jahr im Juli, in der Carib Street unterhalb des San Fernando Hills, das **San Fernando Jazz Festival** statt. In der Carib Street sieht man übrigens noch viele schöne Kolonialhäuser. Das älteste von ihnen ist das *Carib House.* Es wurde im 18. Jh. von den Spaniern erbaut.

Das Zentrum der Stadt ist das **Mahatma-Gandhi-Denkmal** auf der **Harris Promenade.** Am Ende dieser Straße erreicht man, vorbei an der anglikanischen St. Pauls Church und der Polizeistation in einem Gebäude von 1869, den Harris Square. Überdies steht an der Harris Promenade noch eine **Lok** der „Cipero Tramway". Von hier führte die einzige Bahnstrecke Trinidads von San Fernando nach Princes Town, Infos und Bilder unter www.trams.com.

Nach links geht es nun in die **Highstreet,** das Einkaufszentrum der Stadt, mit zahlreichen Geschäften, Restaurants und Banken.

In entgegengesetzter Richtung führt die **Coffee Street** zum Naparima- oder San Fernando Hill. Die Straße erhielt ihren Namen, weil sie früher zu einer Kaffeeplantage führte.

In der Murcurapo Street, Ecke Harris Square, befindet sich das größte Krankenhaus der Stadt, das General Hospital; das ehemalige Bahnhofsgebäude gegenüber ist heute der **Busbahnhof.** Von hier fahren auch die grünen Maxi-Taxis nach PoS.

Am Hafen findet seit 1924 ein **Fischmarkt** statt, der sehens- und besuchenswert ist.

Wem es dagegen eher nach einer Einkaufsmall nach amerikanischem Muster gelüstet, der sollte nach **Gulf City** im Süden der Stadt fahren.

Ebenfalls im Süden liegt der **Skinner Park,** in dem viele Konzerte stattfinden. 1926 schenkte der Besitzer der Les Efforts Plantage, *G. C. Skinner,* der Stadt das Gebiet als Erholungszentrum.

Das **Einbahnstraßensystem** von San Fernando ist so kompliziert, dass selbst die Einheimischen Schwierigkeiten haben. Einfach fragen, wenn man nicht mehr weiter weiß.

Einige Kilometer südlich liegt der **Palmiste Nationalpark** mit Wanderwegen und Picknickplatz, ein typischer trinidadischer Park. Am Wochenende wird er von den Einheimischen stark frequentiert.

Südlich der Mündung des Oropouche Rivers befindet sich **St. Patrick's Shore of Peace,** eine hinduistische Verbrennungsstätte. Direkt auf den Klippen werden Feuerbestattungen durchgeführt und die Asche hinterher ins Meer gestreut.

La Brea Pitch Lake

30 km außerhalb von San Fernando liegt der **Pitch Lake** von La Brea, der **größte Asphaltsee der Welt.** Der See misst ca. 1500 m im Durchmesser, ist 40-100 m tief und erneuert sich ständig von

Die Legende von La Brea

Eine alte Legende erzählt, dass in der Gegend von La Brea einst der mächtige Stamm der **Chiman-Indianer** in einem Dorf lebte, das von fruchtbaren Gärten und Obstplantagen umgeben war.

Die Indianer jagten gern die Kolibris wegen ihrer schönen Federn. Da träumte der Medizinmann eines Nachts, dass das Töten dieser Vögel die Götter erzürnte und deswegen der Ort in Feuer und einer schwarzen Masse untergehen sollte. Der Stamm hielt eine Versammlung ab, und man beschloss, den heiligen Vogel von nun an in Ruhe zu lassen.

Die Tochter des Häuptling war allerdings ein eitles und böses Ding, und als ihre Hochzeit nahte, schickte sie heimlich Jäger aus, denn sie wollte unbedingt ein Hochzeitskleid aus Kolibrifedern.

Nach der Hochzeit stieg der Häuptling in die Berge, um sich bei den Göttern für das Benehmen seiner Tochter zu entschuldigen. In seinen Gebeten wurde er von einem lauten Grollen unterbrochen, und erst jetzt merkte er, dass ihm der Medizinmann gefolgt war. Als die beiden in Richtung Dorf blickten, sahen sie einen riesigen Feuerschein, und eine schwarze Masse schoss aus dem Boden und begrub das Dorf unter sich. Von da an glaubten die Indianer, hier sei der Eingang zur Unterwelt.

selbst. Es gibt weltweit nur noch zwei Asphaltseen, den Rancho la Brea bei Los Angeles und den Guancho See in Venezuela. Allerdings ist der Begriff „See“ nicht das passende Wort, denn das Gelände ist relativ fest und ähnelt einem verwitterten Parkplatz. Dieser ist begehbar, aber man sinkt etwas ein. Die Luft flimmert vor Hitze, und ein leichter Schwefelgeruch liegt über der Gegend.

Da der See ständig in Bewegung ist, können Teile versinken oder nach Jahrtausenden wieder an die Oberfläche treten. Die Gasblasen im Inneren des Sees pressen an verschiedenen Stellen Teer nach oben (Teer, engl. *pitch,* besteht aus einem

Gemisch von Salzwasser, Erdöl, Mineralien und Schwefel). Daher entstehen immer wieder neue Risse in der Oberfläche, und man sollte nur mit Führer über das Gelände gehen.

1595 entdeckte *Sir Walter Raleigh* den See und dichtete seine Schiffe mit der schwarzen Masse ab. Seit 1815 werden auf Trinidad die Straßen mit Asphalt geteert; 1888 begann die *Trinidad Asphalt Company,* den Teer industriell abzubauen. Obwohl hier seit über 100 Jahren Teer abgebaut wird, kommt noch immer genug nach. Der Asphalt von Trinidad gilt nach wie vor als bester Straßenbelag. Heute gehört die *Asphalt Company* zur *Trintoc* und exportiert täglich 300 t in alle Welt.

- Der Pitch Lake ist täglich von 9.00 bis 17.00 Uhr **geöffnet.** Es gibt Infos über den See und ein kleines **Museum** (auch Toiletten).
- Eintritt Erwachsene 30 TT$, Kinder 12 TT$.
- Ein **Führer** kostet 15 TT$ pro Person. Telefonische Buchung ist sinnvoll, denn oft treiben sich viele selbsternannte Guides in der Gegend rum, die den Touristen das Geld aus der Tasche ziehen wollen. Führer vermitteln *La Brea Visitor Facilities* oder *La Brea Pitch Lake Tour Guides Association,* Tel. 651 1232.

Station Beach

Der **Strand** befindet sich direkt gegenüber der Polizeistation in La Brea. Es gibt einen **Cricketplatz** und Umkleideräume.

Vessigny Beach

Dieser **Strand** liegt 3 km südlich von La Brea. Es gibt Umkleidekabinen, Picknickplätze und am Wochenende oft **Parties.**

Wenn man von hier aus weiter in den Süden fahren will, sollte man wissen, dass die Straßen teilweise in sehr schlechtem Zustand sind. Außerdem ist der Süden ziemlich unsicher und es ist besser in Begleitung Einheimischer zu fahren. Aber die **herrliche Landschaft** entschädigt für alles.

Point Fortin

Als nächste Stadt am Meer erreicht man nun die Industriestadt Point Fortin. In der Stadt herrscht immer geschäftiges Treiben. Hier findet man schöne

Parks und Grünanlagen, allerdings alles umgeben von Ölpumpen und Raffinerien. Den Namen bekam die Stadt von dem Franzosen *Fortin,* der hier im 18. Jh. Land pachtete. Früher war das Landschaftsbild durch **Zuckerrohrplantagen** geprägt.

Der Geologe *Arthur Beeby Thomson* rechnete damit, dass es in der Nähe des Pitch Lakes auch **Öl** geben mußte. Er pachtete einige Plantagen sowie das ganze Land um Point Guanapo. 1907 stieß er hier erstmals tatsächlich auf Öl. 1909 wurde die *Trinidad Oil Compagny* gegründet. 1913 ging die Firma an die *United British Oil Compagny,* welche die Ölindustrie weiter ausbaute. Immer mehr Menschen zogen in diese Gegend und Point Fortin und sein Wohlstand wuchsen. 1954 wurde hier das erste Mal erfolgreich eine Offshore-Bohrung durchgeführt. 1957 gelangte die Gesellschaft in den Besitz von *Shell.* Nach den sinkenden Ölpreisen in den 1970er Jahren übernahm die Regierung von Trinidad die Ölgesellschaft und nannte sie *Trinidad & Tobago Oil Compagny, TRINTOC.*

Coco Beach

Kurz vor Granville biegt man rechts in die Point Coco Road, von da in den Point Coco Trace, dann erreicht man den Point Coco Beach, einen typischen Trini-Strand mit Kokospalmen, Fischern und Einheimischen. Wenn man am zweiten Kreisverkehr in Point Fortin Richtung Norden vorbei an Polizei und Öltanks fährt, erreicht man den Point **Fortin Clifton Hill Beach** mit Facilities. Er wird am Wochenende stark von Trinis frequentiert.

Granville Beach

Fährt man von der Hauptstraße in den kleinen Ort **Granville** und dort auf die Coromandel Road, erreicht man den Granville Beach. Hier findet man *beachfacilities* und einen Parkplatz. Wenn es nicht gerade geregnet hat ist das Wasser klar. An diesem Strand finden am Aschermittwoch immer *carnival-cooldown-partys* statt. Dann kann es schon mal voll werden. Das Wasser ist am Strand flach und die Wellen klein.

Cedros

Das Gebiet Cedros erstreckt sich vom Cedros Point, kurz hinter Granville, bis zur Südspitze. Den Namen bekam das Gebiet von den vielen großen **Zedernbäumen,** die während der spanischen Kolonialzeiten hier standen.

Cedros Beach

Der Strand beim Fischerdorf Cedros ist sehr schön und bei Ebbe einer der breitesten Strände von Trinidad. Hier findet jährlich eine Art **Miniaturkarneval** statt, der *Borough Day,* Ende April, Anfang Mai.

Bonasse Beach

Bonasse Beach ist der nächste Strand der Cedros Region. Bonasse ist ein malerisches Fischerdorf. An der Straße zieht sich eine Esplanade mit Bänken unter schattenspendenden Bäumen entlang. Der Strand ist unmittelbar dahinter. Wenn der Wind nicht gerade von Norden kommt ist das Wasser ruhig. Verläßt man Bonasse über die Perservance Road erreicht man den Fullarton Beach.

Fullarton Beach

Er ist ähnlich wie der Bonasse Beach und es gibt einige **Bars.**

Bon Bon Beach

Wenn man in **Icacos** links in die Bon Bon Grand Chemin Road einbiegt, erreicht man an deren Ende einen **einsamen Strand,** den Bon Bon Beach.

Galfa Beach

Wenn man in Bonasse am *Health Center* links abbiegt und dann gleich rechts in die Beach Road, erreicht man den Galfa Beach. Einsam und windig, aber nicht so schön wie der Balieau Beach.

Balieau Beach

Statt in die Beachroad biegt man rechts in die Balieau Road ein. Der **malerische Strand** ist breit, einsam und von Kokospalmen umsäumt. Der ständige Wind kühlt beim spazieren gehen und eignet sich zum Windsurfen.

Columbus Bay

Der Strand ist 4 km lang und erstreckt sich vom Los Gallos Point bis zum Coral Point. Mit Parkplatz und *facilities,* aber ohne *lifeguards.*

Icacos

Von der Columbus Bay fährt man zurück auf die Southern Main Road und dann auf der Columbia Road erreicht man Icacos, den **südlichsten Punkt von Trinidad.** Die Landschaft hier ist wunderschön, zuerst fährt man durch Kokoshaine und dann durch ein Feuchtgebiet. Der Name des Strandes wurde von dem ursprünglichen Indianernamen *Icaco* abgeleitet.

Icacos Point

Vom Icacos Point sind es nur 11 km bis Venezuela. Die Gewässer gehören hier bis zur Küste zu Venezuela, der vorgelagerte Felsen gehört allerdings noch zu Trinidad.

Constance Beach

Wenn man in Icacos rechts abbiegt und die Straße mit der Tankstelle fährt, kommt man zum Constance Beach. Der Strand bekam den Namen vom *Constance Estate* das hier 1784 von *Constance de Courmand Boue* gebaut wurde.

Unterkunft

- **Erline's** **, Erline Alexander, 143, Pond St., La Romain, Tel. 657 3749.
- **Mikanne Hotel** **, 15, Railway Av., Plaisance Park, Pointe-à-Pierre, Tel. 659 2584, Fax 659 2584, 14 Zi., Pool, Restaurant.
- **The Linx Suites Hotel** **-***, 2-8, Riverside Drive, San Fernando, Tel./Fax 625 9902, www.linxsuiteshotel.com, 21 Zi., leider kein Pool.
- **The Royal Hotel Ltd.** ****, 46-54, Royal Rd., San Fernando, Tel. 652 4881, Fax 652 3924, www.royalhoteltt.com, 30 Zi., Bar, Restaurant.
- **Tradewinds Hotel** ***, 38, London St., St. Joseph Village, San Fernando, Tel. 652 9463, Fax 653 8733, www.tradewindshotel.net.

Essen und Trinken

- **Soong's Great Wall,** 97, Long Circular Road, San Fernando, Tel. 657 5050, www.soongsgreatwall.com, chinesische Küche, tägl. geöffnet, Take-away-Service.
- **Palki's Resaturant,** 27, Todd St., San Fernando, Tel. 652 1239, palkirestaurant@yahoo.com, nordindische Küche.
- **Eat it,** 2, Scott St., San Fernando, Tel. 653 2848, eatitrestaurant@gmail.com, Grillspezialitäten.

Der Süden

Fyzabad, Siparia, Erin Bay, Princes Town, Devil's Woodyard, Palo Seco, Moruga

Wenn man die Südwestspitze Trinidads auslässt, bietet es sich an, von La Brea aus über St. Mary's in das im Landesinneren gelegene Fyzabad zu fahren.

Fyzabad

Es ist ein kleines aber berühmtes Dorf. Dort begann 1937 der Aufstand der Erdölarbeiter, und zu Ehren ihres Anführers, **Uriah Butler,** wurde eine Statue errichtet. Heute noch wird anlässlich des Aufstandes der 9. Juli als Tag der Arbeit gefeiert.

Penal Island Park

Zwischen Penal und Siparia, an der Water Well Road, befindet sich ein Park, in dem es einen kleinen See gibt, auf dem man Boot fahren kann. Natürlich gibt es auch Picknickplätze.

Fyzabad Heritage Park

Ein weiterer schöner Park mit kleinen Hütten, einem See und einem Kinderspielplatz liegt an der Oilfield Road zwischen Fyzabad und Palo Seco. Hier kann man gut Vögel beobachten und ist wochentags auch oft fast allein.

Siparia

Etwas weiter südlich liegt Siparia, der mit ca. 10.000 Einwohnern größte Ort dieser Gegend. Das Dorf ist ein bekannter Wallfahrtsort, in der 1758 gebauten Kirche befindet sich die **Divina Pastora,** die schwarze Jungfrau von Siparia, die heilige Schäferin. Auch die Inder verehren sie und gaben ihr den Namen **Soparee Kay Mai.** Am 2. Sonntag nach Ostern wird die Statue in einer großen Prozession durch den Ort getragen.

• **The Nest Visitor Accommodation***-**, Hunte Street Extension, De Gannes Village, Siparia, Tel. 336 0521, osylvest@yahoo.com, 1 Studioapartment mit Küche.

Quinam Bay

Wenn man von Siparia südlich zum Meer fährt, erreicht man nach ca. 15 Autominuten durch Bambus und Teakhaine vorbei an Ölpumpen den Strand. In Siparia fährt man auf die Coora Rd. und dann auf die Penal Quinam Rd. Direkt an der Straße liegt der **Quinam Recreational Park** (Picknickplatz, Infozentrum und Wanderwege). Der Strand eignet sich gut zum Baden, und am Wochenende scheinen sich alle Bewohner aus Trinidads Süden hier zu versammeln. Fährt man die Penal Quinam Road nun wieder einige Kilometer zurück und hält sich westlich in Richtung Los Bayos und Palo Seco, gelangt man zur:

Los Irois Bay

Der Strand ist immer windig und daher zum **Windsurfen** gut geeignet. Hier sind *Lifeguards*. Achtung Sandfliegen! Besonders in der Regenzeit.

Erin Bay

Weiter auf der Küstenstraße Richtung Westen findet man noch viele Relikte aus den Anfängen der Ölindustrie. Man geht davon aus, daß hier bereits 500 n. Ch. Indianer lebten. Später siedelten hier zu-

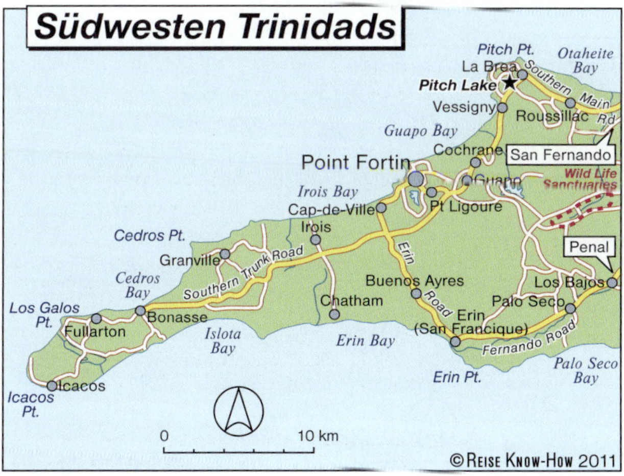

erst die Spanier und dann die Franzosen. Die **St. Francis of Assis Church** in Erin wurde 1758 gebaut. Daher hat der Ort auch einen zweiten Namen *San Francique*. Zwischen der Kirche und der Polizei führt die Straße zum Strand. Die Erin Bay ist ein karibischer **Bilderbuchstrand,** weißer Sand, türkisblaues Meer und kleine Fischerboote.

Princes Town

Um die **Sehenswürdigkeiten in der südlichen Mitte** der Insel kennenzulernen, fährt man am besten von San Fernando in Richtung Princes Town, eine der sieben Städte auf Trinidad, eine typische, geschäftige Inselstadt. Der Ort hieß früher Mission, denn im Jahre 1687 bauten spanische Kapuzinermönche dort eine Missionsstation, *La Mission de Savana Grande*. Später siedelten sich immer mehr Menschen um die Missionsstation an. Im Jahre 1858 blühte der Ort auf, als die Eisenbahnstrecke Richtung San Fernando gebaut wurde.

Der **20.1.1880** wurde der bedeutenste Tag in der Geschichte des Ortes. Auf dem Weg von England nach Australien ankerte die *SS Baccante* in San Fernando. An Bord waren die beiden Enkelkinder von Königin *Victoria,* Prinz *Albert* (15) und Prinz *George* (16). Sie fuhren mit der Bahn nach Mission und besuchten von dort per Pferd Devil's Woodyard. Um diesen denkwürdigen Tag nicht zu vergessen, benannte man Mission um in Princes Town.

Verlässt man den Ort in östlicher Richtung, gelangt man über die Hindustan Road zu **Devil's Woodyard.**

Devil's Woodyard

Dabei handelt es sich um **blubbernde kleine Schlammvulkane,** die mit unterirdischen Gas- und Ölvorkommen zusammenhängen. Da man das 1852 beim ersten Ausbruch nicht wusste, machte man den Teufel für dieses Phänomen verantwortlich. Normalerweise sind diese Schlammlöcher harmlos. Aber 1997 ereignete sich in der Nähe des Dorfes Piparo ein derartig starker Ausbruch, dass der halbe Ort über einen Meter tief im Schlamm versank.

Man fährt von Princes Town über die Mayaro Road nach Osten, nach 4 km rechts in die Moruga Road, von da an ist es ausgeschildert. Auf einer Fläche von einigen 100 Quadratmetern findet man die bis zu 1 m hohen Schlammhügel, die gemütlich vor sich hinblubbern.

Die Hindus nutzen diesen Ort als **Opferstätte.** Sie kommen oft gegen Abend in weißen Gewändern, beten und opfern Blumen und Kokosmilch.

Devil's Woodyard ist der bekannteste und imposanteste **Schlammvulkan** der Insel. Weitere sind Piparo, Digity, Lamoshell, Lagoon Buffe, Palo Seco, Morne Diablo, Anglais Point, Erin, Chatam und der Tabaquite.

Tableland Hindu Temple

Fährt man auf der Naparima – Moruga Road hinter Princes Town Richtung Süden, kommt man in das kleine Dorf Tableland. Direkt neben der Polizeistation befindet sich ein Hindutempel. Er ist der älteste in Trinidad und der zweitälteste der westlichen Hemisphäre.

Edinburgh Hindu Temple

Dieses schneeweiße Gebäude befindet sich südlich von Chaguamas in dem kleinen Ort **Edinburgh.** 1920 wurde hier erstmals ein kleiner Tempel auf dem Land der *Woodford Lodge* Zuckerplantage gebaut. Ein Besuch lohnt sich in jedem Fall. Wer sich für die indische Kultur interessiert, kann auch eine komplette Tour zu allen indischen Sehenswürdigkeiten der Insel buchen, siehe unter Ausflüge.

Trivent Mandir Hindu Temple

Dieser Hindutempel ist der eindrucksvollste von Trinidad. Er befindet sich in der Sisters Road im kleinen Ort **Hardbargain.** Man nimmt die Gasparillo Ausfahrt vom Solomon Hochroy Highway und folgt der Hauptstraße nach Bonna Ventura.

Orte der Kompanien

Will man von Devil's Woodyard an die Südküste gelangen, fährt man zurück auf die Mayaro Road und links in Richtung St. Julien, dort biegt man schließlich links in die Moruga Road Richtung Süden ab.

Hier liegen die Orte mit den Namen **Sixth Company, Fifth Company** und **Third Company.** 1815 wurden hier sechs Kompanien von schwarzen Soldaten angesiedelt, die im amerikanischen Krieg von 1812 an der Seite der Engländer gekämpft hatten. Die *First Company* siedelte man bei Hindustan an, die *Fourth Company* bei New Grand. Das Schiff der *Second Company* geriet in einen Sturm und trieb nach Tobago, dort lief das Schiff auf das Buccooreef auf. Die Soldaten retteten sich an Land, siedelten dort, und bekamen auf dem Mt. Irvine Estate Arbeit.

Moruga

Die **Moruga Road** führt durch Compagnie Villages. Sie beginnt in Princes Town und endet in Chemin. Biegt man in Grand Chemin Village westlich in die La Lune Road, erreicht man den gleichnamigen Strand. Man fährt weiter durch eine hügelige Waldlandschaft, bis man das kleine **Fischerdorf** Moruga in der Mitte der Südküste erreicht.

Hier leben viele Anhänger der Baptisten, die **Obeah** (einen Voodoo-Kult) betreiben. Hierher kommen Menschen von ganz Trinidad, wenn sie einen Zauber wünschen.

In Moruga ging auch einst **Christoph Kolumbus** an Land. Die Bewohner spielen jedes Jahr am 31. Juli die Landung nach (s. „Feste und Feiertage"). An dieser Stelle steht heute noch ein **Kreuz.**

Südküste

Bleibt man in Moruga auf der Küstenstraße verläuft diese noch einige Kilometer weiter westlich.

Paralell zur Straße verläuft hier ein Trail, der Jahrhunderte lang von den Guarohoon-Indianern benutzt wurde, die regelmäßig zwischen Trinidad und Venezuela verkehrten. Im frühen 18. Jahrhundert bekam dieser Trail den Namen *Indian Walk.*

Über eine auffällige Holzbrücke mit der Aufschrift „Welcome" erreicht man den **La Ruffin Beach.** Ein Stückchen weiter kommt man zum **Grand Chemin Beach**. Er ist eine Verlängerung von La Ruffin. Beide Strände sind eher zum Spazierengehen als zum Baden geeignet. Es gibt an dieser Stelle eine Hängebrücke über den River of Hope. Hier kann man sehr gut angeln oder Kayak fahren. Der Trail endet hier, und man muss denselben Weg zurückfahren.

Beach Camp Beach

Weiterhin auf der Küstenstraße, biegt man kurz vor Palo Seco links in die Beach Camp Road ab. Am Ende der Straße erreicht man den Strand. Er hat keine Facilities, dafür sind hier oft Fischer und man kann sich den **Anglais Point Mud Vulcano** am westlichen Ende des Strandes ansehen.

Trinidad

tr_256 Foto: esm

Reiseziele
auf Tobago

Die wichtigsten Sehenswürdigkeiten

- **Scarborough:** mit Fort King George
- **Pigeon Point:** der schönste Strand
- **Buccoo Reef:** prachtvolle Korallengärten
- **Grafton Estate:** Vogelschutzgebiet
- **Agryl Rainbow:** Wasserfälle
- **Little Tobago:** die Vogelinsel
- **Charlotteville:** malerisches Fischerdorf

Obwohl die kleine „Robinson-Insel" inzwischen auch von internationalen Fluggesellschaften angeflogen wird und jedes Jahr mehr Touristen kommen, ist sie noch immer das, was man sich unter einem karibischen Traum vorstellt: Palmenhaine, türkisblaues Wasser, endlose einsame Strände und im Landesinneren üppige Tropenvegetation.

Tobago erkundet man am besten mit einem **Mietwagen.** Für einige Strecken ist ein Jeep angeraten (bei der Vermietung nachfragen). Preise: ca. 200 TT$ am Tag.

Achtung: es gibt auf der Insel nur wenige **Tankstellen,** im Nordosten nur in Charlotteville und Roxborough, und auf der Northsideroad gar keine!

Mehr zu **Ankunft** und **Verkehrsmitteln** s. Kap. Reisetipps.

Scarborough

Die kleine Inselhauptstadt mit 17.000 Einwohnern liegt am Berghang über der Rockly Bay. Die Stadt wurde im 18. Jahrhundert von schottischen Siedlern unter dem Namen Scarboro gegründet. Als die Engländer 1769 die Stadt zur Hauptstadt erklärten, änderten sie die Schreibweise.

Hafen

Im Hafen gehen mehrmals in der Woche auch **Kreuzfahrtschiffe** vor Anker – ein witziges Bild, denn die Schiffe wirken so riesig im Vergleich zu den kleinen Häusern des Ortes.

Am östlichen Ende des Hafenbeckens, an der **Wharf,** liegt der älteste Teil der Stadt. Das einzige, was nach dem großen Brand von 1790 von Scarborough übrigblieb, sind die Gebäude der Wharf, die Port Authority Headquarters und einige alte Kneipen an der Carrington Street. Am östlichen

Ende der Wharf befindet sich ein kleiner, wenig benutzter Yachthafen.

Geschäftszentrum

Das Geschäftszentrum Scarboroughs liegt direkt am Hafen. Im **Cruising Ship Complex** befinden sich einige Geschäfte und die **Hauptpost.** Folgt man der Milfort Rd. und biegt nach einigen Hundert Metern rechts in die Mt. Marie Rd ein, kommt man zur **Touristeninformation.**

Am Ende der Milfort Rd. führt eine z. Zt. sehr holprige Strasse zum **Shaw Park Cultural Complex,** einem überdachten Stadion. Es liegt westlich des Zentrums oberhalb der Rockly Bay und wird auch für **kulturelle Veranstaltungen** wie Karneval, Heritage Day oder Emancipation Day genutzt. Hier liegen auch die **Sportplätze** für Basketball, Fußball, Netzball, Tennis, Tischtennis und Cricket.

Östlich des **Cruising Ship Complexes** legt die **Fähre nach Trinidad** ab. Gegenüber hat die amerikanische Fastfood-Kette *Kentucky Fried Chicken* einen Drive In. Darum herum siedeln sich **Verkaufsstände** (Kleidung, Gemüse) und immer mehr Händler mit einheimischem Kunsthandwerk an.

Gleich anschließend befindet sich der **Marktplatz** mit den dahinterliegenden Markthallen. Der eigentliche Markttag ist am Samstag, aber auch an den anderen Wochentagen haben immer einige Stände mit einer großen Auswahl an Obst und Gemüse geöffnet. An den Wochenenden, besonders in der Karnevalszeit, finden hier oft Musik- und Tanzveranstaltungen statt.

In der **Carrington Street,** gegenüber der Hafenmauer, befinden sich einige Banken, Geschäfte und Fastfood-Restaurants, sowie der Einkaufskomplex **Crooks River Mall.**

Botanic Gardens

Wenn man hinter der Mall die Straße überquert, kommt man zum Eingang des Botanischen Gartens. Ein großer Park, in dem riesige tropische Bäume Schatten spenden, zieht sich den Berg hinauf;

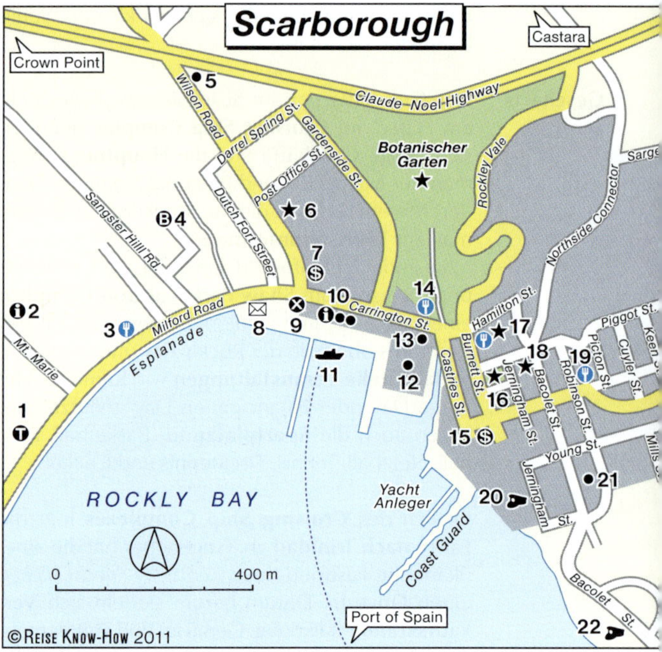

ein Naturparadies mit schönem Ausblick. Die *Botanic Gardens* wurden 1888 eröffnet und waren damals ein Teil des Rockly Vale Estates.

Bei den **Botanical Garden Nurseries** wurden kleine Seerosenteiche und Blumenbeete angelegt.

Kings Well

Wenn man vom Hafen aus an den alten Hafengebäuden vorbei bergauf geht und sich geradeaus hält, kommt man zur Hamilton St. und zur **Wasserstelle** Kings Well. Der Brunnen war früher der größte und wichtigste von Tobago. Hier mussten die Esel und Pferde getränkt werden, bevor sie ihren beschwerlichen Weg in die Berge antraten. Außerdem war hier ein beliebter Treffpunkt, um Neuigkeiten auszutauschen. Der kleine Crooks River fließt hier durch die Stadt in die Rockly Bay.

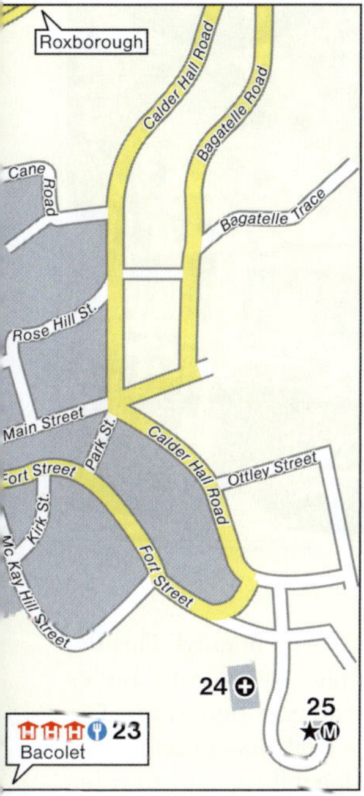

1 Tankstelle
2 Touristeninformation
3 Jatt's Harbour Wok
4 Busbahnhof
5 Telephone Services T&T
6 Marktplatz
7 Bank
8 Post
9 Taxistand n. Westen
10 Touristeninformation,
Immigration Office,
Cruising Ship Complex
11 Fähre nach Trinidad
12 Zoll
13 Federal Villa (B&B Association)
14 Cabin Pub
15 Bank
16 James Park
17 King's Well Inn/King's Well
18 House of Assembly
19 Blue Crab
20 Coast Guard
21 Feuerwehr
22 Polizei
23 Blue Haven Hotel,
Ade's Guesthouse,
Old Donkey Cart House
Apartment Suites
24 Hospital
25 Fort King George, Museum

Zurück über die Hamilton St. gelangt man links in die **Burnett St.,** die steil den Berg hinaufführt. Auf halber Höhe gibt es einen **Fotoladen.**

James Park

Im an der Pigott St. gelegenen James Park steht der **Cenotaph,** ein leeres Grabmal zum Gedenken an die Opfer des Ersten und Zweiten Weltkrieges. Besonders schön ist es hier, wenn um Ostern der große Yellow-Poui-Baum über und über blüht.

Die Bänke im James Park werden gern von den Einheimischen zum Verweilen benutzt, und an einigen Ständen kann man **Kunsthandwerk** kaufen.

Am James Park befindet sich auch das **Court House** (Gerichtsgebäude), heute Sitz des **Tobago House of Assembly.** Errichtet wurde das Gebäude von 1821 bis 1825 von *Samuel Hall.* Es wurde zu-

tr_262 Foto: esm

erst auch für kirchliche Zwecke benutzt. Das Repräsentantenhaus hatte hier seinen Sitz, bis es 1877 von den Engländern aufgehoben wurde. Die Insel war bankrott, und die Engländer beschlossen, sie aus finanziellen Gründen mit Trinidad zu vereinen. Die Hurricans von 1847 und 1963 beschädigten das Haus stark. Am 4. Oktober 1980 wurde das House of Assembly wiedereingeführt und hat heute seinen Sitz in dem 1985 renovierten Haus. Das Gebäude ist immer noch ein gutes Beispiel für die georgianische Baukunst Englands Ende des 17. und Anfang des 18. Jh.

Ford Street

Über die Main St. erreicht man jetzt die Fort St. Das erste auffällige Gebäude auf der linken Seite ist die **Methodist Church.** 1824, sechs Jahre nach Errichtung der Mission, wurde diese Kirche als Missionsstation und Schule für die Schwarzen gebaut.

Tobago House of Assembly

Die Straße führt nun steil den Berg hinauf durch das Gelände des **Inselkrankenhauses** unterhalb des Forts. Es existiert bereits seit 1801. Auf der linken Seite sieht man noch die Ruinen des alten Gefängnisses und dahinter den Soldatenfriedhof.

Fort King George

Über den Parkplatz des Krankenhauses erreicht man schließlich Fort King George auf der Bergspitze, 150 m über der Rockly Bay. Das Fort ist heute eine der größten Attraktionen von Tobago und ein **einzigartiges Beispiel georgianischer Architektur** im westindischen Raum.

Zur Geschichte des Forts: 1765 kam eine Abteilung des 62. Englischen Regiments nach Tobago. Zuerst wurden die Truppen in Baracken am Cranby Point in der Barbados Bay, 13 km südlich von Scarborough untergebracht (siehe dort). 1777-1779 bauten sie dann **Fort King George.**

Bereits 1781 kam eine Invasion der Franzosen, Fort King George wurde umbenannt in **Fort Castries,** und 400 Sklaven mussten nun die hohe Befestigungsmauer um das Fort errichten. 1790 brach eine Meuterei unter den auf dem Fort stationierten französischen Truppen aus, und die Meuterer brannten die gesamte Stadt nieder.

Nach einer Zeit ziemlicher Verwirrung übernahmen die Engländer erneut die Insel. 1802 wurde Tobago dann im Frieden von Amiens den Franzosen zugesprochen. Napoleon ernannte einen General zum Gouverneur. Bereits 1803 griffen die Engländer das Fort erneut an und zwangen die Franzosen zur Kapitulation. 1814 bekamen die Engländer im Vertrag von Paris endgültig die Insel zugesprochen. Auf Fort King George waren 600 Soldaten und 20 Offiziere stationiert.

1847 zerstörte ein **Wirbelsturm** das Fort schwer und riss alle Dächer ab. Ein Jahr später wurde es nach alten Plänen weitgehend wieder aufgebaut. Als in Europa der Krimkrieg ausbrach (1853-56) wurden die englischen Truppen von den Westindies abgeordert. 1854 verließen die britischen Soldaten Tobago.

Zwei Jahre später verlegte man das öffentliche Gefängnis in das alte Militärgefängnis und eröffnete in einem leerstehenden Gebäude das erste **Krankenhaus** der Insel.

1926 baute man auf dem Gelände ein Wasserreservoir, 1958 einen Leuchtturm, und 1965 wurde das ganze Gelände in eine **Parkanlage** umgewandelt, die Gebäude restauriert und die alten Kanonen wieder ausgegraben und aufgestellt.

Von den ehemals 30 **Gebäuden** sind heute noch die Offiziersbaracke, das Militärkrankenhaus, das Munitionslager und das Gefängnis erhalten.

Außerdem sind hier noch sechs unterschiedlich große **Kanonen** mit dem Tudor-Emblem vorhanden, der doppelten Rose und dem Monogramm *GR* für *George Rex*.

In einem Gebäude ist das **National Museum** untergebracht. Hier wurden in liebevoller Kleinarbeit Gegenstände aus der gesamten Inselgeschichte zusammengetragen. Man sieht Pläne und Landkarten aus dem 17. und 18. Jh., aber auch sehr viele Fundstücke der alten Indianerkunst aus präkolumbianischer Zeit sowie militärische Relikte und Gebrauchsgegenstände der ersten Siedler.

● Mo-Fr 9.00-17.00 Uhr, Eintritt 10 TT$ (Erw.)/5 TT$ (Kinder).

Bacolet Street

Wenn man den Fortberg verlässt und sich oberhalb der Stadt links hält, erreicht man die Bacolet Street. Sie verbindet Scarborough mit der Windward Road. Als erstes passiert man die **Gun Bridge,** die von den französischen Soldaten erbaut wurde. Dahinter kann man hier noch sehr viele alte **Gingerbreadhouses** sehen. Allerdings sind die meisten in einem sehr schlechten Zustand.

Folgt man der Bacolet Street weiter, bietet das **Cotton House** eine große Auswahl an Batiken und Stoffmalereien (s. Einkaufen).

Gegenüber dem Cotton House, auf einer Klippe über der Bacolet Bay, ist das wohl geschichtsträchtigste Hotel Tobagos, das **Blue Haven,** aus einem jahrzehntelangen Dornröschenschlaf erwacht. Kaum zu glauben, aber in den 1960iger Jahren war Tobago ein beliebter **Drehort für Hollywoodfilme.** Zu den größten hier gedrehten Klassikern gehörten „Der Seemann und die Nonne" (1956), „Fire down below" (1957) und die Walt Disney Produktion „Schweizer Familie Robinson". Die großen Schauspieler der Filmbranche wie z.B. *Robert Mitchum, Debora Kerr, Rita Hayworth* und

Jack Lemmon wohnten während der Dreharbeiten im *Blue Haven*.

Nachdem Hollywood sein Interesse an Tobago verloren hatte, wurde das Hotel geschlossen und verfiel immer mehr. Im Jahre 2004 hat der Österreicher *Karl Pilstl* das Hotel jedoch liebevoll restauriert und im alten Stil wieder aufgebaut.

Dwight York Stadion

Verlässt man Scarborough auf dem Claude Noel Highway in Richtung Roxborough, erreicht man kurz hinter dem Stadtausgang auf der linken Seite das Dwight York Stadion. Es wurde nach dem berühmtesten Spieler der Insel benannt.

Einkaufen

Tobago ist nicht gerade das, was man unter einem Einkaufsparadies versteht. Trotzdem ist die Auswahl an typisch karibischen Sachen wie Kunsthandwerk, Schmuck, Büchern und Batikarbeiten recht groß.

Kunsthandwerk gibt es in vielen kleinen Läden im oberen Stadtteil in der Burnett Street und unten am Marktplatz.

Eine Anzahl guter **Boutiquen** findet man am *Cruising Ship Complex,* am Hafen, auf der übrigen Insel am Pigeon Point, am Crown Point Airport und im Grafton Beach Hotel in Black Rock.

Batik

- Batikstudio **The Cotton House,** Old Windward Road, Bacolett St., Tel. 639 2727/2150, Mo-Fr 9-17, Sa 9-14 Uhr.

Hier findet man typisch tobegonische Batiken. Die Kleidungsstücke sind meist in leuchtenden Farben gehalten, ein häufiges Motiv der Wandbehänge ist die Unterwasserwelt.

Unterkunft

- **Zentrale Bed & Breakfast Association,** c/o Federal Villa, 1-3, Crooks River, Tel. 639 3926/8836, Fax 639 3566. Unter dieser Nummer können weitere Unterkünfte vermittelt oder Reservierungen für die Zimmer im Hause getätigt werden. Ca. 25 US$ pro Person.
- **Blue Haven Hotel** ****, Robinson Crusoe Beach Resort, Bacolet Bay, Tel. 660 7400, www.bluehavenhotel.com.
- **Old Donkey Cart House Apartment Suites** ****, Bacolet St., Tel. 639 3551, Fax 639 6124.
- **Ade's Guesthouse***, Bacolet Point, 4 Ap. Tel. 639 4306, Fax 639 3779, www.adesdomoicil.com.

tr_268 Foto: esm

Essen und Trinken

- **Jatt's Harbour Wok,** Milford Road, Tel. 639 2745, Mo-Sa 10.00-22.00, So 18.00-22.00 Uhr, Hauptgerichte ab 20 TT$.
- **Blue Crab Restaurant,** Main and Robinson Streets, Tel. 639 2737, freundliche, gute Atmosphäre; Mo-So 11.00-15.00 und 18.00-23.00 Uhr, Vorbestellung.
- **Old Donkey Cart House,** Bacolet St.; ganz in grün und weiß gehalten ist das liebevoll renovierte Haus in französischem Kolonialstil. Die Geschäftsleitung spricht deutsch. Einmalig auf Tobago: 12 deutsche Qualitätsweine sowie eine Auswahl von europäischen Käsesorten im Angebot. Vorbestellung erforderlich. Täglich außer Mi 12.00-24.00, Sa und So 18.00-24.00 Uhr, warme Küche bis 22.30 Uhr. Tel. 639 3551.
- **Cabin Pub,** Carrington St.; hat täglich bis 20 Uhr geöffnet und ist nachmittags bei den Einheimischen beliebt.
- **King's Well Inn,** Ecke Hamilton & Burnett Street, Restaurant und Bar; preiswertes Frühstück, einheimische Küche, Biergarten; täglich von 8.00-24.00 Uhr geöffnet.

Scarboroughs bekanntestes Restaurant:
Old Donkey Cart House

Seeschlachten um Tobago

Die Holländer waren im 17. Jh. eine brilliante Handelsmacht und hatten zu dieser Zeit sehr viele Siedlungen und Handelsposten in der Karibik gegründet und aufgebaut. Holland befand sich in der Mitte des 17. Jahrhunderts jedoch im Krieg mit Frankreich, und die Franzosen versuchten mit aller Gewalt die Holländer aus der Karibik zu vertreiben. Auch Tobago war zu dieser Zeit von den Holländern besiedelt – eine Siedlung und ein Handelsposten befanden sich in der Roodeklyp Bay, an der Stelle des heutigen Scarborough. Auf einem Berg über der Stadt thronte das sternenförmige **Fort Sterreschans,** (Sternenfort). Da die Holländer mit einem Angriff der Franzosen rechneten, hatten sie Schiffe und Soldaten unter Admiral *Binckes* in der Bucht stationiert. Der französische Admiral *Comte Jean D'Estrees* verließ am 17. Februar Martinique mit 10 Kriegsschiffen, 6 kleineren Schiffen, einem Feuerschiff, einigen Proviantschiffen und mehr als 4000 Soldaten. *Binckes* war vorbereitet und positionierte seine 10 Kriegsschiffe halbmondförmig in der Bucht. Zwischen den Schiffen und dem Ufer befanden sich zwei unbewaffnete Kauffahrer und das Proviantschiff *Sphera Mundi* mit über 200 Frauen, Kindern und Sklaven an Bord. Am 17. Mai fand eine fürchterliche Seeschlacht statt. Die Holländer verloren alle Schiffe und auch *D'Estrees* erlitt große Verluste. Die Holländer rüsteten jedoch erneut auf und am 6. Dezember 1677 kehrte *D'Estrees* mit einer neuen Flotte nach Tobago zurück. Am 12. Dezember kam es erneut zur Schlacht. *D'Estrees* schoss hier zum ersten Mal mit neuentwickelten brennenden Kanonenkugeln. Die dritte traf das Munitionslager der Holländer. *Binckes* wurde getötet, Fort Sterreschans wurde völlig zerstört Die Schlacht endete erfolgreich für Frankreich – für Holland endete die Herrschaft über Tobago. Mit der Schlacht um Tobago und dem Tod von Admiral *Binckes* endete überdies die holländische Seevorherrschaft in der Karibik.

Das Einzige, was an diese Ereignissen erinnert, ist eine Straße namens „Dutch Fort", eine kleine Gedenktafel am Hafen neben dem Cruisingship-Komplex, sowie zwanzig gesunkene Schiffe auf dem Grund des Hafenbeckens von Scarborough.

Lowlands

Crown Point, Fort Milford, Store Bay, Coco Reef, Pigeon Point, Bon Accord Estate, Canaan, Canoe Bay, Tobago Plantation, Signal Hill, Spring Garden

Crown Point

Crown Point ist der südwestlichste Punkt der Insel. Näheres zum **Flughafen Crown Point Airport** siehe im Kapitel „Reisetipps, Ankunft".

Fort Milford

Geht man vom Flughafen geradeaus in die Old Store Bay Road und biegt an der nächsten Kreuzung links ab, kommt man zu den Überresten von Fort Milford auf einer Klippe am Meer. 1770 bauten hier die Briten ein Fort zum Schutz der Bucht. Geblieben sind noch Mauerreste und ein paar Kanonen in einem Park mit schönem Ausblick auf die Küste.

Store Bay

Die Old Store Bay Road führt geradeaus zu einer der **beliebtesten Buchten der Insel.** Die Store Bay ist eine herrliche gelbsandige Badebucht. Oberhalb des Strandes findet man Restaurants, Boutiken,eine Strandbar, sowie kleine Imbissbuden (z.B. Miss Jean), in denen es preiswerte einheimische Gerichte gibt. Hier sind auch Toiletten, Duschen und Umkleidekabinen. 1TT$ für die Bunutzung.

Rechts daneben gibt es einige Holzpavillons, in denen einheimisches Kunstwerk von der Rastamütze bis hin zu Ledersandalen verkauft wird.

Von hier fahren die **Glasbodenboote** zum Buccoo Reef. Ein lohnender Ausflug! (s. Buccoo Reef).

Abends finden öfter **Grillfeste** am Strand statt.

In der letzten Juliwoche endet hier die **Speedbootregatta** von Trinidad. (s. „Feste und Feiertage")

Coco Reef

Unmittelbar neben der Store Bay befindet sich das künstlich angelegte Coco Reef, ein **Strand,** der zum Hotel gleichen Namens gehört. Der pinkfar-

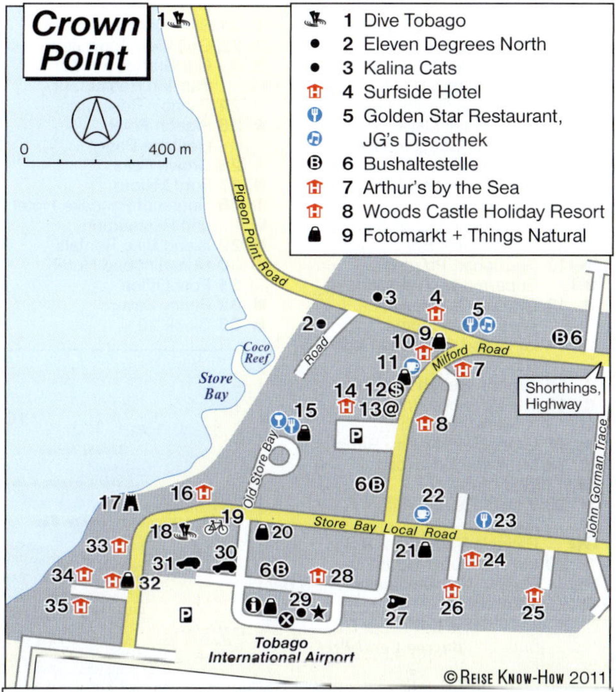

- 10 Jimmy's Holiday Resort, Minimarkt
- 11 Batik Shop & Backyard Café
- 12 Royal Bank
- 13 Internet Clothwash Café
- 14 Coco Reef Resort
- 15 Miss Jean Bar & Restaurant, Souvenir Shops, Imbiss etc.
- 16 Crown Point Beach Hotel, Royalton Casino
- 17 Fort Milford
- 18 Manta Dive Shop
- 19 First Class Bicycle Ryders
- 20 Fotomarkt
- 21 Rumshop
- 22 Café Iguana
- 23 Bonkers
- 24 Store Bay Holiday Resort
- 25 Golden Thistle Hotel
- 26 Kariwak Village Hotel
- 27 Polizei
- 28 Jetaway Holiday Resort
- 29 Tourist Information, Souvonir Shops, Taxistand, Air Caribbean & BWIA, Royal Castle
- 30 Tobago Car Rental Association
- 31 Thrifty Car Rentals
- 32 James Holiday Resort & Minimarkt
- 33 Tropikist Beach Hotel
- 34 Sandy Point Beach Club
- 35 Belleviste Apartments

1 Arnos Vale Water Wheel Park und Restaurant
2 Arnos Vale Hotel
3 Cocrico Inn
4 Rex Turtle Beach Hotel
5 Black Rock Café
6 Lucy Hill Guest House
7 Buty's Guest House
8 King Solomon's Mine
9 Fort Bennet
10 Fort Monk
11 Ocean View Bar
12 Sportsbar, Pizzeria, Supermarkt, Geldautomat
13 Grafton Caledonia Wildlife Sanctuary
14 Le Grand Courland Beach & Spa
15 Grafton Beach Resort
16 The Seahorse Inn Hotel & Restaurant
17 Orange Hill Nature Ranch
18 Mt. Irvine Bay Hotel & Golf Club
19 Vicky's Restaurant, Joy's, Patino's Restaurant & Bar
20 Miller's Guest House, Happy „lil" Vibe Restaurant & Bar Point's Inn
21 Blue Horizon Resort
22 Golf View Apartments
23 Old Grange Inn & Papillon Restaurant
24 Patino's Restaurant
25 Pigeon Point Heritage Park
26 Crown Point
27 Ford Milford
28 House of Pancake Hotel und Restaurant
29 Island Bike Rentals
30 Hummingbird Hotel
31 Post Office
32 Penny Saver
33 Block 22
Back Bay
Mount Irvine oder Little Courland Bay
Grange Bay
Mt. Irvine
Buccoo
Buccoo Bay
Buccoo Coral Reef
Buccoo Rd.
No Man's Land
Bon Accord Lagoon
293
Sandy Bay
Bon Accord
Canaan
Golden Grove Rd.
Shirvan Rd.
Milford Road
Store Bay
Store Bay Local Rd.
Crown Point
Flughafen
Canoe Bay
0
2 km
©Reise Know-How 2011

Tobagos Südwesten
Golden Lake
Charlotteville, Culloden Bay
Arnos Vale Bay
Back Bay
Arnos Vale
Arnos Vale Road
Plymouth
Les Coteaux
Highland Waterfall
Adventure Farm
Franklyn's
Great Courland Bay
Courland River
Turtle Beach
Plymouth Road
Providence Road
Stone Haven Bay
Grafton Beach
Black Rock
Pleasant Prospect
Old Grange
Orange Hill Road
Patience Hill
Calder Hall
Bethel
Montgomery
Roxborough
Auchenskeoch Buccoo Bay Rd.
Scarborough
Rockly Bay
Claude Noel Highway
Carnbee
Mount Pleasant
Lambeau
Little Rockly Bay
Port of Spain
Tobago Plantations Hilton
Lowlands
Petit Trou
100
0 m
34 Golden Girls Bakery
35 Melange Restaurant
36 Me Shells Restaurant
37 R.T.Morshead Gourmet Foods Supermarket
38 Shirvan Watermill Rest.
39 Penny Saver
40 Friendship Estate
41 Canoe Bay Beach Resort
42 Viola's Place
43 Coral Reef Hotel
44 Art Gallery
45 Hampden Inn
46 Indigo Inn

bene **Hotelbau,** der in einem großen, parkähnlichen Garten liegt, wurde geschmackvoll und typisch karibisch gebaut. Ein optischer Augenschmaus. Hier hat man allerdings nicht nur auf Äußerlichkeiten geachtet, sondern auch auf Umweltfreundlichkeit. Das Hotel hat zwei Restaurants, zwei Bars, einige Läden, einen Pool und eine Autovermietung.

Hinter dem Haupteingang des Coco Reef Hotels auf der Store Bay Road befindet sich ein **Münzwaschsalon** mit integriertem **Internetcafé** und daneben eine **Filiale der Royal Bank,** die allerdings nur bis 13 Uhr geöffnet hat. Eine echte Alternative für alle, die nicht gewillt sind, in Scarborough eine Stunde in der Warteschlange zu stehen, um ihre Travellercheques einzutauschen.

Ca. 200 m hinter dem Coco Reef geht die Milford Road rechts ab, Richtung Hauptstadt. Im Gebiet zwischen Flughafen und Milford Road befindet sich das **Haupttouristenzentrum** der Insel, mit allem, was dazugehört: Hotels, Supermärkte, Gästehäuser, Fotoladen, Tauchschule, Auto- und Fahrradvermietungen, Boutiquen und eine Disco.

Pigeon Point

Gegenüber der Milford Road biegt man links in die wunderschöne Pigeon Point Road ein, die einen direkt am türkisfarbenen Meer entlang zu **Tobagos schönstem Strand** bringt. Nach ca. 150 m erreicht man das *Conrado Beach Hotel,* und von da an ist der Weg gesäumt mit kleinen Shops, die alles anbieten, von Souvenirs bis hin zu Tauchkursen. 100 m nach dem Pigeon Point Resort kommt man zu einem künstlich angelegten Wasserfall, und dann sieht man genau das vor sich, was man sich unter einem **Traumstrand** vorstellt: weißer Sand, türkisblaues Meer, Palmen im Wind.

Hier gibt es Duschen und Toiletten, Boutiquen, Stände mit einheimischem Kunsthandwerk und eine Theke, an der es Imbisse und Rumpunsch gibt.

Wer Lust auf **Wassersport** hat, wendet sich an *Para Sails and Watersports.* Parasailing 299 TT$,

Windsurfen 250 TT$ pro Std., Hobie Cat 250 TT$, Wasserski ab 210 TT$, Kayaking 100 TT$, Banana-Boat Ride 100 TT$. Die Einheimischen verkaufen Süßigkeiten oder flechten den Touristen die Haare mit Perlen. Es finden auch des öfteren Musikveranstaltungen statt.

Der Pigeon Point ist nicht nur das **Wahrzeichen Tobagos** und der schönste Strand der Insel, sondern auch einer der schönsten Strände der gesamten Karibik. Hier werden Modeaufnahmen gemacht und Musikvideos gedreht. Viele Fotos, die man als Werbung für den karibischen Traum schlechthin einsetzt, wurden hier geschossen. Das hat natürlich zur Folge, dass man hier nun auch die meisten Touristen antrifft.

Vom Ende des Pigeon Point, der sich bis in die Bon Accord Lagoon zieht, kann man **No Man's Land** sehen, eine unbewohnte, schöne Landzunge.

Fährt man die Pigeon Point Road nun zurück und biegt an der Gabelung links in die Milford Road, kommt man durch die beiden Orte **Bon Accord** und **Canaan.** Hier liegt das jeweilige Ortszentrum direkt an der Milford Road. Die Straße ist zu beiden Seiten mit vielen Geschäften, Restaurants, Supermärkten, Rumshops, Kirchen, Schulen, Gesundheitszentren sowie unzähligen Obst- und Gemüseständen gesäumt. Neuerdings gibt es sogar ein Spielcasino.

Bon Accord Estate

Zwischen Milford Road und Bon Accord Lagoon befindet sich das Bon Accord Estate. Die ehemalige Zuckerrohrplantage, die Anfang des 20. Jh. auf Kokosnuss umgestellt wurde, war eine der größten **Plantagen** der Insel. Hier stehen noch einige Teile der alten **Zuckermühle** und ein **Wasserrad.**

Die **Bon Accord Moravian Church & School** an der Ortsgrenze zwischen Bon Accord und Canaan war eine zeitlang die größte Schule der Insel.

Canaan

Das vermutlich beliebteste „Ausflugsziel" für Touristen hier ist der Penny Savers Supermarket, denn

tr_030 Foto: esm

dort findet man für tobagonische Verhältnisse sehr exotische Sachen, wie z.B. Ziegenkäse, gefrorenen Rosenkohl oder Tiefkühlpizzen.

Ein Stückchen weiter auf der linken Seite ist einer der ältesten und urtümlichsten Rumshops der Insel, **Block 22.** „Block" nennt man auf Tobago jede Stelle, wo sich Einheimische über einen längeren Zeitraum regelmäßig zum „liming" treffen.

Hinter der Kreuzung von Milford Road und Claude Noel Highway weist auf der rechten Seite ein großes Schild zum *Canoe Bay Beach Resort*.

Plantation Villas, Tobago

Canoe Bay Ein langer staubiger Weg führt vom Highway zum Strand. Der Eintritt kostet 12 TT$. Es gibt eine kleine Bar, Duschen und Sonnendächer für's Picknick, sowie ein kleines Hotel (s. Unterkunft). Das Wasser ist hier manchmal so flach, dass man kilometerweit ins Meer hineinlaufen kann. Ein **Badeparadies für Kinder.** Wochentags ist es meist sehr ruhig, am Wochenende ist ziemlich viel los, denn hierher kommen auch die einheimischen Familien. Der Pigeon Point und die Canoe Bay sind die einzigen Strände auf Tobago, an denen man Eintritt zahlen muss.

Tobago Plantation Zurück auf dem Highway und ca. 2 km weiter in Richtung Stadt, sieht man auf der rechten Seite eine große pompöse Einfart mit dem Schriftzug *Tobago Plantation*. Hier wurde auf 750 Acres das **größte Hotelprojekt der Insel** verwirklicht. Auf dem Gelände des ehemaligen Lowland Estates, der dazugehörigen Petit Trou Lagoon und einem Teil der Rockly Bay wurde das *Hilton Hotel* gebaut mit Pools, einem Golfplatz und herrlichen Villen in einem riesigen Park. Die Villen stehen zum Verkauf. Ein Yachthafen soll auch noch gebaut werden.

Östlich hinter dem *Hilton* führt die Milford Road an der Rockly Bay vorbei in Richtung Scarborough. Links vom Highway geht es den Berg hinauf nach nach Signal Hill.

Signal Hill Der kleine Ort liegt hoch oben auf dem Berg und war einst ein strategisch wichtiger Posten, um mit den Forts Kontakt zu halten und Nachrichten zu übermitteln. Heute ist hier das T&T Regiment stationiert. Ebenso befindet sich in Signal Hill eine der größten Gesamtschulen der Insel, sowie z.Zt. die **Bibliothek** von Tobago.

Spring Garden Hier kann man noch die alte **Spring Garden Moravian Chapel School** sehen, die 1856 gebaut wurde. Früher wurde sie wie viele Kirchen der Insel wochentags als Schule und am Wochenende als Kirche benutzt. 1963 wurde dann eine neue Kirche gebaut.

Unterkunft

Außer den im Folgenden aufgezählten Hotels gibt es um den Crown Point und in der näheren Umgebung noch eine Reihe **Guesthouses.** Es handelt sich in der Regel um einfach ausgestattete Häuser mit Doppelzimmern, Dusche und WC sowie einer Küche (Supermärkte um die Ecke). Die Zimmer kosten ab ca. 30 US$.

Hotels

- **Arthur's by the Sea*****, Crown Point, Tel. 639 0196; 20 Zi., Kinder bis 5 Jahre frei, www.trinidad.net/arthurs.
- **Belleviste Appartments******, Sandy Point, Tel. 639 9351, www.belleviste.com. 20 App. für Selbstverpfleger, Strand, Pool.
- **Canoe Bay Beach Resort****-***, Cowe Estate, Tel. 631 0367, 685 4785, adeolaj@hotmail.com, 18 Apartments für Selbstverpfleger.
- **Coco Reef Resort******, Coconut Bay, Tel. 639 8571, Fax 639 8574, www.cocoreef.com; 5-Sterne-Hotel mit 105 Zimmern.
- **Coral Reef Guest House****-***, Milford Rd., Tel. 639 2536, Fax 639 0770.
- **Crown Point Beach Hotel****-***, Crown Point, Tel. 639 8781/3, Fax 639 8731, www.crownpointbeachhotel.com; 77 Zimmer.
- **Golden Thistle Hotel****, Store Bay Road, Crown Point, Tel. 639 8521, www.goldenthistlehotel.com.
- **House of Pancakes***-**, Ecke Milford Rd. und John Gorman Trace, Bon Accord, Tel./Fax 639 9866, mit Restaurant.
- **James Holiday Resort****, Crown Point, Tel./Fax 639 8084; 14 Zimmer.
- **Jetaway Holiday Resort***-**, Crown Point, Tel./Fax 639 8504.
- **Jimmy's Holiday Resorts Ltd****, Airport Rd., Crown Point, Tel. 639 8292, Fax 639 3100; jimmys@tstt.net.tt, 18 Apartm.
- **Kariwak Village Hotel******, Tel. 639 8442, Fax 639 8441; www.kariwak.com, 24 Zi., Pool und Restaurant, Kinder frei.

  Das Hotel besteht aus kleinen Rundhütten und vermittelt einen dörflich-karibischen Eindruck. Es gibt ein täglich wechselndes Musikprogramm sowie Ausstellungen einheimischer Künstler. Darüber hinaus werden täglich Hatha Yoga, Tai Chi, Qi Gong, Massage, Gymnastik und Vorträge über Ernährung angeboten.
- **Sandy Point Beach Club****, Sandy Point, Tel. 639 0820; 42 Zimmer, www.sandypointbeachclub.com.
- **Sandy Point Village***, Sandy Point, Tel. 639 8391; 24 Zi.
- **Store Bay Holiday Resort***, Store Bay Local Road, Crown Point, Tel. 639 8810; storebay@tstt.net.tt, 15 App.

- **Surf Side Hotel****, Crown Point, Tel. /Fax 639 3521, www.surfsidetobago.com, 30 App. für Selbstverpfleger.
- **The Hummingbird Hotel****, 128 Store Bay Local Road, Crown Point, Tel. 635 0241, www.hummingbirdtobago.com, 10 Zi. Restaurant und Pool.
- **Tropikist Beach Hotel*****-****, Crown Point, Tel. 639 8512/3, Fax 639 0341; www.tropikist.com, 33 Zi., Kinder frei.
- **Woods Castle Holiday Resort****, Crown Point, Tel. 639 0803; 10 Zimmer.

Unterhaltung

Wer in Tobago Unterhaltung sucht, wird jede Nacht etwas finden. Die meisten Unterhaltungsmöglichkeiten gibt es rund um die **Store Bay.** Fast alle Hotels bieten mehrmals wöchentlich Live-Entertainment unter freiem Himmel.

Kinofans kommen in *Movie Town* in der *Gulf City Mall* in **Lowlands** auf ihre Kosten, www.movietownw.com.

Spielcasinos bieten die Gelegenheit die Urlaubskasse zu leeren oder zu füllen, wie beispielsweise das *Royalton Casino,* neben dem *Crown Point Beach Hotel,* täglich von 16.00 bis 3.00 Uhr geöffnet, Tel. 631 8500. Darüber hinaus gibt es noch das *Sunset Palm,* Ecke Shirvan Road und das *Jade Monkey,* Buccoo Junction. Kostenloser Transfer vom Hotel.

Ein typischer **Lime Spot** ist der Dorfplatz in **Pleasant Prospect** (s.a. Kapitel „Leeward") mit vielen Bars, Shops, Restaurants usw.

In **Scarborough** geht man in den *BARCODE,* Tel. 635 2633, www.barcodetobago.com.

Aber auch **tagsüber** wird für Unterhaltung gesorgt, z.B. hier:

- **The Backyard Café,** neben *Dillon's Seafood.* Tel. 639 7264, Backyardcafe@hotmail.com. Mo-Fr geöffnet 11.00-20.00 Uhr. Mai-Juni geschlossen. Ein buntes, typisch karibisches Café, in dem es fast alles gibt.
- **Shore Things,** 25 Milford Rd., Lambeau, Tel. 635 1072. Hier kann man essen, einkaufen und Musik hören. Mo-Fr 10.00-18.00 Uhr, Sa 8.00 16.00 Uhr

Essen und Trinken

Da sich ein Großteil des touristischen Lebens in dieser Ecke der Insel abspielt, ist hier auch am meisten los: Es gibt mehrere **Restaurants** mit internationaler und einheimischer Küche sowie mit Fischgerichten, z.B. **Dillon's Seafood.** Viele kleine Kneipen und der **Golden Star** sorgen für abendliche Unterhaltung. Gegenüber der Store Bay gibt es eine Menge kleiner Stände mit leckeren einheimischen Gerichten ab 5 TT$, z.B. bei **Miss Jean.**

- **Miss Jean, Store Bay Beach Facilities,** Rotis mit Huhn, Shrimps oder Conch 10 TT$; Shrimps mit Reis 10 TT$, Conch mit Reis 20 TT$, täglich von morgens bis Mitternacht. Hier trifft man die meisten Leute.
- **Bonkers Restaurant & Garden Theater,** Store Bay Local Rd., Crown Point, Tel. 639 7173, Fax 639 8933, www.toucan-inn.com.
- **Café Iguana,** Store Bay Local Rd., Tel. 631 8205, www.iguanatobago.com, Frühstück 8.00-12.00 Uhr, Mittagessen 11.00-15.00 Uhr, Dinner 18.00-22.30 Uhr. Mittwoch geschlossen. An den Wänden sind Gemälde einheimischer Künstler ausgestellt, die man käuflich erwerben kann.

Einkaufen

- **Things Natural,** Ecke Pigeon Point und Milford Rd. Tel./Fax 639 7197, ursulajoy6@hotmail.com. Schöne Geschenk- und Dekorationsartikel, Kunsthandwerk sowie Kräuterprodukte.
- **BAGO TO GO,** Fortune Plaza, Canaan, Tel. 631 0068, karibisches Kunsthandwerk.
- **Trincity Mall Lowlands,** einziges großes Einkaufszentrum der Insel, mit Kino.

Leeward

Buccoo, Mt. Irvine, Montgomery, Bethel, Pleasant Prospect, Grafton, Turtle Beach, Fort Bennet, Black Rock, Plymouth, Adventure Farm, Arnos Vale, Wardens Road, Franklyn's, Les Coteaux, Highland Waterfall, Golden Lane, Culloden

Buccoo Village

Um an Tobagos Nordküste zu kommen, biegt man vom Highway links in die Shirvan Road ein. Wer sich für Kirchen und alte Gebäude interessiert, sollte an der nächsten Querstraße rechts einen Abstecher nach Mt. Pleasant machen. Hier steht auf einem Berg die schönste Steinkirche der Insel, die **Mt. Pleasant Anglican Church.** Die Kirche wurde 1839 gebaut und ist gerade restauriert worden. Neben der Kirche ist ein alter Friedhof, und man hat von hier oben eine schöne Aussicht.

Weiter bzw. zurück auf der Shirvan Road kommt man an einigen Restaurants vorbei. Das wohl schönste ist das **Shirvan Watermill Restaurant,** mit einer alten, restaurierten Mühle. Nach ca. 3 km

tr_277 Foto: esm

erreicht man nun die Buccoo Junction. Hier biegt man links auf die Buccoo Road ab und erreicht nach 2 km Buccoo, ein **verträumtes Dorf** mit einer Hauptstraße, die direkt zum Meer führt und ein paar Fischern am Bootsanleger. Der Ort ist jedoch wegen seiner **Sunday School** bekannt: Jeden Sonntagabend findet am Strand eine riesige **Discoveranstaltung** bis in die frühen Morgenstunden statt. Bei Einheimischen und Touristen gleichermaßen beliebt, versammelt sich hier regelmäßig die halbe Insel, um dem Genuss von Carib, Rum, heißer Musik und Tanz zu frönen. Wer zwischendurch Hunger hat, geht ein Stück die Straße hinauf und folgt dem Wegweiser zu **Vicky's Restaurant.**

Zur Osterzeit findet in Buccoo jedes Jahr das traditionelle **Ziegen- und Krabbenrennen** statt (siehe „Feste und Feiertage").

An der Buccoo Junction führt gegenüber der Bucco Road die Auchenskeoch Buccoo Bay Road über Carnbee und den Highway nach Scarborough. Oberhalb der Straße, auf der linken Seite, befindet sich die alte Polizeistation **Old Grange** und eine zum Wohnhaus umgebaute **Windmühle.**

Der Pennysavers in **Carnbee** ist wichtig für alle Touristen in diesem Teil der Insel, denn er bietet ein preiswertes, auf Touristen zugeschnittenes Angebot. (Das größte Angebot für Touristen findet man bei „Morsehead Gourmet Foods" an der Buccoo Road in Mt. Pleasant.)

Buccoo Bay

Wenn man sich am Strand von Buccoo links hält, kann man in ca. 1,5 Std. entlang der Buccoo Bay nach *No Man's Land* gehen. Eine wunderschöne **Wanderung** am Meer entlang – nur weißer Strand, Palmen und das türkisfarbene Meer. (Das angrenzende Land gehört zum Bon Accord Estate.) Meistens begegnet man hier keinem Menschen, und mit etwas Glück findet man große Muscheln am Strand. Unterwegs muss man nur einmal den Strand kurz verlassen, hier steht ein verfallenes

Haus auf den Klipppen. Die Wanderung ist nur bei flachem Wasser und daher nicht zu allen Jahreszeiten möglich. Achtung: Da es hier in der letzten Zeit immer wieder zu Überfällen kam, sollte man diesen Strand nur in größeren Gruppen oder in Begleitung Einheimischer besuchen!

Am Ende der Buccoo Bay ist der Barbecue-Platz von No Man's Land. Hier beginnt die **Bon Accord Lagoon,** die sich bis zum Pigeon Point erstreckt. Von No Man's Land führt ein Weg ins Landesinnere zur Hauptstraße; falls man aber einen Fischer trifft, kann man ihn auch bitten, einen zum Pigeon Point überzusetzen.

Unter der Telefonnummer 639 8555 ist zu erfahren, wann das nächste **Barbecue** (Grillparty) in No Man's Land stattfindet.

Buccoo Reef

Das Buccoo Reef, eines der bekanntesten **Korallenriffe** der südlichen Antillen, liegt zwischen der *Buccoo Bay* im Osten und dem *Pigeon Point* im Westen. Es ist ungefähr 12 Hektar groß und 10.000 Jahre alt. Das Buccoo Reef ist eine große flache Lagune, die sich an die Bon Accord Lagoon anschließt. Es ist in vier Gebiete von Osten nach Westen unterteilt, Eastern Reef, Northern Reef, Western Reef und Pigeon Point Reef. Die tiefste Stelle ist der *„Deep Channel"* zwischen dem Northern und dem Western Reef.

Die als **Coral Garden** bekannte Stelle weist die größte Artenvielfalt des Riffs auf. Es gibt 39 Korallen- und ca. 70 Fischarten im Buccoo Reef. Da das Wasser an einigen Stellen nur ca. 1 m tief ist, hat auch ein ungeübter Schnorchler die Chance, den Eintritt in die Unterwasserwelt auszuprobieren. 1973 wurde der größte Teil zum **Unterwasserschutzgebiet** erklärt.

Man gelangt nur mit dem **Glasbodenboot** dorthin. Die Boote fahren an der Store Bay und am Pigeon Point ab. Man kann die herrliche Unterwasserwelt während der ganzen Fahrt durch den Glasboden bewundern. An markierten Plätzen legen die Boote an, und auf geht's zum Schnorchelausflug. Brille, Schnorchel und Gummischuhe werden auf dem Boot ausgeliehen. Als nächstes ankert das Boot dann zum Baden am **Nylon Pool.** Das ist eine flache Sandbank im Reef (1-2 m) mit türkisblauem Wasser, dem magische Kräfte nachgesagt werden. „Nach dem Bad fühlst du dich 10 Jahre jünger", scherzen die Kapitäne der Boote gern.

Es ist verboten, Korallen abzubrechen oder das Riff in anderer Weise zu zerstören. Das steht allerdings schon ein bisschen im Widerspruch zu den Ausflügen an sich, da die Boote nicht immer an Bojen ankern, wie eigentlich vorgesehen. Und wenn die Leute schnorchelnd durchs Wasser waten, wird natürlich auch einiges zerstört.

Veranstalter von Buccoo-Touren (Die Fahrten kosten 20 US$ und dauern ca. 2 Std.):

- **Stanley Dillon,** Store Bay/Pigeon Point, Tel. 639 8765
- **Hew's Tours,** Pigeon Point, Tel. 639 9058
- **Johnson and Son Sea Tours,** Buccoo, Tel. 639 8519/8746
- **Mitch,** Pigeon Point, Tel. 639 7422
- **Tobago Reef Tour Association,** Buccoo Village, Tel. 639 8519
- **Weitere Veranstalter** direkt an der Store Bay.

Grange Bay

Die Hauptstraße führt an der Buccoo Junction geradeaus mitten durch den **Mt. Irvine Golfplatz.** Er zählt zu den besten 18-Loch-Golfplätzen der Welt. Wenige Meter hinter dem Golfplatz liegt links an der Straße, hinter einer kleinen Mauer, die Grange Bay, eine **beliebte Badebucht** mit langem Sandstrand, im Süden mit großen schattenspendenden Bäumen. Das Wasser ist flach und bei niedrigem Wellengang kann man hier herrlich baden. Man stellt das Auto auf dem kleinen Parkplatz ab, von da führen einige Stufen zum Strand. An Wochenenden und Feiertagen ein beliebter Strand der Trinidadier. Ansonsten hat man ihn oft sogar für sich ganz allein.

Mt. Irvine

Nach weiteren 100 m erreicht man das Mt. Irvine Bay Hotel. Es wurde auf dem Gelände einer ehemaligen Zuckerplantage erbaut, und in der 200 Jahre alten Zuckermühle ist heute eines der besten **Restaurants** der Insel beheimatet.

Etwas nördlich beim alten Zuckerlager liegt der **Strand** des Hotels. Er eignet sich gut zum **Surfen** (laut Surferzeitschriften einer der besten Surfplätze der Welt), außerdem gibt es Umkleidekabinen, eine kleine Boutique und Hütten für ein Picknick. Hier kann man jeden Nachmittag ab 16.00 Uhr fangfrischen Fisch kaufen.

Ein Stückchen weiter auf der Straße, gegenüber dem Gleneagles Drive, führt ein Weg zur **Back Bay,** einem der einsamsten Strände der Insel (in Plymouth gibt es eine zweite Back Bay). Der Weg zum Strand führt an den Ruinen eines alten Forts vorbei.

Auf dieser Anhöhe, die früher Rocky Point hieß, wurden insgesamt **drei Forts** gebaut. 1632 bauten hier die Holländer ein Fort, das von den Spaniern aus Trinidad zerstört wurde. 1681 bauten die Kurländer Fort Monk. 1686 bauten sie Fort Schmoll nahe des alten Forts. Dieses wurde später in Fort Casimir umbenannt. Da niemand mehr weiß, um welche Ruine es sich bei dem Fort handelt, nennt man es heute Fort Monk.

Vor dem Mt. Irvine Hotel führt eine Straße nach Montgomery und Bethel.

Montgomery

1786 reiste der Plantagenbesitzer *John Wollin* nach London und lernte dort die Moravische Kirche kennen (s. „Religionen"). Er war besonders von der Missionsarbeit dieser Kirche angetan und lud die Moravier ein, auf seiner Plantage eine Kirchengemeinschaft zu gründen. 1789 kam Bruder *John Montgomery* mit seiner Frau von Barbados nach Tobago, um mit Erlaubnis des Gouverneurs eine Mission zu gründen. Bereits zwei Jahre später kehrte er krank und gebrochen durch den Tod seiner Frau nach Barbados zurück und verstarb kurz darauf. 1799 schlug der zweite Versuch, eine Mission zu errichten, fehl. Erst 1828 wurde hier die erste

Kirche Tobagos gebaut, in welcher die Sklaven zum christlichen Glauben bekehrt werden sollten. 1847 wurde sie von einem Wirbelsturm schwer beschädigt aber bereits 1850 wieder aufgebaut. Sie steht auf einem der höchsten Berge des ehemaligen Mount Irvine Estates, und man kann einen sehr schönen Ausblick auf Buccoo und die Courland Bay genießen.

Bethel

Bethel grenzt unmittelbar an Montgomery und zählt heute zu den urtümlichsten Orten der Insel. Im oberen Ortsteil auf dem Berg leben die einfachen Leute. Ein Stückchen tiefer in Richtung Mount Irvine Hotel liegen die Villen der betuchteren Inselbewohner und das sehenswerte **Privatmuseum Fairyhouse** der deutschen Bildhauerin *Luise Kimme* (siehe Kunst und Kultur). Geöffnet So 10.00-14.00 Uhr, Eintritt 20 TT$.

Pleasant Prospect

Auf der nächsten Anhöhe der Küstenstraße liegt der kleine Ort Pleasent Prospect wie an den Berg geklebt. Einige kleine Geschäfte und Snackbuden sowie die *Ocean View Bar* (auf einem Felsen mit schönem Blick auf das Meer), bilden den Mittelpunkt des Dorfes.

Rechts geht die Straße hinauf zum **Sanctuary Villa Resort.** Am Ortsausgang führt links die Old Grafton Road zur **Stone Haven Bay,** auch Grafton Beach genannt.

Grafton Beach

An den Plantation Villas, dem Le Grand Courland Resort und dem Grafton Beach Resort vorbei führt der Weg am Strand entlang zum *Seahorse Inn Restaurant & Guesthouse* und weiter nach Black Rock. Der **Strand** ist lang und sehr schön zum Baden. Morgens kann man den Fischern beim Einholen ihrer Netze zusehen.

Die Hauptstraße Grafton New Road führt entlang der Vorderseite der **Hotels** ebenfalls nach Black Rock.

Grafton Caledonia Wildlife Sanctuary

Auf der rechten Seite der Grafton New Road führt ein Weg hinauf zum ehemaligen Grafton Estate. Hier ist seit langer Zeit ein **Vogelschutzgebiet.** Von 1963 bis 1983 lebte *Mrs. Alefounder* in dem alten Plantagenhaus. Es steht auf Betonpfählen und hat ringsherum Balkone und Balustraden. *Mrs. Alefounder* ließ alle Fenster aus dem Haus nehmen, so dass die Vögel hindurchfliegen konnten. Rings um das Haus hingen große, offene Käfige mit Futter.

Nach ihrem Tod war das Haus jahrelang verlassen und verfiel. Man sah hier noch viele Cocricos und Mot-Mots und hatte vom ersten Stock einen herrlichen Ausblick über die Bucht. Jetzt ist das Haus renoviert und in Privatbesitz.

Aus dem ehemaligen Trockenlager für Kokosnüsse wurde ein **Besucherzentrum,** von dem aus man die Vögel aus nächster Nähe beobachten kann. Um 16 Uhr werden die Vögel gefüttert. Das ist die beste Gelegenheit den ehemaligen Wappenvogel der Insel, den Cocrico, zu beobachten (siehe „Flora und Fauna").

Von hier kann man auf ausgeschilderten Wegen schöne **Wanderungen** in den Regenwald machen.

Turtle Beach

Die nächste Bucht hinter dem Grafton Beach ist die **Courland Bay.** Der Turtle Beach ist ungefähr 5 km lang und zieht sich entlang der Bucht vom Black Rock unterhalb Fort Bennets bis zum Nachbardorf Plymouth.

In der Höhe des Dorfes Black Rock liegt ein kleiner **Naturswimmingpool,** der je nach Strömung mit mehr oder weniger Wasser gefüllt ist. Hier baden meistens die Einheimischen, und besonders am Wochenende tummeln sich hier alle Kinder des Dorfes.

Der Turtle Beach trägt seinen Namen, weil hier jedes Jahr die riesigen **Lederrückenschildkröten** zur Eiablage an den Strand kommen (siehe „Flora und Fauna").

Morgens kann man den **Fischern** zusehen, wie sie ihre Netze an den Strand ziehen. Vor den verankerten Fischerbooten in der Bucht fischen die **Pelikane.** Bei Sonnenuntergang sieht man sie gemeinsam Richtung Osten zu ihren Schlafplätzen fliegen.

Fort Bennet

Fort Bennet war eine Befestigungsanlage für drei verschiedene Inselherren. Zwischen 1628 und 36 für die Holländer, um 1680 für die Kurländer (auch *Couronians*) und um 1800 für die Briten. Von dem eigentlichen Fort ist leider nichts mehr erhalten geblieben außer einem kleinen Steingebäude, das heute zur Aufbewahrung der Gartengeräte dient.

Von Fort Bennet hat man einen schönen **Ausblick** auf den Grafton Beach. Zwei alte Kanonen stehen hier, und die Anlage ist sehr gepflegt.

Unterhalb des Forts ragt ein **schwarzer Felsen** aus dem Meer, der dem Ort Black Rock seinen Namen gab.

Black Rock

Das kleine Fischerdorf mit rund 1000 Einwohnern besteht aus einer Hauptstraße, an der sich vier der fünf Dorfkirchen, eine Kneipe, zwei Supermärkte, einige kleine Läden und drei Bushaltestellen befinden. Die Häuser ziehen sich auf der linken Seite bis zum Meer hinunter und rechts die Hügel hinauf bis in den Wald. Sehenswert ist die alte **Moravian Church,** die 1869 erbaut und 2003 komplett restauriert wurde. Die Holzkirche steht auf Steinpfeilern und ist mit Holzschindeln verkleidet. Neben der Kirche ist der Moravische Friedhof.

1975 wurde vor der alten Kirche eine neue gebaut, die leider nicht annähernd soviel Flair hat.

Auf der gegenüberliegenden Seite sind die Kirchen der Adventisten.

Wenn man von der Hauptstraße bei *Michaels Place* Richtung Strand geht, kommt man am Camp der **Steelband Katzenjammers** vorbei. Sie üben mehrmals in der Woche und sind dann im ganzen Dorf zu hören.

Gegenüber von *Michaels Place* kann man auf dem kleinen Weg zwischen Gemeindehaus und

tt_402 Foto: esm

Tennisplatz durch den Wald bergauf über den Mt. Hay Crown Trace bis in den Ort **Patience Hill** wandern. Von hier hat man einen schönen Rundblick über die Bucht. Entweder geht man denselben Weg wieder zurück oder auf der anderen Seite den Berg hinunter. Dann kommt man nach Scarborough.

Nimmt man hinter dem Tennisplatz den unteren Weg an der Schule vorbei, erreicht man nach ca. 3 km auf der linken Seite ein Holzschild mit der Aufschrift **„Nature Ranch“.** Hier hat die Deutsche *Josefa Patience* 1999 auf dem Land des ehemaligen Orange Hill Estates angefangen eine Ziegenfarm aufzubauen. Heute hat sie 80 Ziegen. Sie stellt Fetakäse, Quark und Joghurt her, die auch in den Supermärkten verkauft werden. Für Leute mit landwirtschaftlicher Vorbildung besteht die Möglichkeit für einen Zeitraum von sechs Wochen bis zu sechs Monaten auf der Farm zu leben und zu arbeiten. Nähere Informationen: *Josefa M. Patience,* Orange Hill Nature Ranch, Tel. 660 7761, Fax 660 7762, www.goatdairy-tobago.com.

Die frisch renovierte Moravian Church

Gleich hinter Black Rock liegt das **Rex Turtle Beach Hotel,** das am Strand entlang gut zu Fuß zu erreichen ist. Alle Zimmer haben Balkon und Meerblick, die Bar ist am Strand, und jeden Abend spielt eine andere Band romantische karibische Musik. Hier trifft man auch öfter die Dorfjugend zum Tanz. Alles in allem hat das Hotel ein bisschen den Charme der 1950er Jahre.

Von Black Rock aus kann man **am Strand entlang** bis zum Nachbardorf Plymouth gehen. Allerdings nur bei niedrigem Wasserstand, denn am Ende der Bucht mündet der **Courland River,** der größte Fluss der Insel, ins Meer, und ihn muss man durchwaten. Bei Niedrigwasser ist er oft kaum zu sehen, in der Regenzeit ist der Wasserstand allerdings oft so hoch, dass man nicht hinüber kann.

Plymouth

Plymouth ist der älteste Ort Tobagos. 1628 erbauten hier die Holländer ihre ersten Siedlungen und in den Jahren 1632-36 das **Fort Nieuw Walcheren.** Sie wurden von Engländern und Kariben vertrieben. Später kamen die Kurländer und bauten Jakobusstadt und **Fort Jakobus.** 1658-64 besetzten die Holländer erneut die Courland Bay und nannten die Festung **Fort Beveren.**

An der Stelle, wo das alte Fort stand, steht heute das **Courland oder Couronian Monument.** Es wurde 1978 von dem polnischen Bildhauer *Janis Mintiks* entworfen. Auf einer Tafel steht zu lesen:

„Während der Regierungszeit des Herzogs von Kurland bildeten Deutsche, Lettländer, Skandinavier, Holländer, Engländer, Franzosen, Juden, Kariben und aus Gambia stammende Afrikaner an der Great Courland Bay eine internationale Siedlung freier Menschen."

Gegenüber auf der anderen Klippe erbauten die Engländer 1768 **Fort James** und gründeten die Siedlung Plymouth. Nach alter englischer Stadtbauweise wurden die Straßen schachbrettartig angelegt. Wie viele andere Festungsanlagen wechselte auch Fort James zwischen Engländern und Franzosen des öfteren den Besitzer. Die wenigen Ruinen und die vier noch erhaltenen Kanonen liegen, wie bei allen Forts, in einem gepflegten Park.

Auch einige Gebäude des Ortes waren ehemals Teile von Fort James, z.B. die Gehörlosenschule und die 1825 erbaute **St. David Anglican Church,** die ehemalige Garnisonskapelle der Engländer.

Das **Health Centre** von Plymouth wurde auf Teilen eines ehemaligen Gefängniskomplexes erbaut.

Neben dem eingezäunten Gelände des Forts liegt ein Sportplatz mit überdachter Tribühne (Veranstaltungen s. Kap. „PraktischeTipps, Feste und Feiertage"). Am Eingang zum Sportplatz gegenüber der Kirche gibt der **Mystery Tombstone** ein Rätsel auf: *„Sie war Mutter, ohne es zu wissen; sie war Ehefrau, ohne dass sie es ihren Mann merken ließ, es sei denn, durch ihre Nachsicht ihm gegenüber – Betty Stiven 1783."* Dieser **Grabstein** wird in jedem Prospekt und Reiseführer erwähnt, leider gehöre auch ich nicht zu den Leuten, die den Inhalt der Grabinschrift verstehen. Auf der Insel gibt es zwei verschiedene Erklärungen. Die eine erzählt von einer traurigen Liebesgeschichte zwischen einem Weißen und einer Sklavin. Die andere ist eher unromantisch. Danach soll hier ein reicher Plantagenbesitzer sein Geld vergraben und den Grabstein nur zur Tarnung aufgestellt haben.

Wenn man hinter dem Mystery Tombstone in die Commissioner Street einbiegt, kommt man zur **Back Bay.** Ein kleiner Strand mit türkisblauem Wasser und guten Schnorchelmöglichkeiten. In der regenreichen Zeit verschwindet er allerdings zeitweise völlig unter Wasser.

Lover's Retreat

Hält man sich hinter dem Ort links, gelangt man zu einer steilen Felsküste. Den Namen Lover's Retreat erhielt sie, weil sich hier zwei Jungverliebte ins Meer stürzten, deren Eltern gegen diese Verbindung waren. Von der Felsküste hat man einen sagenhaften Blick aufs Meer.

Hier war früher eine **Siedlung der Kariben-Indianer,** denn hier fand man einige der Stücke, die heute im Museum ausgestellt sind. Der Baobabbaum, der hier steht, ist über 400 Jahre alt.

Adventure Farm & Nature Reserve

Verlässt man Plymouth auf der Arnos Vale Road, erreicht man kurz hinter dem Ortsausgang das Adventure Farm & Nature Reserve. Das knapp fünf Hektar große Gelände ist ein idealer Platz für Vogelbeobachter und Naturliebhaber.

Es gibt **geführte Touren,** bei denen man seine eigenen Früchte pflücken kann und die Möglichkeit hat, in einem kleinen Apartment zu wohnen.

- Geöffnet: Mo-Sa 7.00-17.00 Uhr, Tel. 639 2839, Fax 639 4157, www.adventure-ecovillas.com, Eintritt 5 US$, geführte Tour 8 US$.

Arnos Vale

Weiter auf der kurvenreichen Arnos Vale Road erreicht man nach ca. 1,5 km das **Arnos Vale Hotel.** Hier stand früher das Herrenhaus der gleichnamigen Zuckerrohrplantage.

Der Swimmingpool inmitten üppiger Vegetation mit Hibiskus, Oleander, Ixora und Bouganvillea wird von einem Fluss gespeist. Beim Schnorcheln kann man u.a. Ampel-, Engel- und Papageienfische entdecken und in den frühen Morgenstunden auf dem Mot Mot Trail zahlreiche Vögel beobachten.

Hier sollen früher die *Beatles* Urlaub gemacht haben. Tatsächlich ist das Hotel, einsam mitten im Wald gelegen, ein idealer Ort für Leute, die völlig abschalten wollen.

Nach weiteren 1,5 km gelangt man zu dem mitten im Wald gelegenen **Arnos Vale Waterwheel Park.** Hier befinden sich die Reste der ehemaligen Zuckermühle der Plantage. Sie gehören zu den besterhaltenen Ruinen von Tobago. Von der Mühle ist noch das Wasserrad mit der Aufschrift Glasgow, Scotland 1857, die Zuckerpresse, ein Dampfmotor mit Boiler und der Brennofen mit Schornstein erhalten. Die kleinen Pavillons des Restaurants baute man um die Ruinen herum, sodass

tr_291 Foto: esm

Das Grab von Gang Gang Sarah

Eine der bekanntesten Volkssagen Tobagos ist die Legende der *Gang Gang Sarah*. Die Sage erzählt, dass ihre Familie von Afrika auf einem Sklavenschiff nach Tobago verschleppt wurde. Um bei ihrer Familie zu sein, flog *Gang Gang Sarah* ebenfalls nach Tobago, denn als Hexe hatte sie die Fähigkeit zu fliegen. Hier wurde sie die Ehefrau von *Strick Tom* und die Haussklavin von *Grandfather Peter* und lebte auf einer Plantage in Golden Lane. Nachdem ihr Mann *Tom* gestorben war, wollte *Gang Gang Sarah* nach Afrika zurückfliegen. Da sie aber inzwischen Salz gegessen hatte, hatte sie ihre Flugfähigkeit verloren. So musste sie auf Tobago bleiben und wurde nach ihrem Tod an der Seite ihres Ehemannes begraben.

Wenn man in der kleinen vom *Tourist Board* herausgegebenen Broschüre nachsieht, findet man bei Golden Lane das Grab von *Gang Gang Sarah* verzeichnet. Es ist aber nicht zu finden, denn niemand weiß, wo das Grab liegt und ob es tatsächlich existiert.

Hierüber gehen die Meinungen weit auseinander, und jeder, den man fragt, hat eine andere Version. Die einen glauben, das Grab liege unter dem Silk Cotton Tree (da ist aber kein Grab) oder im Urwald (dann hat es noch keiner gefunden) oder unter dem Fundament eines Hauses (dann kann man es nicht mehr finden). Die einzige greifbare Version führt von der Six Road Junction bergauf auf den Seaview Court Trace.

Nach wenigen Metern führen hier links der Straße einige Stufen den Felsen hinauf. Hier hat der Rasta *Isis* ein kleines Holzhaus inmitten von Grabsteinen. Auf ihnen wird Wäsche getrocknet, hier spielen die Kinder und picken die Hühner. Die Atmosphäre ist surrealistisch, der Ausblick fantastisch.

Die Geschichte *Gang Gang Sarahs* bekommt man haarklein vom Familienclan erzählt, der auch gern eine kleine Spende entgegen nimmt. Zwar bestehen Zweifel, ob es sich tatsächlich um *Gang Gang Sarahs* Grab handelt, da die einzigen Buchstaben auf dem Grabstein (DJ) nicht passen – der Ausflug lohnt sich aber allemal, und ein anderes Grab ist eh nicht zu finden.

nichts zerstört wurde und sich das Restaurant gut in die Landschaft einfügt. Alle Fundstücke, die man beim Bau zutage förderte, sind ausgestellt, und auf kleinen Tafeln wird erklärt, wie die Mühle funktioniert hat. Um das Restaurant herum wurden kleine **Wanderwege** angelegt, und alle Pflanzen sind mit Schildern versehen, auf denen der einheimische Name steht. Die Vögel kann man auch beobachten, während man beim Essen sitzt, denn sie sind sehr zutraulich und kommen nah heran. Wenn man sich das Gelände nur ansehen möchte, ohne etwas im Restaurant zu verzehren, muss man 10 TT$ Eintritt zahlen.

- Geöffnet täglich von 8.30-22.30 Uhr

Wardens Road

Wardens Road oder Mot Mot Trail nennt man den **Wanderpfad,** der vor Arnos Vale an der Küste entlang nach Culloden führt. Hier hört man nur das Meer und das Gezwitscher unzähliger verschiedener Vögel. Der Weg beginnt am Eingang des Arnos Vale Hotels und führt steil den Berg hinauf.

Franklyn's

Wer mit einem Jeep unterwegs ist, kann unmittelbar am Parkplatz des Waterwheel Parks vorbei den Berg hinauf einen Waldweg nach Franklyn nehmen. Herrliche Landschaft. Das Franklyn Estate, sowie der gleichnamige Ort wurden nach den ehemaligen Besitzern der **Plantage,** den Brüdern *Franklyn,* benannt. Sie waren im 18. Jh. aktive Mitglieder des *Tobago House of Assembly.* Das Herrenhaus ist noch gut erhalten, befindet sich aber in Privatbesitz und kann daher nicht besichtigt werden. Franklyn Village entstand nach der Sklavenbefreiung. Die freigelassenen Schwarzen kauften sich Land und bauten Kaffee und Kakao an. Zum Schutz der kleinen Pflanzen pflanzte man Immortellen und Flamboyant-Bäume an, die in der Zwischenzeit riesengroß geworden sind.

Les Coteaux

Wenn man auf der Arnos Vale Road weiterfährt, kommt man in die ehemals französische Siedlung

Les Coteaux, im Volksmund Lecatto genannt. Eine äußerst hügelige Gegend mit kleinen Gassen und Häusern, die direkt an den Berghang gebaut wurden. 1823 wurde hier die **Franklyn Les Coteaux Methodist Chapel & School** erbaut und 1946 renoviert. Die Missionsschule war lange Zeit die einzige Schule für die Schwarzen in dieser Gegend. Hier lernten sie neben Lesen und Schreiben auch wie man Obst und Gemüse anbaut und einen Garten bewirtschaftet.

Heute ist der Ort hauptsächlich durch seine **Legendenerzählungen** während des Heritagefestes bekannt. Hier gibt es noch richtige *Storyteller* (Geschichtenerzähler) wie in alten Zeiten. Alles wird in Dialekt erzählt und ist für die meisten Touristen nicht oder nur sehr schwer zu verstehen.

Highland Waterfall

Man bleibt in Les Coteaux auf der Arnos Vale Road, dann fährt man kurz nach der Post an der Linksabzweigung Richtung Golden Lane auf einer gut ausgebauten Straße ca. 1 Kilometer bis zu einer Eisenbrücke. Hinter der Brücke biegt man links ab und folgt dem Flusslauf. Ein Auto muss man meistens schon hier parken, mit dem Jeep kann man weiterfahren, bis der Fluss die Straße kreuzt. Man watet durch den Fluss und folgt einem Fußweg, der in einen kleinen Pfad mündet, welcher mal rechts und mal links des Flusses verläuft. Nach einem halbstündigen Fußmarsch erreicht man den in wunderschöner Landschaft gelegenen, mit 30 m höchsten Wasserfall der Insel. Für diesen Ausflug empfiehlt sich einheimische Begleitung. In der Regenzeit kann es vorkommen, dass man den Wasserfall nicht erreichen kann.

Golden Lane

In diesem Ort münden Straßen aus sechs Richtungen auf eine Kreuzung (**Six Road Junction**).

Der Ort bekam seinen Namen von der goldfarbenen Erde, auf der er erbaut wurde. Hier leben bis heute die **Nachfahren von Sklaven aus Gambia.** Bis heute bekommen hier die Kinder noch oft afrikanische Namen: Einen Sohn, der sonntags geboren wird, nennt man *Quashie,* einen, der mittwochs geboren wird, *Quacoo* und *Quamina* denjenigen, der an einem Samstag das Licht der Welt erblickt.

Eine andere afrikanische Tradition ist es, dass das älteste Familienmitglied eine Art Stammbuch führt, in das Geburten, Hochzeiten und Todesfälle eingetragen werden.

An der Kreuzung in Golden Lane zeigt ein großer Wegweiser mit der Aufschrift **Silk Cotton Tree** (Kapokbaum) den Weg zum legendärsten Baum Tobagos. Er wächst aus einer Schlucht *(Gully)* heraus und ragt noch hoch über die Straße. Und selbst in der Trockenzeit, wenn er alle Blätter verloren hat, ist er noch grün, soviele Schmarotzerpflanzen leben auf seinen Ästen. Früher wurde die silbrige Wolle aus den Kapseln zum Auspolstern von Särgen genommen.

Viele **Geistergeschichten** ranken sich bis heute um diesen Baum. In ihm leben die Geister des alten afrikanischen Glaubens und die Seelen der verstorbenen Ahnen, außerdem auch alle Geister Tobagos und Papa Bois, der Hüter des Waldes.

Am Silk Cotton Tree vorbei, bzw. unter ihm hindurch, führt der Weg zur Culloden Bay.

Culloden

Culloden ist auch einer der Orte, in dem die alten Gespenstersagen der Insel noch lebendig sind. Hier leben fast ausschließlich Nachfahren der afrikanischen Feldsklaven. Sie bebauen bis heute das hügelige Land für den Eigenbedarf, indem sie Gärten und Felder terrassenförmig anlegen.

Hier wird auch sonst noch viel in Eigenarbeit geleistet. Das alte afrikanische System der Nachbarschaftshilfe, **Len Hand** oder **Gayap,** funktioniert heute nur noch in dieser Gegend der Insel. Es bedeutet, dass man sich untereinander unentgeltlich hilft, z.B. beim Bau eines Hauses.

Das **Harvestfest** wird hier noch besonders intensiv gepflegt. Der **Spiritual Reel Dance** und die auf speziellen Trommeln gespielte **Tamb'rin Music** sind ebenfalls alte Traditionen von Culloden.

Salt Fish Hill

Den Namen bekam der kleine Ortsteil oberhalb der Culloden Bay, weil die Fischer ihren gesalzenen Fisch zum Trocknen wie kleine Dachziegel rund um das Haus nagelten.

Culloden Bay

Die Culloden Bay besteht eigentlich aus zwei Buchten, welche durch einen Felsvorsprung getrennt sind. Biegt man auf der Bay Road links ab, kommt man zum *Footprint Eco Resort,* einem schönen, aber inzwischen etwas heruntergekommenen **Ökohotel.** In dieser Bucht war einst eine **Siedlung der Indianer,** und man hat hier Scherben von Tongefäßen aus präkolumbianischer Zeit gefunden, die im Museum ausgestellt sind. Folgt man der Straße geradeaus, gelangt man zu der zweiten Bucht der Culloden Bay.

Unterkunft, Restaurants

Buccoo

- **Miller's Guest House & Happy „Ill" Vibe Restaurant & Bar***, Miller St. Buccoo Point, Tel. 660 8371, Fax 631 0492, wegen seiner bemalten Mauer unübersehbar. Besonders bei jungen Leuten beliebt. Strand und Sundayschool in der Nähe.
- **Point's Inn****, Ivene Melville, Buccoo, Tel. 639 7064 oder 639 0735, 3 Zi.

Restaurants:

- **Vicky's Restaurant,** Post Office Street, Tel. 639 0859.
- **Joy's,** gute lokale Küche, je ein Fleisch- und ein Fischgericht zur Auswahl, mit Fruchtsaft ca. 25 TT$.
- **Patinos's Restaurant & Bar,** Shirvan Rd., Tel. 639 9481, Meeresfrüchte, karibische und polynesische Küche.

Mt. Irvine

- **Blue Horizon Resort*****, Jacamar Drive, Tel. 639 432/3, Fax 639 5006, 14 App. für Selbstverpfleger, Supermarkt, Pool, auf einem Berg mit schönem Ausblick über die Bucht von Buccoo.
- **Old Grange Inn****-***, Boccoo Junction, Tel. 639 0275, Fax 639 9395, 18 Zi., Pool, Restaurant, Bar, nahe Golfplatz.

Restaurants:
• **Me Shells,** Ecke Shirvan & Old Buccoo Rd., Tel. 631 0353. Gartenrestaurant mit karibischem Flair. Vorspeisen/Hauptgerichte ab 5/13 US$.
• **Melange,** Shirvan Rd., Mt. Pleasant, Tel. 631 0121. Nicht billig, dafür unvergesslich. Ambiente und Speisen ein wahrer Augen- und Gaumenschmaus. Menü ab 28 US$.
• **Shirvan Watermill Restaurant,** Shirvan Rd., Mt. Pleasant, Tel. 639 0000, Gartenrestaurant mit einer Windmühle aus dem 19. Jh. Vorspeisen/Hauptgerichte ab 8/20 US$.

Pleasant Prospekt

• **Indigo Inn*****, Tel. 639 9635, indigoz@tstt.net.tt, Hotel und Rest., 6 Zi. **Sportsbar,** Restaurant, Tel. 639 8272, tägl. ab 19 Uhr geöffnet, liegt über **Marie's Supermarket,** daneben eine **Pizzeria** und der einzige **Geldautomat** in diesem Teil der Insel sowie die **Ocean View Bar,** beliebt für die abendliche Unterhaltung, viel einheimisches Publikum.

Grafton, Stone Haven Bay

• **Seahorse Inn*****, Old Grafton Road, Tel. 639 0686, Fax 639 0057, www.seahorseinntobago.com. 3 DZ mit Meerblick. Das **Restaurant** liegt in einem schönen Innenhof. Einheimische und internationale Küche. Vorspeisen/Hauptgerichte ab 4/13 US$.

Black Rock

• **Buty's Guest House,** Grafton Road, zwei Schlafzimmer, Küche für Selbstverpfleger, Balkon, Veranda, Dusche/WC, großer Garten. 10 Min. zum Strand. 300 € in der Woche. In Deutschland zu buchen: Tel. 0521/121678, www.tourist online.de/246129.
• **King Solomon's Mine***-**, 33, George St., 6 Zi., Tel. 639 2545/722 3252, kingsolomon@tstt.net.tt.
• **Lucy Hill,** 2 Apartments für Selbstverpfleger, 2 Personen für 30 €, 4 Personen 50 €. In Deutschland zu buchen: Tel. 0521/121678. www.tourist-online.de/855334.
• **Rex Turtle Beach Hotel******, P.O. Box 201, Tel. 639 2851/2, 639 5620, 639 2820, Fax 639 1495; 125 Zi., mit Restaurant und Bar am Strand (s. Black Rock).

Am Ortseingang von Black Rock gibt es noch **weitere Hotels,** die aber wegen des Preises besser als Pauschalreise gebucht werden sollten, **www.stonehavenvillas.com, www.legrandtobago.com.**

Plymouth

• **Cocrico Inn** **, P.O. Box 287, Tel. 639 2961, Fax 639 6565; www.news-tours.com, 19 Zi., karibisches Flair, Pool.

Arnos Vale

• **Arnos Vale Hotel******, P.O. Box 208, Scarborough, Tel. 639 2881, Fax 639 4629, www.arnosvalehotel.com, 30 Zi.

Culloden

- **Foot Prints Eco Resort******, Culloden Bay, Tel. 660 0421/0118, www.footprintseco-resort.com, Suite oder Villa.
- **Arnos Vale Ap.**, Victor Forde, 75, Arnos Vale Road, Tel. 639 1362, www.arnosvaleapartments.com, eine sehr gepflegte Anlage, die auch schon einen Preis gewonnen hat.

Der Norden

Calder Hall, Concordia, Mason Hall, Moriah, King Peter's Bay, Mt. Dillon, Castara, Englishman's Bay, Parlatuvier, Bloody Bay, L'anse Fourmi

Tobagos Norden ist ein landschaftlich wunderschönes und vom Tourismus noch kaum erschlossenes Gebiet. Hier findet man Regenwald, einsame Strände und kleine verschlafene Dörfer. Hier scheint die Zeit stehengeblieben zu sein.

Man verlässt Scarborough über den Northside Connector, überquert den Claude Noel Highway und gelangt dann bei Calder Hall auf die Northside Road. An der Kreuzung Cinnamon Hill fährt man

tr_298 Foto: esm

rechts und gelangt weiter nördlich über Mason Hall nach Moriah und bei Castara an die Nordküste.

Calder Hall Calder Hall ist das erste kleine Dorf, das man nach Scarborough durchquert. Hier wurde Tobagos berühmtester Politiker **Arthur Napoleon Robinson**

Tobago Forest Reserve – der Regenwald der Main Ridge

Von Parlatuvier an der Nordküste bis Roxborough an der Südküste führt eine breite Straße durch das **Tobago Forest Reserve.** Es ist zugleich das älteste unberührte Regenwaldgebiet der westlichen Hemisphäre und das älteste Naturschutzgebiet der Welt. Hier wurde seit 1765 nur sehr wenig von Menschenhand verändert.

Die Straße windet sich durch dichten Wald und riesige Bambushaine von Parlatuvier den Berg hinauf. Auf der höchsten Erhebung 500 m über dem Meer erreicht man die **Main Ridge Forest Reserve and Creation Site.** Hier befindet sich als Ausgangspunkt für Wanderungen eine kleine Station mit Toiletten und Waschräumen. Einheimische Frauen verkaufen Kuchen und Getränke. Man hat einen sehr schönen Ausblick über den Wald bis zur Küste.

Wenige Meter weiter steht ein Schild mit der Aufschrift „Gilpin Trail". Von hier aus kann man schöne **Regenwaldwanderungen** machen. Nach 9,5 km kann man den ersten Wasserfall erreichen, der zweite liegt nochmals 1,5 km weiter. Wer den gesamten Weg geht, kommt bis zur Bloody Bay. Natürlich kann man auch kürzere Strecken wandern. Da die schmalen Pfade wirklich durch dichten schwülen Regenwald führen, sollte man die Anstrengung und die Hitze nicht unterschätzen. Also nur mit geeignetem Schuhwerk, passender Kleidung sowie ausreichend Wasser und Insektenschutz losgehen. Am Anfang des Trails warten immer ortskundige Führer, die bei schlechtem Wetter auch Gummistiefel vermieten. Man sollte darauf achten, dass es sich wirklich um ausgebildete Leute handelt, diese tragen meistens Uniformen und können sich auch ausweisen.

Von der Creation Site führt die Straße nun nach **Roxborough.** Obwohl die Parlatuvier Roxborough Road eine der bestausgebautesten Straßen Tobagos ist, herrscht hier kaum Verkehr.

geboren. Er wurde 1997 zum Präsidenten von T&T gewählt. Die Straße führt an einer hohen Mauer vorbei, hinter der sich der Sitz des Präsidenten befindet. Das Haus ist von einem herrlichen Garten umgeben, in dem sich Gräber von berühmten Persönlichkeiten befinden, z.B. das von *Sir William Young*. Er war von 1807 bis 1815 Gouverneur von Tobago und malte Insellandschaften und die Bewohner Tobagos. Die Bilder verraten viel über das Leben der Inselbevölkerung im 18. und 19. Jh., und *Young* bekam dafür Auszeichnungen der Universität der Westindies.

Die Überreste vom ehemaligen **French Fort** in der Friendfields Road sind heute Lagerräume.

Concordia Von hier hat man einen herrlichen Blick nach Scarborough. Hier oben schlug der britische Gouverneur *Ferguson* 1781 die französische Armee.

Mason Hall Das Gebiet war einst eine englische Plantage. Die **Mason Hall Government School** wurde 1938 erbaut und war die erste staatliche Schule Tobagos. Sie wurde durch eine gemeinsame Initiative verschiedener Kirchen gegründet. Heute ist sie eine der größten Hauptschulen Tobagos.

Ein Wanderweg führt von Mason Hall über Sandy River, Petri Hill, Mt. St. George und Hope.

Wasserfälle Ein anderer Weg führt am Courland River entlang, und man kommt an einigen herrlichen Wasserfällen vorbei zu den **Dohray Falls**. Hier fällt das Wasser aus 10 m Höhe in ein kleines Becken. Der Wasserfall diente als Kulisse für den Disney-Film „Die Schweizer Familie Robinson".

Am Ortsausgang von Mason Hall liegen unmittelbar links unterhalb der Straße die **Craighall Falls.** Ein lauschiges Plätzchen mit Bänken, um die Natur zu genießen. Allerdings herrscht hier Badeverbot, da der Wasserfall zur WASA gehört.

In den Bergen Tobagos gibt es noch eine Reihe kaum bekannter und teilweise schlecht zu erreichender Wasserfälle. Wer sich einen dieser Wasserfälle ansehen möchte, sollte sich mit der **Tobago Forestry Division,** Tel. 639 2234 oder 660 2079, in Verbindung setzen.

Moriah

Nur wenige Kilometer hinter Mason Hall erreicht man Moriah, einen der schönsten Orte der ganzen Insel. Die bunten Häuser sind auf viele kleine Hügel verteilt, und es sieht aus wie ein Spielzeugdorf einer Modelleisenbahn. Moriah wurde 1842 gegründet und war eine Missionsstation und Schule der Moravian Church. Heute hat Moriah 1400 Einwohner und ist der **landwirtschaftliche Mittelpunkt** der Insel.

King Peter's Bay

In dem Ort **Runnemede,** 2 km hinter Moriah, biegt ein Feldweg zur King Peter's Bay ab, benannt nach einem berühmten Karibenhäuptling. Da man seinen Namen vergessen hatte, nannte man ihn einfach *King Peter.* Die Bucht ist sehr schön und wird meist nur von einheimischen Fischern besucht.

Mt. Dillon Look out

Bevor man zur Küste hinabfährt, erreicht man Mt. Dillon. Von hier hat man einen herrlichen Blick über die Terrassenfelder und die ganze Küste. Bei klarem Wetter sogar bis nach Trinidad.

In der Zeit der Zuckerplantagen in Tobago musste der Zucker mit Booten von hier in die Great Courland Bay und nach Scarborough gebracht werden. Als der Franzose **Count Arthur Dillon** hier seine Plantage aufbaute, ließ er die Straße von Runnemede nach Castara bauen, um von dort den Zucker direkt nach Europa zu verschiffen. Auf dem Gelände des ehemaligen Dillon Estates befindet sich heute ein Aussichtspunkt mit kleinen Verkaufsständen.

Castara

Der nächste gute **Badestrand,** Castara, eine kleine Bucht zwischen grünen Felsen, ist weiß und von Palmen gesäumt. Es gibt Duschen, Toiletten und Umkleidekabinen.

Fischerboote liegen am Strand, und die Netze trocknen in der Sonne. Manchmal bereiten sich die Fischer hier gleich am Strand ein gemeinsames Essen zu, das ist ein alter Brauch, der angeblich gute Fänge für die Zukunft sichern soll.

Das **Dorf** hat nur ca. 600 Einwohner, und man ist stolz darauf, dass der jetzige Präsident von T&T hier seine Jugend verbracht hat. Castara ist **der Touristenort** an der Nordküste.

Die meisten kleinen Orte auf Tobago bestehen nur aus Schule, Kirche, Sportplatz, Post Office, kleinen Häusern und Läden. Die Häuser sind typisch karibisch, aus Holz oder Stein, in Pastellfarben bemalt und oft auf abenteuerliche Weise an die Berghänge gebaut. Die Menschen hier leben vom Fischfang, ein bisschen von der Landwirtschaft, oder sie arbeiten an der Straße, denn die Straßenränder müssen regelmäßig von Büschen und Gras befreit werden, damit sie nicht zuwuchern. Die Straßen selbst sind meistens nicht viel mehr als kurvenreiche Feldwege in schlechtem Zustand, die sich bergauf und bergab durch Wälder und Dörfer winden. Fast hinter jeder Kurve hat man einen traumhaften Blick über das Meer oder das Inland.

In der Nähe von Castara gibt es ebenfalls schöne **Wasserfälle.** Wenn man in Castara reinfährt, achtet man auf den Fußballplatz hinter der kleinen Holzbrücke. Hier parkt man sein Auto und überquert den Platz entlang dem Castara River in Richtung Wald. (Dort waschen die Frauen am Wochenende noch oft ihre Wäsche im Fluss.) Nach einem 10 minütigen Fußweg am Fluss entlang erreicht man einen kleinen, aber traumhaft gelegenen Wasserfall mit einem erfrischenden Pool. Ein weiterer Wasserfall ist nach einstündigem Fußmarsch zu erreichen. Hierfür braucht man jedoch einen ortskundigen Führer.

Ein Ausflug nach Castara lohnt sich besonders an einem Mittwoch oder Samstag. Da backen die Frauen **Brot** in einem alten Lehmofen direkt hinter dem Strand.

English-man's Bay

Die Küstenstraße führt von Castara weiter über steile Hügel. Die nächste größere Bucht ist die **Englishman's Bay.** Ein schmaler Weg führt hinunter zu einem der schönsten Badestrände Tobagos. Eine halbmondförmige, palmenbestandene Badebucht mit angrenzendem Bambuswald. Allerdings kann man hier nur bei ruhigem Meer baden. Es gibt Toiletten, Duschen sowie einige Imbiss-, Obst- und Kunstgewerbestände und ein Restaurant. Trotz seiner Schönheit ist der Strand meistens ziemlich leer.

Die **Little Englishman's Bay** ist eine einsame 200 m lange Bucht, noch vor der Englishman's Bay, schwer zu finden.

Parlatuvier

Nach einer Weile erreicht man Parlatuvier. Der Ort ist klein, idyllisch und hat einen schönen goldgelben Badestrand. Wer möchte, kann in dem einzigen Guesthouse der Gegend übernachten.

In der Nähe des Ortes gibt es schöne **Wanderwege** und **Wasserfälle.** Es lohnt sich, einen ortskundigen Führer zu mieten.

Sportfischen ist ebenfalls in dieser Gegend sehr beliebt.

Brothers Rock und Sisters Rock sind zwei Felsen im Meer vor Parlatuvier, die von Seevögeln bewohnt werden. Den Namen bekamen die beiden Felsen, weil sie sich so ähnlich sehen.

Von Parlatuvier führt eine Straße über den Inselhauptkamm nach Roxborough (s. Exkurs „Tobago Forest Reserve").

Bloody Bay

In Tobago hält sich hartnäckig die Legende, dass in der Rashhouse Bay (älterer Name) oder Bloody Bay im Jahre 1666 eine große Seeschlacht unter *Sir John Harmann* stattgefunden hat, bei der so viele Menschen ums Leben gekommen sein sollen, dass sich das Wasser der Bucht rot färbte. Die Seeschlacht mit *Sir Harmann* hat in jenem Jahr tatsächlich stattgefunden. Allerdings vor der Küste von Martinique. Die Geschichte der „Blutigen Bucht" ist in Wirklichkeit überhaupt nicht blutig. Als die Holländer vor 1677 Tobago besiedelt hatten, befand sich in dieser Bucht ein „Rasphuis“ (Raspelhaus), eine Fabrik in der die Holländer **Rotholz** raspelten, um daraus rote Farbe herzustellen. Daher war auch das Wasser mit großer Wahrscheinlichkeit rot gefärbt. Im Jahre 1683 zeichnete der Holländer *Johannes van Keulen* eine Landkarte von Tobago (vermutlich hatte man vor, die Insel wieder zu besiedeln), alle Buchten haben auf dieser Karte natürlich holländische Namen. In der heutigen Bloody Bay stand der Name Rasphuis Bay. 1690 zeichnete der Engländer *Christian Browne* eine weitere Karte von Tobago. Dabei kopierte er einfach die Karte von *van Keulen* und übersetzte das holländische „Rasphuis“ in ein englisches „Rashhouse“, daraus wurde später Bloody Bay. Der Strand ist schön und meist einsam. Es gibt Facilities und die Einheimischen fischen oft in der Bucht.

L'anse Fourmi

Folgt man der Küstenstraße, erreicht man das verschlafene **Fischerdorf** L'anse Fourmi. Hier endete jahrelang die Nordküstenstraße, demzufolge ist hier nicht viel los. Das wird sich allerdings vermutlich bald ändern. Nach langen Bauarbeiten wurde im April 2007 die **Hermitage Road** von L'anse Fourmi nach Charlotteville das erste Mal seit einhundert Jahren für den Verkehr freigegeben. Die kurvenreiche Straße führt an der Küste entlang, durch ein Waldgebiet. Von einigen Stellen hat man einen herrlichen Blick auf die Küste.

Biegt man ungefähr auf halber Strecke bei dem Schild „Hermitage Estate House“ links in einen Feldweg und nimmt die nächste Abzweigung rechts, gelangt man zum **Hermitage Beach.** Einem kleinen Strand, der fast nur von Einheimischen Fischern besucht wird. Der Weg zum Strand ist nur mit einem Jeep in der Trockenzeit befahrbar. Zurück auf der Hermitage Road erreicht man bald Fort Cambelton. Die Fahrt von L'anse Fourmi nach Charlotteville dauert ca. eine halbe Stunde.

Unterkunft, Restaurants

Runnemede

• **Cuffie River Nature Retreat******, Tel. 660 0505, Fax 678 9020, www.cuffie-river.com.

Wenn man in dem Dorf Runnemede rechts abbiegt und dem beschilderten Weg folgt, erreicht man nach einigen Kilometern durch den Regenwald, auf dem Gelände der ehemaligen *Runnemede Estates,* das *Cuffie River Nature Retreat.* Es liegt oberhalb des gleichnamigen Flusses mitten in der Einsamkeit. Das Haus hat 10 Zimmer und ist sehr geschmackvoll eingerichtet. Rundherum gibt es Wanderwege. Es ist ein bisschen dem *Asa Wright Nature Center* in Trinidad nachempfunden. Das Gebiet ist ideal für Wander, Vogel- und Naturliebhaber.

Castara

• **Golden Palace Restaurant,** Castara, Tel. 639 4664, internationale Küche, karibisches Aussehen.

Parlatuvier

• **Castara Beach House****, 3 Ap., Tel. 660 7702, www.beachhouse.com, viel Holz und ein schöner großer Balkon.

• **Hidden Cottage***-**, Tel. 0141 561 7518 (Großbritannien), Tel. 686 5449 (Tobago), www.hiddencottage.com, 2 Ap. in einem Holzhaus mit Pool im Regenwald, oberhalb der Bucht. Geeignet für bis zu 6 Personen.

• **Tamarind House****-***, 2 Ap. Tel. 01986 798827, auf einem Hügel gelegen, mit toller Aussicht und Pool.

Les Coteaux

• **Greenhaven Cottage***-**, Franklyn Rd., 2 Ap., Tel. 660 0394, greenhavencottage@yohoo.com.

Windward (die Südostküste)

Mt. St. George, Studley Park, Granby Point, Pembroke, Glamorgan, Richmond, Argyle, Roxborough, Luis D'or, Delaford, King's Bay, Speyside, Little Tobago, Flagstaff Hill, Charlotteville, Cambleton, St. Giles

Eine der beliebtesten Ausflugsstrecken auf Tobago ist die Fahrt auf der **Windward Road** von Scarborough nach Charlotteville.

Die Fahrt an sich dauert ca. zwei Stunden, aber man sollte einen ganzen Tag dafür einplanen, da es unterwegs viele traumhafte Plätze zum Verweilen gibt. Außerdem ist die kurvenreiche Straße die verkehrsreichste der ganzen Insel und teilweise in schlechtem Zustand. Hinter jeder Haarnadelkurve bietet sich dem Reisenden ein weiterer traumhafter Ausblick, viele kleine, malerische Ortschaften liegen am Weg, und man kann überall schwimmen.

Man verlässt Scarborough über die Bacolet St., die in die Windward Road übergeht.

Mt. St. George

Mt. St. George wurde 1768 vom damaligen englischen Gouverneur *Robert Mellville* zum Regierungssitz erklärt und **Georgetown** genannt, aber bereits ein Jahr später siedelte er wegen des Hafens nach Scarborough um. Bis heute ist hier noch eine offizielle Residenz des Premierministers von T&T.

Das schöne **Gerichtsgebäude** von 1788 wurde renoviert. In den 1970er Jahren fand zum erstenmal auf Anregung des damaligen Premierministers *Dr. Eric Williams* der Wettbewerb für das **schönste Dorf** statt, und Mt. St. George war der Gewinner.

Im Ort kann man links auf die Mt. St. George Castara Road fahren. Dem Schild Hillsborough Reservoir folgend erreicht man nach 4 km die beschilderte Abzweigung zu den **Green Hill Waterfalls,** einem beliebten Picknickplatz.

Am Ende der sehr schlechten Straße ist mitten im Wald der **Hillsborough-Staudamm.** Der dahinterliegende See deckt den größten Teil des Trinkwasserbedarfs von Tobago. In dem See leben Kaimane, die leider nur sehr selten zu sehen sind. Hier ist ein guter Platz für Regenwaldwanderungen und Vogelbeobachtungen. Nähere Informationen bei:

- **Natur Tours,** David Rooks, Tel./Fax 639 4276.
- **Caribbean Adventure Tours,** Harris Philton, Tel. 639 3657, nach 19.00 Uhr 639 5424.

Studley Park

Der Ort liegt an der **Barbados Bay,** die ihren Namen den vielen Siedlern aus Barbados verdankt, die damals in dieser Gegend ihre Plantagen errichteten. Viele der **Gingerbread Houses** (verschnörkelte Giebelhäuser) sind in Studley Park noch erhalten. Hier ging 1770 der erste **Zuckerexport** an Bord des Frachters Dolly nach England.

Granby Point

1765 war hier das 62. Regiment stationiert, und Fort Granby diente zum Schutz der Barbados Bay und Georgetown.

Heute sind nur ein kleiner **Park auf einem Hügel** mit schönem Rundblick über die Hillsborough und Barbados Bays, einige Picknickplätze und ein einsames Grab übriggeblieben.

First Historical Café

Zurück auf die Winward Road und nur ein kleines Stückchen weiter ist das *First Historical Café*. Bunt bemalt, zwischen üppig blühenden Büschen, thront es hoch oben über der Pinfold Bay. Alle Wände des Cafés sind mit Plakaten beklebt, auf denen man die gesamte Inselgeschichte nachlesen kann. Täglich von 9.00 bis 21.00 Uhr geöffnet.

Centipede Island

Die Tausendfüßler-Insel ist ein kleiner Felsen vor der Küste der Barbados Bay. Hier leben einige sehr seltene Arten von Tausendfüßlern.

Big Hole

Bei der nächsten Haarnadelkurve ist ein Loch im Berg, durch das in der Regenzeit viel Frischwasser läuft, und viele Leute glauben, dass hier die Geister ihrer Ahnen leben.

Genesis Nature Park

Ein schöner kleiner Tierpark in Goodwood. Hier kann man viele einheimische Pflanzen und Tiere sehen, die einem in freier Wildbahn kaum begegnen. Für meinen Geschmack sind die Gehege zwar etwas zu klein, aber nichtsdestotrotz scheinen sich die meisten Tiere hier wohl zu fühlen, denn sie vermehren sich reichlich. Außerdem soll der Tierpark vergrößert werden, und der Besitzer, Mr. *Spencer,* will die überzähligen Tiere wieder auswildern.

In einem Teil des Hauses stellt der Besitzer seine selbst hergestellten Kunstwerke aus.

Tel. 660 4668, Mo-Sa 9.30-17.00 Uhr, Eintritt 5 US$, Kinder 2,5 US$.

Rainbow Waterfalls

Nach einigen weiteren Kurven auf der Winward Road führt in Pembroke links ein beschilderter Weg zu den Rainbow-Wasserfällen. Eigentlich handelt es sich um zwei Wasserfälle: die **Rainbow Falls** und die **Two River Falls** auf dem Gelände des ehemaligen *Lure Estate*.

Am Ende der Straße erreicht man das ehemalige Kakaohaus der Plantage. Es gibt außer einem kleinen Gästehaus ein **Café** (Führungen zu den Wasserfällen, Eintritt 40 TT$ pro Person, Gummistiefel gibt es dazu).

Der Fußweg zu den Rainbow Waterfalls dauert ca. 15 Min. (der Regenbogen über den Wasserfällen erscheint zwischen 14 und 16 Uhr). Der Weg zu den Two River Falls dauert ca. 30 Min.

Pembroke

In diesem kleinen Fischerdorf wird während des Heritage Festivals das Salaka Fest mit Musik, Tanz, Essen und Trinken gefeiert. Von hier kommt auch *Robert Balley*, der beste Tamburin-Musiker der Insel. Um diesem Fest eine schönere Kulisse zu geben, hat man direkt neben der Einfahrt zu den Rainbow Wasserfällen mit dem Bau der „Pembroke Heritage Village" begonnen.

Glamorgan

Die Orte Glamorgan, Richmond und Belle Garden gehörten nach der Freilassung der Sklaven alle zu einer Plantage auf der Kakao, Muskatnuss und Kokosnüsse angebaut wurden.

Hinter der *Seventh Day Adventist Church & School* kann man noch heute die **Reste der ehemaligen Zuckerfabrik** mit dem Wasserrad sehen.

Richmond Beach

Verlässt man die Windward Road und biegt hinter Richmond Wasa rechts ab, und folgt dem Lauf des Richmond oder *Great Dog River* genannten Flusses, kommt man zum einsamen, dunkelsandigen Richmond Beach.

Richmond Great House

Das Richmord Great House ist eines der wenigen guterhaltenen **Herrenhäuser.** Die Fundamente stammen aus dem Jahr 1766. Das Haus hatte verschiedene englische Besitzer, bis es 1898 von Major *Short Senior* gekauft wurde, der aus dem dazugehörigen Land eine der größten Kakao- und Kokosnussplantagen der Insel machte. 1963 wurde die gesamte Plantage vom Wirbelsturm Flora zerstört.

1973 verkaufte Major *Short Junior* das Haus mit 16 ha Land an *Prof. Dr. Hollies Lynch,* einen Geschichtsprofessor von der New Yorker Columbia-Universität. Dieser ließ das Haus als Gästehaus umbauen, und man kann sich heute dort eine schöne **Sammlung von west- und ostafrikanischen Holzschnitzarbeiten** ansehen. Man hat einen herrlichen Blick auf's Meer und befindet sich inmitten der tropischen Tier- und Pflanzenwelt; Eintrittspreis 10 TT$.

Argyle

Die Winward Road führt nun nahe an der Küste an der Princess Bay vorbei, durch die Dörfer Belle Garden und Kendall. Ca. 2 km hinter Kendall weist ein Schild links zu den **Argyle Waterfalls.** Es sind die schönsten und bekanntesten Wasserfälle Tobagos. Hier stürzt das Wasser in drei Kaskaden in herrliche Pools.

Direkt neben der Einfahrt befindet sich ein kleiner **Snack- und Souvenierladen** sowie ein **Internetcafé,** welches täglich von 8.00-16.00 Uhr geöffnet ist. Die Stunde kostet 20 TT$.

Der Weg führt nun durch eine Allee aus riesigen Bäumen und Kakaosträuchern zum Eingang der Wasserfälle. Hier werden Süßigkeiten verkauft und es gibt Toiletten. Auf dem Gelände neben dem Parkplatz finden mehrmals im Jahr Musikveranstaltungen statt. Man kann sich entweder an der Kasse einen Führer nehmen oder den ca. einstündigen Aufstieg allein machen. Dafür empfiehlt sich der frühe Vormittag, denn da hat man den erfrischenden Pool zum Baden noch für sich allein. Die meisten Touristen und Einheimischen kommen später, da kann es dann schon etwas voller werden.

Der Weg ist auch ohne Führer leicht zu finden. Dafür kennen die Führer aber die Namen aller Tiere und Pflanzen. Täglich 9.00-17.00 Uhr geöffnet. Eintritt: Touristen 30 TT$, Residents 20 TT$, Kinder 5-11 TT$. Weitere Infos: www.argylewaterfall.com.

Achtung, für alle Wasserfälle Tobagos gilt: In der Trockenzeit sind die Wasserfälle manchmal nur schmale Rinnsale, oder gar nicht mehr zu sehen. In der Regenzeit ergießen sich manchmal große Wassermassen ins Tal. So kann z.B. der Argyle-Fall bei wenig Wasser am Ende der Trockenzeit gefahrlos allein bestiegen werden, um so zum oberen Wasserbecken zu gelangen. In der Regenzeit ist dies nicht möglich.

Tobago Cocoa Estate

Wenn man schon mal hier ist, lohnt sich ein Abstecher zu der einzigen **Kakaoplantage** der Insel. In schöner Landschaft kann man sich die komplette Kakaoproduktion ansehen. Vorweg gibt es auch eine sehr informative Internetseite mit einem Video. *Tobago Cocoa Estate,* Argyle Waterfall Rd., Tel. 300 2021 oder 788 3971, www.tobagococoa.com. Täglich geöffnet von 8.00 bis 12.00 Uhr. Zwischen Dezember und Mai werden auch geführte Touren inklusive Dinner, Rum und Schokolade angeboten.

Roxborough

Roxborough ist mit 13.000 Einwohnern die zweitgrößte Stadt der Insel. Bekannt ist der Name durch die **Belmanna-Unruhen,** die 1876 hier stattfanden. Die freien Schwarzen, die als schlechtbezahlte Arbeiter wieder bei ihren ehemaligen Herren arbeiteten, zündeten aus Wut und Unzufriedenheit Herrenhäuser und wichtige Gebäude der Stadt an, die meist bis auf die Grundmauern niederbrannten.

Heute ist Roxborough nichts weiter als ein verschlafenes Nest. Die Hauptstraße führt am Meer entlang, und an ihr liegen alle wichtigen Gebäude des Ortes, wie Feuerwehr, Tankstelle, Post und einige Läden sowie ein kleines Stadion mit überdachter Tribüne, wo jedes Jahr **Karnevalsveranstaltungen** stattfinden. Eine der größten Attraktionen des Ortes.

Im Ort biegt links die Roxborough Parlatuvier Road ab, über die man durch den Regenwald die Nordküste erreicht.

Betsy's Hope

Das Dorf wurde nach der Frau eines Sklavenhalters benannt, die nichts von Sklaverei hielt, und deren Hoffnung (engl.: *hope*) es war, dass diese abgeschafft würde. Den Namen *Betsy's Hope* trug auch ein **Estate** auf dem hauptsächlich Zuckerrohr angebaut wurde. Das Estate lag an der Queen's Bay und wurde von einem kleinen Fort mit vier Kanonen bewacht. An der Hauptstraße wurden drei der Kanonen wieder aufgestellt, daneben wird auf einer Tafel die Geschichte von *Betsy's Hope* erzählt.

Luis D'or

Luis D'or ist eine **ehemalige Zuckerrohrplantage.** Im 19. Jh. gehörte sie *Sir William Bart Young,* einem ehemaligen Angehörigen des britischen Parlaments und Gouverneur von Tobago zwischen 1807 und 1815. Er machte sich einen großen Namen, denn er kümmerte sich intensiv um Tobagos landwirtschaftliche, künstlerische und kulturelle Entwicklung. Er hinterließ damals auf seiner Plantage *Betsy's Hope* eine große Sammlung von Aquarellen, die sich heute in der Bücherei der *University of the Westindies* befinden.

Im frühen 20. Jh. baute man einige der alten Plantagengebäude in Regierungsgebäude um. Heute kann man noch das Aquädukt aus rotem Backstein sehen, einen Teil der alten Maschine, zwei große Eisenkessel (Cupper), in denen der Zucker gekocht wurde, die Reste des Boilers und einen Mahlstein.

Diese Ruinen sind heute Teil der **Luis D'or Nurseries,** einer **Großgärtnerei,** in der man Setzlinge fast aller auf der Insel vorkommenden Pflanzen und Bäume kaufen kann. Eine Besichtigung ohne Kauf ist auch möglich, man muss sich nur bei der uniformierten Dame am Eingang anmelden. Mo-Fr 8.00-11.00 Uhr, 12.00-15.00 Uhr.

Delaford In diesem kleinen Fischerdorf fand man viele Schmuck- und Gebrauchsgegenstände der Indianer, die heute im Museum ausgestellt sind.

Hinter Delaford liegt einer der höchsten Wasserfälle Tobagos, der **King's Bay Waterfall.** Während der Regenzeit reißend, trocknet er in der wasserarmen Zeit oft völlig aus. Vermutlich sind deswegen alle *Facilities* völlig verfallen. Der Wasserfall ist leicht zu erreichen. Direkt an der Hauptstraße links, ca. 100 m vor der Einfahrt zur King's Bay, ist ein Parkplatz. Der Weg zum Wasserfall führt über einen Pfad mit Steinplatten und dauert nur 5 Minuten.

King's Bay Der schwarzen Familie *Rosenwald* gehörte die Kings Bay Kakaoplantage und somit ein großer Teil des Landes um Roxborough und Delaford. Als die Kinder der Familie in Nordamerika zu Geld kamen, schenkten sie einen großen Teil ihres Landbesitzes der Regierung. (Ihrer Heimatstadt Roxborough machten die *Rosenwalds* übrigens den **Heliport** (Hubschrauberlandeplatz) zum Geschenk.)

Der **King's Bay Beach** ist dunkelgrau, hat einen kiesigen Untergrund und wird meistens nur von Leuten aus der Umgebung besucht. Auch hier stehen kleine Picknick Hütten, Duschen, Toiletten und Umkleideräume. Benutzung 1 TT$. Außerdem gibt es einen kleinen Shop mit kalten Getränken.

Speyside Von Kings Bay wieder auf der Windward Rd. erreicht man nach ca. 5 km vor Speyside auf der linken Seite einen kleinen Weg, der zu einem **Look Out** (Aussichtspunkt) mit Parkplatz führt. Von hier hat man einen traumhaften Ausblick auf die ganze Bucht, einschließlich der vorgelagerten Inseln Little Tobago und Goat Island.

Speyside ist noch immer ein kleines verträumtes **Fischerdörfchen** mit einer Hauptstraße entlang des Meeres, an der sich fast das gesamte Dorfleben abspielt.

Die größte Sehenswürdigkeit des Ortes ist das auf der ganzen Insel bekannte **Baumrestaurant Jemma's Sea View Kitchen.** Das Restaurant wurde vom Haus aus direkt in die riesige Krone eines Baumes mit Meerblick gebaut. Da das Restaurant auch fester Bestandteil der meisten Inselrundfahrten ist, ist es oft ziemlich voll. Das Essen ist sehr gut, es gibt nur alkoholfreie Getränke.

Am rechten Rand der Bucht von Speyside liegt das **Lucy Vale Reef** und an der linken Seite das **Big Reef.** Beide bieten ausgezeichnete Schnorchelmöglichkeiten und sind vom Strand aus zu erreichen. Wer hier schnorchelt, sollte immer auf die Unterwasserströmungen achten. Die Schnorchelgebiete bei Little Tobago sind nur mit dem Boot zu erreichen.

Bei Goat Island liegt das **Angel Reef.** Auch hier kann man gut schnorcheln und tauchen. Wenn man mit den Fischern einen Preis aushandelt, kann man sich von ihnen hinbringen lassen. Aufgrund der guten Tauch- und Schnorchelmöglichkeiten, sowie wegen des Tauchhotels Manta Lodge wird der Ort von immer mehr Touristen besucht.

Von der Küste fahren die **Boote nach Little Tobago.** Früher setzten einen die Fischer über, jetzt gibt es schon Glasbodenboote. Und da manchmal mehr Boote als Touristen da sind, ist es kein Wunder, dass man selbst beim Vorbeifahren von allen Seiten ein *„You want a Boat Ride?"* hört.

Am Ortsausgang von Speyside liegen die Überreste einer alten **Zuckermühle,** bestehend aus einigen Ruinen und einem alten Wasserrad, das 1871 in Schottand hergestellt wurde. Von hier führt ein kleiner Fußweg in den Wald. Hier kann man ebenfalls gut Vögel beobachten.

Ebenfalls an dem Wasserrad vorbei führt eine kleine Straße den Berg hinauf zum **Blue Waters**

tr_306 Foto: esm

Inn Hotel. Oben von der Kuppe hat man einen märchenhaften Ausblick auf die tiefblaue **Batteaux Bay.** Das Hotel ist wohl das am schönsten gelegene Tauchhotel Tobagos und ideal für einen **Tauchurlaub** abseits vom Geschehen.

Little Tobago

Auf der Fahrt nach Little Tobago passiert man **Goat Island.** Diese Insel ist im Besitz einer englischen Familie und unzugänglich.

Little Tobago ist 113 ha groß und gehörte ebenfalls einem Engländer. *Mr. Ingram* brachte im Jahre 1909 einige Dutzend Paradiesvögel aus ihrer ursprünglichen Heimat Neuguinea auf diese kleine Insel. Dieser Tatsache verdankt Little Tobago auch seinen zweiten Namen: **Bird of Paradise Island.** Nach *Mr. Ingrams* Tod gehört die Insel nun der Regierung. Seit dem Hurrikan Flora im Jahre 1963 gibt es hier leider keine Paradiesvögel mehr.

Little Tobago ist trocken, hügelig und mit Pflanzen bewachsen, die wenig Wasser brauchen. 32 Vogelarten nisten hier, einige davon sind Zugvögel, die sich nur während der Brutzeit hier auf-

Batteaux Bay

halten. Es gibt drei kleine beschilderte Wege mit einer Aussichtsplattform, für die Wanderung braucht man ca. 1 Stunde. Wer **Vögel beobachten** will, sollte das am besten in den frühen Morgenstunden oder am späten Nachmittag tun.

Wer sich wirklich für die Natur und die Vögel auf Little Tobago interessiert, sollte sich lieber einer **geführten Tour** anschließen (siehe Sport, Naturtourismus), oder im *Grafton Beach Resort* Kontakt mit *Strongy* aufnehmen.

Bei den am Strand von Speyside angebotenen Fahrten hat man nur einen kurzen Aufenthalt auf Little Tobago, dafür aber anschließend noch einen **Schnorchelausflug.**

Die **Bootsfahrt** kostet je nachdem, ob sie Schnorcheln einschließt oder nicht, ob mit Glasboden- oder Fischerboot, ab ca. 40 TT$ pro Person.

Belmont Bay und Starwood Bay

Folgt man in Speyside den Hinweisschildern zum Blue Waters Inn, lässt dann das Hotel rechts liegen und folgt der Starwood Road oberhalb des Hotels (nur mit Jeep), erreicht man nach ca. 2 km auf einer holprigen Straße (zwischendurch mit traumhaften Aussichtspunkten) die **Belmont Bay,** eine bis jetzt völlig einsame Bucht. Weitere 1,5 km weiter bergauf, bergab kommt man zur **Starwood Bay,** der letzten Bucht an der Windward Coast.

Beide Buchten sind von Speyside aus mit dem Boot zu erreichen.

Flagstaff Hill

Hinter Speyside steigt die Straße steil und kurvenreich an. Auf der Bergkuppe biegt rechts ein kleiner Weg ab zum Flagstaff Hill, er ist nur bei trockenem Boden befahrbar. Der Flagstaff Hill war im 19. Jh. eine französische **Signalstation.** Zwischendurch wurde sie von den Briten benutzt und das letzte Mal im Zweiten Weltkrieg von den Amerikanern. Heute steht hier nur noch eine alte Baracke, aber man hat einen schönen **Ausblick** über die Bucht, die Regenwälder und die Insel St. Giles. Hier treffen der Atlantik und das Karibische Meer zusammen – an stürmischen Tagen ein beeindruckender Anblick.

Charlotteville

Charlotteville hat 950 Einwohner und ist nicht nur einer der schönsten Orte von Tobago, sondern liegt auch in einer der malerischsten Hafenbuchten der Karibik. Rund um die Man O' War Bay, eine wunderbare Sandbucht, sind die Häuser den Berghang hinaufgebaut.

Innerhalb der letzten Jahre hat sich Charlotteville von einem einsamen Nest in Tobagos **zweites Touristenzentrum** gewandelt. An der ehemals einsamen Pirates Bay trifft man heute fast immer Urlauber. Die Einheimischen leben hauptsächlich vom Fischfang und vom Bootsbau. Im Juni wird der **St. Peters Day** mit Bootssegnung und Volksfest gefeiert.

Charlotteville wird vom **Bobby Reef** und dem **Pirates Reef,** zwei erstklassigen Schnorchel- und Tauchgebieten, begrenzt. Die Bucht ist ideal zum **Schwimmen** und **Schnorcheln** und gut für **Familienurlaub** mit Kindern geeignet. Abends gibt es zur Unterhaltung karibische Musik am Strand.

Am Ende des Dorfes führt ein Weg den Berg hinauf zum *Pirates Look Out* und auf der anderen Seite eine Treppe hinunter in die **Pirates Bay.** Jahrelang hatten Piraten hier in den Buchten ein sicheres Versteck. Einen Landweg von Scarborough gab es noch nicht, und die vorgelagerte kleine Insel **Bobby Island** schützte vor Überraschungsangriffen vom Meer.

Ma Rose Point

Auf diesem Vorsprung mit üppiger Vegetation, der über der Pirates Bay liegt, kann man noch Wildschweine *(Peccaries)* sehen. Um diesen Ort ranken sich auch einige alte Legenden.

Cambleton Battery

Wenn man am Ortseingang links über eine Holzbrücke und an den Man O' War Bay Cottages vorbei über die Hermitage Road den Berg hinauf fährt, erreicht man nach ca. 100 m rechts einen kleinen Fußweg, der zwischen Wohnhäusern hindurch zur

tr_309 Foto: esm

Cambleton Battery führt: zwei Kanonen in einer Anlage mit Blumen, Bäumen und einem kleinen Pavillon. Man sieht zwar wenig Historisches, aber der **Ausblick** auf Charlotteville und die Nordküste lohnt den Weg allemal. Die Strecke weiter den Berg hinauf durch den Regenwald führt nach L'anse Fourmi.

St. Giles

Tobagos bewaldete **Nordspitze** kann man aber auch mit dem Boot umfahren. Dann sieht man auch die kleine vorgelagerte Insel St. Giles Island oder **Melville Island.** Hier ist einer der größten Brutplätze für Seevögel in der Karibik. Um St. Giles gibt es ausgezeichnete Möglichkeiten zum **Schnorcheln, Tauchen** und **Sportfischen** (siehe Sport).

Pelican Island

Dieser Felsen, auch **Big Rock** genannt, ist der Schlaf- und Nistplatz der grauen Pelikane, die man tagsüber an vielen Stränden antrifft. Bei Sonnenuntergang fliegen alle zurück nach Pelikan Island.

London Bridge

Diese riesige **Naturbrücke** wurde von der Natur aus Basaltstein geformt und steht weit vor Tobagos Nordspitze mitten im Meer. Auch hier nisten Vögel, und man kann mit dem Boot unter der Brücke durchfahren.

Unterkunft, Restaurants

●**Richmond Great House******, Belle Garden, Richmond, Tel. 660 4444, www.richmondgreathouse.com.
●**Rainbow Nature Resorts****, Lure Estate, Goldsborough, Kinder unter 12 J. frei, Tel./Fax 660 26715, rainbownature resort@tstt.net.tt. Abseits vom Trubel, in der Nähe der Rainbow Waterfalls, im alten Kakaohaus des *Lure Estate* gelegen: Natur pur, angeschlossen ist das **Cocoa Tray Restaurant** und Bar.

Speyside

●**Manta Lodge*****-****, Speyside, Tel. 660 5268, Fax 660 5030, www.mantalodge.com, 22 Zi., Pool, Restaurant, Meerblick.
●**Speyside Inn******, Windward Rd., Tel./Fax 660 4852.
●**Jemma's Sea View Kitchen,** Speyside, So-Do 8.00-21.00 Uhr, Fr 8.00-16.00 Uhr, Sa geschlossen.
●**Blue Waters Inn*****-****, Speyside, Tel. 660 2583, www.bluewatersinn.com.
●**Top Ranking Hillview Guesthouse***-**, Top Hill St., Speyside, 5 Zi. Tel. 660 4904, Fax 660 4940, toprank@tstt.net.tt, Bed & Breakfast.

Charlotteville

●**Man O' War Bay Cottages****, Charlotteville Estate, Tel. 660 4327, Fax 660 4328, 20 Zi. in 6 Cottages, www.man-owarbaycottages.com.
●**Cholson's Chalet****, Charlotteville, Tel. 639 2847/639 8553, www.cholsonchalets.com, 6 Zi.
●**Gails Restaurant,** Bay St. Charlotteville, an der Abzweigung zur Piratesbay. Preiswertes und gutes einheimisches Restaurant, Menü 45-60 TT$, Frühstück 25 TT$.
●**Top River Pearl***-**, Charlotteville, 5 Ap., Tel./Fax 660 6011, www.topriver.de. Der Besitzer ist Deutscher.
●**Nicoville***-**, Charlotteville, 5 Ap., Tel./Fax 639 8553, mit Blick aufs Meer.

Warum Tobago Robinson Crusoes Insel ist

1680 wollte Herzog *Jakob von Kurland* einen neuen Siedlungsversuch in Tobago starten. Da er sich allein nicht in der Lage sah genügend Siedler zu vereinen, gründete er eine Gesellschaft. Mit dabei war *John Poynts,* Kapitän der englischen Marine. Er war nach eigenen Angaben bereits elfmal in Tobago gewesen. Im Auftrag des Herzogs verfasste er sozusagen den ersten „Reiseprospekt" über Tobago. Dieser **„Present Prospect of Tobago"** beschreibt Geografie, Flora und Fauna und wurde im Jahre 1682 in London veröffentlicht.

Der Holländer *Alexander Oliver Exquemelin* verbrachte seine Jugend als Arbeiter auf verschiedenen Plantagen in der Karibik. Dabei erhielt er von einem seiner Herren eine medizinische Ausbildung. Fortan fuhr er als Leibarzt des Piraten *Henry Morgan* zur See. 1674 kehrte er dann nach Amsterdam zurück und eröffnete eine Arztpraxis. Vier Jahre später schrieb er seine Abenteuer unter dem Titel „De hollandsche Zeeroovers" auf. Das Buch wurde ins Englische mit dem Titel **„The Buccaneers of America"** übersetzt. Es wurde zu einem der berühmtesten Piratenbücher aller Zeiten.

1708 schrieb *Exquemelin* unter dem Pseudonym *Henry Smeekes* **„Description of the migthy kingdom Krinke Kesmes".** Dieses Buch handelt von einem Schiffsjungen, der allein auf einer einsamen Insel strandete, sich eine Hütte baute, welche nur über eine Leiter zu erreichen war, sich einen Hund zu legte, eines Tages Fußabdrücke und einen Einheimischen fand. Dieses Buch wurde allerdings kein Erfolg

Der Engländer *Daniel Defoe* wurde 1660 in London geboren. Er war Kaufmann, sehr belesen , und er war Verfasser verschiedener Bücher und Zeitungsartikel. Sein großes Vorbild war *Alexander Oliver Exquemelin.* Im Alter von 60 Jahren veröffentlichte *Defoe* 1720 seinen ersten Roman **„The life and strange surprising adventures of Robinson Crusoe".** Hierzu nahm er die Figur aus *Exquemelins* „Krinke Kesmes", nannte sie *Robinson Crusoe* und setzte sie in die Landschaft aus Poynts Werbeschrift „The present Prospect of Tobago".

Die chilenische Insel *Juan Fernandez (Mas Atierra)* nennt sich ebenfalls Robinson's Insel, hat aber mit Defoe's Roman nichts zu tun. Der schottische Seemann *Alexander Selkirk* ließ sich 1704 freiwillig, mit Gewehr, Munition, Büchern, Werkzeugen und allem Überlebenswichtigen auf der kargen Felsinsel aussetzen. Dort verbrachte er 5 Jahre, bis er vom Piratenkapitän *Woodes Rodgers* am Ende von dessen Weltumseglung gefunden wurde. Da Piraten- und Abenteuergeschichten zu dieser Zeit sehr beliebt waren, stand seine Geschichte in aller Welt in den Zeitungen.

tr_312 Foto: esm

Anhang

Literaturtipps

- *Anthony, M.:* **Towns and Villages of Trinidad and Tobago,** Port of Spain
- *Besson & Brereton:* **The Book of Trinidad,** Port of Spain
- *Blume, H.:* **Die westindischen Inseln,** Braunschweig
- *Bond, J.:* **Birds of the Westindies,** Collins, London
- *Brathwaite, E. K.:* **The Arrivants.** Die Ankömmlinge. Eine Neue-Welt-Trilogie.
- *Buisseret, D.:* **Historic Architecture of the Caribbeans,** Heinemann, London
- **Caribbean Style,** Clarkson N. Potter Publishers, New York
- *Douglas, Archibald:* **Tobago Melancholy Island,** 1498-1771, Volume One
- *Enzensberger, H. M.:* **Las Casas. Bericht von der Verwüstung der Westindischen Länder,** Insel Taschenbuch 553, Frankfurt
- *French, R.:* **Birds of Trinidad and Tobago,** Macmillan Caribbean, London
- *Jones, A.; Sefton, N.:* **Marine of the Caribbean,** Macmillian Education, London
- *Kimme, L.:* **Chachalaca,** Selbstverlag des Überseemuseums, Bremen
- *Labat, J. B.:* **Pater Labats Sklavenbericht,** Ed. Erdmann, Thienemann, Stuttgart
- *Laydoo, Richard S.:* **Coral reefs of Tobago,** Institute of Marine Affairs and Asa Wrigth Nature Centre, Trinidad
- *Lennox, G. W. and Seddon, S. A.:* **Flowers of the Caribbean,** Macmillan Caribbean, London
- *Maurer, E.:* **Herrscher der Karibik. Der schwarze Napoleon,** Langen Müller, München
- **Moderne Erzähler der Welt – Westindien,** Horst Erdmann Verlag, Tübingen
- **Our Marine Heritage,** Institute of Marine Affairs, Trinidad & Tobago
- *Pleticha, H.:* **Kolumbus,** Gütersloh
- *Poegl, J./Karlinger, F.:* **Märchen aus der Karibik,** Diederichs, Düsseldorf
- *Randell, J. E.:* **Caribbean Reef Fishes,** T.H.F. Publications, Jersey City
- *Schulze-Kraft, Peter:* **Die Entdeckung Westindiens. Erzählungen aus der Karibik**
- *Took, Ian F.:* **Fishes of the Caribbean Reefs,** Macmillan Caribbean, London
- *Vieth, U./Zimmermann, M.:* **Reggae-Musiker, Rastas und Jamaica**
- *Walser, M.:* **Variationen eines Würgegriffs.** Bericht über Trindad & Tobago, Radius
- *Wimmer, W.:* **Die Sklaven,** Rowohlt, rororo 7169, Reinbeck
- *Wolfe, L.:* **Die karibische Küche,** Time-Live
- *Wood, P.:* **Die Inselwelt der Karibik,** Time-Live

HILFE!

Dieser Reiseführer ist gespickt mit unzähligen Adressen, Preisen, Tipps und Infos. Nur vor Ort kann überprüft werden, was noch stimmt, was sich verändert hat, ob Preise gestiegen oder gefallen sind, ob ein Hotel, ein Restaurant immer noch empfehlenswert ist oder nicht mehr, ob ein Ziel noch oder jetzt erreichbar ist, ob es eine lohnende Alternative gibt usw.

Unsere Autoren sind zwar stetig unterwegs und versuchen, alle zwei Jahre eine komplette Aktualisierung zu erstellen, aber auf die Mithilfe von Reisenden können sie nicht verzichten.

Darum: Schreiben Sie uns, was sich geändert hat, was besser sein könnte, was gestrichen bzw. ergänzt werden soll. Nur so bleibt dieses Buch immer aktuell und zuverlässig. Wenn sich die Infos direkt auf das Buch beziehen, würde die Seitenangabe uns die Arbeit sehr erleichtern. Gut verwertbare Informationen belohnt der Verlag mit einem Sprechführer Ihrer Wahl aus der über 220 Bände umfassenden Reihe „Kauderwelsch" (siehe unten).

Bitte schreiben Sie an: Reise Know-How Verlag Peter Rump GmbH, Postfach 140666, D-33626 Bielefeld, E-mail: info@reise-know-how.de

Danke!

Kauderwelsch-Sprechführer – sprechen und verstehen rund um den Globus

Afrikaans • Albanisch • Amerikanisch - *American Slang, More American Slang,* Amerikanisch oder Britisch? • Amharisch • Arabisch - Hocharabisch, für Ägypten, Algerien, Golfstaaten, Irak, Jemen, Marokko, • Palästina & Syrien, Sudan, Tunesien • Armenisch • *Bairisch* • Balinesisch • Baskisch • Bengali • *Berlinerisch* • Brasilianisch • Bulgarisch • Burmesisch • Cebuano • Chinesisch - Hochchinesisch, kulinarisch • Dänisch • Deutsch - *Allemand, Almanca, Duits, German, Nemjetzkii, Tedesco* • *Elsässisch* • Englisch - *British Slang, Australian Slang, Canadian Slang, Neuseeland Slang,* für Australien, für Indien • Färöisch • Esperanto • Estnisch • Finnisch • Französisch - für Restaurant & Supermarkt, für den Senegal, für Tunesien, *Französisch Slang, Franko-Kanadisch* • Galicisch • Georgisch • Griechisch • Guarani • Gujarati • Hausa • Hebräisch • Hieroglyphisch • Hindi • Indonesisch • Irisch-Gälisch • Isländisch • Italienisch - *Italienisch Slang,* für Opernfans, kulinarisch • Japanisch • Javanisch • Jiddisch • Kantonesisch • Kasachisch • Katalanisch • Khmer • Kirgisisch • Kisuaheli • Kinyarwanda • *Kölsch* • Koreanisch • Kreol für Trinidad & Tobago • Kroatisch • Kurdisch • Laotisch • Lettisch • Lëtzebuergesch • Lingala • Litauisch • Madagassisch • Mazedonisch • Malaiisch • Mallorquinisch • Maltesisch • Mandinka • Marathi • Mongolisch • Nepali • Niederländisch - *Niederländisch Slang,* Flämisch • Norwegisch • Paschto • Patois • Persisch • Pidgin-English • *Plattdüütsch* • Polnisch • Portugiesisch • Punjabi • Quechua • *Ruhrdeutsch* • Rumänisch • Russisch • *Sächsisch* • *Schwäbisch* • Schwedisch • *Schwiizertüütsch* • *Scots* • Serbisch • Singhalesisch • Sizilianisch • Slowakisch • Slowenisch • Spanisch - *Spanisch Slang,* für Lateinamerika, für Argentinien, Chile, Costa Rica, Cuba, Dominikanische Republik, Ecuador, Guatemala, Honduras, Mexiko, Nicaragua, Panama, Peru, Venezuela, kulinarisch • Tadschikisch • Tagalog • Tamil • Tatarisch • Thai • Tibetisch • Tschechisch • Türkisch • Twi • Ukrainisch • Ungarisch • Urdu • Usbekisch • Vietnamesisch • Walisisch • Weißrussisch • *Wienerisch* • Wolof • Xhosa

Reise-Gesundheitsinformationen zu T&T

Stand: Januar 2011/© Inhalte: Centrum für Reisemedizin 2011

Die nachstehenden Angaben dienen der raschen Orientierung, welche Vorschriften und Gesundheitsvorsorgemaßnahmen für eine geplante Reise nach T&T zu beachten sind. Die Informationen wurden uns freundlicherweise vom Centrum für Reisemedizin zur Verfügung gestellt. Auf der Homepage **www.crm.de** werden diese Informationen stetig aktualisiert. Es lohnt sich, dort einmal nachzuschauen.

Klima

- Tropisches, feuchtes Klima mit Hauptniederschlägen von Juli bis Dezember; Trockenzeit von Januar bis Mai; durchschn. Temp. ganzjährig um 25° C.

Einreise-Impfvorschriften

- Bei **Direktflug aus Europa:** keine Impfungen vorgeschrieben
- Bei einem vorherigen **Zwischenaufenthalt** (innerhalb der letzten 6 Tage vor Einreise) in einem der aufgeführten Länder (Gelbfieber-Endemiegebiete) wird bei Einreise eine gültige Gelbfieber-Impfbescheinigung verlangt (ausgenommen Kinder unter 1 Jahr).
- **Gelbfieber-Impfbescheinigung** erforderlich bei Einreise aus:

Angola · Äquatorialguinea · Äthiopien · Benin · Bolivien · Brasilien · Burkina Faso · Burundi · Ecuador · Elfenbeinküste · Franz. Guayana · Gabun · Gambia · Ghana · Guinea · Guinea-Bissau · Guyana · Kamerun · Kenia · Kolumbien · Kongo, Rep. · Kongo, Dem. Rep. · Liberia · Mali · Niger · Nigeria · Panama · Paraguay · Peru · Ruanda · Sao Tomé & Principe · Senegal · Sierra Leone · Somalia · Sudan · Suriname · Tanzania · Togo · Tschad · Uganda · Venezuela · Zentralafr. Republik

Empfohlener Impfschutz

- **Generell:** Tetanus, Diphtherie, Hepatitis A
- **Je nach Reisestil** und Aufenthaltsbedingungen im Lande sind außerdem zu erwägen

Impfschutz	Reisebed. 1	Reisebed. 2	Reisebed. 3
Typhus	x		
Gelbfieber (a)	x		
Hepatitis B (b)	x		
Tollwut (c)	x		

(a) für Trinidad
(b) bei Langzeitaufenthalten u. engerem Kontakt mit der einheimischen Bevölkerung
(c) bei vorhersehbarem Umgang mit Tieren

- **Reisebedingung 1:** Reise durch das Landesinnere unter einfachen Bedingungen (Rucksack- /Trecking- /Individualreise) mit einfachen Quartieren/Hotels; Camping-Reisen, Langzeitaufenthalte, praktische Tätigkeit im

Gesundheits- o. Sozialwesen, enger Kontakt zur einheimische Bevölkerung wahrscheinlich

- **Reisebedingung 2:** Aufenthalt in Städten oder touristischen Zentren mit (organisierten) Ausflügen ins Landesinnere (Pauschalreise, Unterkunft und Verpflegung in Hotels bzw. Restaurants mittleren bis gehobenen Standards)
- **Reisebedingung 3:** Aufenthalt ausschließlich in Großstädten oder Touristikzentren (Unterkunft und Verpflegung in Hotels bzw. Restaurants gehobenen bzw. europäischen Standards)

Wichtiger Hinweis: Welche Impfungen letztendlich vorzunehmen sind, ist abhängig vom aktuellen Infektionsrisiko vor Ort, von der Art und Dauer der geplanten Reise, vom Gesundheitszustand, sowie dem eventuell noch vorhandenen Impfschutz des Reisenden.

Da im Einzelfall unterschiedlichste Aspekte zu berücksichtigen sind, empfiehlt es sich immer, rechtzeitig (etwa 4 bis 6 Wochen) vor der Reise eine persönliche Reise-Gesundheits-Beratung bei einem reisemedizinisch erfahrenen Arzt oder Apotheker in Anspruch zu nehmen.

Malaria: Die Inseln sind malariafrei.

Ratschläge zur Reiseapotheke

- Denken Sie daran, eine Reiseapotheke mitzunehmen, damit sie für leichtere Erkrankungen und kleinere Notfälle gerüstet sind.
- Folgendes sollten Sie auf Reisen immer dabei haben: Medikamente gegen Durchfall, Reisekrankheit, Fieber, Schmerzen sowie Wunddesinfektionsmittel, Insekten- und Sonnenschutzmittel, Salbe bei Insektenstichen oder anderen Hautreizungen, Fieberthermometer und Verbandmaterial.
- Je nach Reiseland und Reiseziel können weitere Medikamente (z.B. zur Malariavorsorge) oder Hilfsmittel (z.B. Spritzen) sinnvoll sein.
- Nicht vergessen: Medikamente, die Sie ständig einnehmen müssen!
- Wenn Sie spezielle Fragen zur Reiseapotheke haben, wenden Sie sich am besten an eine Apotheke mit reisemedizinisch qualifizierten Mitarbeitern.

Aktuelle Meldungen

- Zurzeit liegen keine Meldungen vor.

Allgemeine Hinweise

- **Gesundheitszeugnis/HIV-Test.** Für Langzeitaufenthalte wird ein Gesundheitszeugnis („Health Certificate") sowie ein HIV-Test in englischer Sprache verlangt.
- **Gelbfieber:** Nachweis von Gelbfieber-Viren in Überträgermücken in den südöstlichen Urwaldgebieten von Trinidad. Reisende in diese Gebieten sollten geimpft sein. Eine generelle Impfvorschrift besteht nicht; es empfiehlt sich jedoch, Personen, die über Trinidad in ein Land weiterreisen, das die Impfung bei Einreise aus Infektionsgebieten verlangt, ebenfalls zu impfen. Menschliche Erkrankungen sind bisher nicht gemeldet. Die Insel Tabago ist nicht betroffen.

Die Angaben in diesem Informationssystem wurden nach bestem Wissen und sorgfältiger Recherche zusammengestellt. Eine Gewähr oder Haftung kann nicht übernommen werden.

sound))trip®
in cooperation with
(((piranha)))
Musik im
REISE KNOW-HOW Verlag
REISE KNOW-HOW
East Africa
Northern Africa
South Africa
The Andes
Argentina
Australia
The Balkans
Baltic States
Barbados
Oriental Belly Dance
Northeast Brazil
Canada
Chile
China
Colombia
Cuba
Finland
Iceland
India
Ireland
Israel
Japan
Mexico
New Zealand
Norway
Russia, St. Petersburg
Scotland
Switzerland
Turkey
Uruguay
Die Compilations der CD-Reihe sound))trip stellen aktuelle, typische Musik eines Landes oder einer Region vor.
Im Buchhandel erhältlich | Unverbindl. Preisempf.:
EURO 15,90 [D]
Kostenlose Hörprobe im Internet.
www.reise-know-how.de

Register

Anhang

I, J

K

L

M

Die Autorin

Evelin Seeliger-Mander, Jahrgang 1954, ist Dipl.-Designerin. 1987 reiste sie zum erstenmal nach Barbados. Es folgten Reisen nach Indien, Malaysia und Singapur. Ihre Reiseberichte wurden in verschiedenen Magazinen und Zeitschriften veröffentlicht. Am meisten fasziniert sie jedoch nach wie vor die karibische Inselwelt, und so wurden die Kleinen Antillen zu ihrem bevorzugten Reisegebiet. Seit 1992 ist sie mit einem Trinbegonier verheiratet und verbringt mehrere Monate im Jahr in der Karibik.

Kartenverzeichnis